GAOXIAO FUDAOYUAN DE
SANSHIER CI ZHUTI BANHUI
GONGZUO BIJI

高校辅导员的
32次主题班会
工作笔记

马敬原◎著

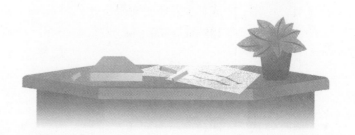

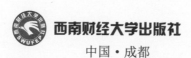
西南财经大学出版社

中国·成都

图书在版编目(CIP)数据

高校辅导员的 32 次主题班会工作笔记/马敬原著.

成都:西南财经大学出版社,2025.6. --ISBN 978-7-5504-6712-5

Ⅰ.G645.1

中国国家版本馆 CIP 数据核字第 2025016FY4 号

高校辅导员的 32 次主题班会工作笔记

马敬原　著

策划编辑:冯　雪

责任编辑:冯　雪

责任校对:高小田

封面设计:墨创文化

责任印制:朱曼丽

出版发行	西南财经大学出版社(四川省成都市光华村街 55 号)
网　　址	http://cbs.swufe.edu.cn
电子邮件	bookcj@swufe.edu.cn
邮政编码	610074
电　　话	028-87353785
照　　排	四川胜翔数码印务设计有限公司
印　　刷	成都金龙印务有限责任公司
成品尺寸	185 mm×260 mm
印　　张	19
字　　数	423 千字
版　　次	2025 年 6 月第 1 版
印　　次	2025 年 6 月第 1 次印刷
书　　号	ISBN 978-7-5504-6712-5
定　　价	98.00 元

前　言

当九月的风拂过校园，初入大学的青涩脸庞满是憧憬与迷茫；当六月的蝉鸣响起，即将毕业的身影已褪去稚气，充满自信与力量。在这四年时光里，32 次主题班会如同四季更迭的里程碑，串联起学生从懵懂到成熟的蜕变轨迹，也凝聚着一名高校辅导员对育人事业的热忱与思考，这便是《高校辅导员的 32 次主题班会工作笔记》诞生的初心。

初站讲台，面对台下求知若渴的目光，我深知每一次主题班会都是塑造灵魂、传递智慧的重要契机。经过不断摸索，我精心设计了贯穿大学四年、每学期 4 次的主题班会体系，从学业规划到职业发展，从品德培养到安全教育，全方位为学生的成长保驾护航。

大学一年级的主题班会，是为新生量身定制的"成长指南"。开学季以"少年当有凌云志，万里长空竞风流"点燃理想之火；国庆时用"璀璨阳光耀国庆，红旗飘扬振中华"厚植家国情怀；考试前夕，"扬诚信考试之风，秉笃学善思之行"敲响诚信警钟；成绩公布后，"成绩揭晓泪满襟，学业预警悔当初"则以真实案例引导学生反思总结。这些主题班会，帮助新生快速适应大学生活，扣好人生第一粒扣子。

步入大学二年级，学生逐渐深入专业学习，主题班会也随之聚焦于能力提升与品德塑造。"资助英才成栋梁，感恩图报共成长"让学生感受国家关怀，学会感恩；"一颗红心永向党，责任使命肩上扛"筑牢理想信念根基；"不奢不侈以修身，克勤克俭以养德"培养学生良好的生活习惯和品德修养，助力他们在专业领域稳步前行。

大学三年级是人生的关键转折点，班会主题更具前瞻性与实践性。"学术竞赛拓视野，创新奋斗无止息"激发学生探索创新；"生命安全重于山，消防意识记心间"强化安全意识，守护学生生命健康，为学生未来发展筑牢基础。

到了大学四年级，主题班会化作学生走向社会的"助力器"。"扬帆起航实习路，不负韶华向前行"为实习学生提供实用建议；"崇高理想怀胸中，厘清方向促就业"助力学生明确职业规划；毕业季的"大鹏一日同风起，扶摇直上九万里"，则饱含深情，寄托对学生的美好祝愿，帮助他们顺利完成从校园到社会的跨越。

书中的案例虽转载自网络，但经过精挑细选与深度解读，每一个案例都紧密贴合对应主题，生动展现了班会在解决学生实际问题中的有效策略。这些案例如同镜子，映照出高校学生成长过程中的常见困惑，也为辅导员开展工作提供了极具参考价值的范例。

在此，衷心感谢一路支持高校辅导员工作的领导、同事与家长，是你们的理解与帮助，让我在育人道路上不断前行。教育是一场温暖的陪伴，未来，我将继续深耕主题班会这片育人沃土，也希望这本书能成为同行手中的"工具书"，共同书写高校育人的精彩篇章。

马敬原

2025 年 1 月

目　录

第三部分　大学三年级

第四部分　大学四年级

第一部分　大学一年级

第1次 大一上●9月
——少年当有凌云志，万里长空竞风流

一、主题班会名称

少年当有凌云志，万里长空竞风流

二、策划主办

辅导员

三、活动对象

全体同学

四、活动形式

主题宣讲、共同讨论

五、活动目的

每个考上大学的孩子都是学生时代的佼佼者，他们经过九年义务教育和三年高中学习，通过高考成功进入大学校园。当他们收到录取通知书的那一刻，心里都应该是充满着雄心壮志的，而等到毕业再回头看时，却总有一些人忘记了自己为何出发，又为何前行。大学四年，说长不长，说短不短。初进大学，你是一张白纸，大学四年后，你将以怎样一幅图画回馈给你的大学四年呢？大学四年该如何度过才更加有意义呢？

六、主要内容

（一）基础内容介绍

1. 自我介绍

我们都知道，首因效应很重要，所以第一次在班会上和同学们做自我介绍，可能就奠定了我们在他们心中的形象地位。那么如何轻松解决这个问题，让我们的形象更加"高大上"一点呢？第一，引发好奇。我们的学生都是新时代的年轻人，不会轻易接受"姓名+籍贯+联系方式"这样的传统介绍方式。这时候可以试着给自己"贴标签"，如：我是夜猫子协会常任理事、互联网冲浪金牌选手、国家一级烧烤品鉴师、绝

3

地求生跳伞运动员……第二，找到交集。我们从哪些方面可以和学生产生交集呢？比如，个人爱好、所学专业、最近追的热点事件，甚至是明星八卦等，这些一方面可以拉近和同学们的距离，另一方面我们也释放出一个重要信号——欢迎大家随时和我海阔天空地聊一聊。第三，把控心理。学生普遍会有慕强心理，所以我们应适当把自己优秀的部分展示出来，用视频、照片、文字等信息直击他们的灵魂。

2. 点名

确保人数和开会纪律，点名后可让新生做一个简单的个人介绍，顺便加深辅导员与新生、新生与新生之间的印象。

3. 学生手册学习

正所谓"不以规矩，不能成方圆"，大学是学生实施自我管理与自我成长的环境，学生手册则是学生的重要行动指南，要让学生明确此手册的使用范围、涉及内容，以及在不同时间节点、时间应如何查询。

学生通过学习教务管理条例，如课堂考勤、考试规定、不同类别学生（如特长生、少数民族学生、残疾学生等）学业管理办法等，可以直观地感受到大学对本科教学工作管理是严格的，从而一入学就有一个从思想到行为的转变，主动适应并认真遵守学校教学管理工作。

对于学业、生活类管理章程的学习，学生除了利用学校的课堂学习，还可以利用学校的学术研究平台学习。

对于学籍管理方面的要求，如报到、注册、休学、复学、退学以及违纪行为与学籍之间的关联，教师在班会上可与学生做说明，使新生了解学校管理的严肃性。

4. 班委竞选

军训期间各班要选 2 个临时负责人，除了这 2 个负责人外，还要再多物色 2—3 个有意向参与班级日常管理的同学，分别布置任务，观察他们完成任务的状态及表现。如果是一名班长和一名团支书的配置，最好采用男女搭配的形式，便于团结班级全体成员的力量。

（二）班会主题引领

刚进校学习生活的大学生，开始探索人生理想但缺少明确的方向，优越感与自卑感并存，辅导员要注重对学生开展有关理想的教育。关于理想这个词，想必同学们都不会陌生，小时候我们经常憧憬和思考的一个问题就是：长大后我要做什么？有的同学说要当科学家、当医生、当警察，还有的同学说要当老师、当画家、当司机，这种对于未来美好的想象，就是大家最初的理想。那么我们青年人，为什么要树立远大理想呢？曾有课题组从全国 31 个省（自治区、直辖市）共抽取 78 所高等院校的 2 162 名大学生进行调查，在树立人生理想问题上，选择"有理想，并为实现理想而努力"的大学生占 65.8%，选择"有理想，但觉得要实现很困难"的占 30.6%，而选择"无所谓理想，每天能过得去就行"的占 3.6%。可见，大部分学生还是有明确的理想抱负的。也有调查显示，大学一年级的学生思想活跃、追求上进、关心国家大事，他们有志于中华民族伟大复兴，竞争参与意识强，表现出较高的爱国热情。但不可忽视的是，就人生是否一定要有理想这个问题，部分学生还存在一些模糊认识，有待积极引导。

习近平总书记曾经说过："广大青年一定要坚定理想信念。'功崇惟志，业广惟勤。'理想指引人生方向，信念决定事业成败。没有理想信念，就会导致精神上'缺钙'。"所以，具体来讲，理想对于大学生成长成才来说，有以下三个作用：

第一，理想指引人生的奋斗目标。根据小塞涅卡的名言："如果一个人不知道他要驶向哪个码头，那么任何风都不会是顺风。"有了理想，人生才会有方向。正是因为树立了振兴中华的宏伟理想，少年周恩来才立志为中华之崛起而读书。

第二，理想提供人生的前进动力。有了理想，才会前进，才会有动力。2016 年，我们开展了纪念红军长征胜利 80 周年的活动，遥想当年红军长征，正是因为坚定了理想信念，红军战士才能够以顽强的毅力，走过荒草地、翻过大雪山，成就了"红军不怕远征难，万水千山只等闲"的壮举！

第三，理想提高人生的精神境界。曾有一个关于三个泥瓦匠的故事，它是这样的：

在一个工地上有三个工人在砌墙，他们各自有着不同的表现，这时有个记者过来采访他们："你好，请问你们三个这是在干什么呀？"第一个工人不爱搭理地说："你这是明知故问，当然是在砌墙了。"第二个工人抬头看他一眼，面带微笑地说："你看，我是在盖一座高楼。"第三个工人一边哼着歌一边干着活，停下来开心地说："而我，正在建设一个新都市！"十年之后，三个人有着三种不同的命运：第一个工人依然在砌墙，只是换了另一个工地；第二个工人成为这个城市里小有名气的建筑师，每天坐在办公室画图纸；而第三个工人，已然获得极大的成长，成为前两个人的老板。这个故事听完大家有什么感想？俗话说：心有多大，舞台就有多大。有理想的人，会有热情拥抱生活，会用笑容战胜困难，最终走向成功！

那么，理想都有哪些特征呢？要弄清楚理想的特征，就要先来看理想是什么。理想，顾名思义就是理性的想象，是人们在实践中形成的，具有实现可能性的，对未来社会和自身发展的向往与追求，是人们的世界观、人生观和价值观在奋斗目标上的集中体现。我们青年学生树立远大理想，一定要结合理想的以下几个特征来进行：

第一，理想具有现实可能性。理想是与奋斗目标相联系的未来的现实，都是有现实依据的，这也是理想与空想的本质区别。

第二，理想具有历史具体性。理想都是与时代的生产力发展水平、生产关系紧密相连的。当代诗人流沙河创作的一首现代诗《理想》就曾经写道：饥寒的年代里，理想是温饱；温饱的年代里，理想是文明；离乱的年代里，理想是安定；安定的年代里，理想是繁荣。因此，理想是与时代特征紧密相连的。2013 年，习近平同志在同各界优秀青年代表座谈时指出："广大青年要坚持用邓小平理论、'三个代表'重要思想、科学发展观武装头脑，把理想信念建立在对科学理论的理性认同上，建立在对历史规律的正确认识上，建立在对基本国情的准确把握上。"所以当代大学生立志要脚踏实地，处理好理想和现实的关系。1960 年，正值国家三年困难时期，当时还在安江农校当教师的袁隆平，面对严重的饥荒，立志要用农业科技战胜饥饿的威胁。他尊重科学规律，潜心研究生物遗传学，经过十几年的反复实验，终于成功研究出了杂交水稻育种制种的技术。所以，我们青年人在树立理想时，要认清现实、脚踏实地，切勿好高骛远、急于求成。

第三，理想具有实践性。实现理想需要参加具体的行动，因此，个人的理想必然会随着他参加的社会实践逐步形成和巩固，是否付诸行动，是理想和幻想的区别，比如黄粱一梦就是一种幻想，天天躺在床上睡大觉，是不可能实现理想的。因此，理想和幻想，差在了行动上。2018 年 5 月 2 日，在五四青年节和北京大学建校 120 周年校庆日即将来临之际，习近平总书记给广大青年提出四点希望：一是要爱国，忠于祖国，忠于人民；二是要励志，立鸿鹄志，做奋斗者；三是要求真，求真学问，练真本领；四是要力行，知行合一，做实干家。所以当代大学生立志应躬行，要处理好理想和行动的关系。

第四，理想具有超越性。理想之所以能够成为一种推动人们创造美好生活的巨大力量，就在于它不仅来源于现实，而且超越现实。科学的理想所描绘的内容不是现有的东西或者已经存在的东西，而是人的主观能动性与社会发展客观趋势的一致性的反映，是人们追求美好未来的动力。习近平总书记指出："中国梦是全国各族人民的共同理想，也是青年一代应该牢固树立的远大理想。中国特色社会主义是我们党带领人民历经千辛万苦找到的实现中国梦的正确道路，也是广大青年应该牢固确立的人生信念。"所以，我们青年学生立志当高远，做到个人理想与社会理想的统一。

理想信念对人生的发展具有方向引领和动力支撑作用，青年人有远大的理想、崇高的信念，才能点燃人生的激情，从而激发才智。全社会共同的理想信念不会自发形成，其确立和深化需要通过持续有效的教育，实现从外到内的融通，这就决定了理想信念教育的长期性和复杂性。随着人民物质生活水平的逐年提高，千禧年之后出生的大学生大多在衣食无忧的环境中长大，顺利通过高考进入大学以后，他们会自然地认为自己的或者家人的理想已经实现了，应该轻松自在地享受生活了，这就导致个别大学生缺少对未来的打算，不明确求学路的真正目的，也不知道学习是为了家人还是为了自己，读书也随波逐流。所以大学生要坚定理想信念才能在精神上"不缺钙"，才不会对未来感到迷茫；当个人利益与集体利益发生冲突时，我们才不会选择功利化、世俗化的答案。远大理想可以激发我们的潜能，让我们更加努力地学习、工作和生活。那么，我们当代大学生该如何树立远大理想呢？

第一，认识自己的兴趣和优势。首先，要树立远大理想，我们需要了解自己，明确自己的兴趣爱好、优点、缺点、价值观和人生目标等方面。通过深入思考，我们可以更好地认识自己，从而制定更加符合自己实际情况的理想和目标。

第二，制订实现理想的行动计划。在正确认识自我的基础上确定目标，学会在新坐标中成长。目标要具体、明确、可行，并且具有挑战性。同时，目标也要与自己的价值观和人生目标相符合。制定目标后，我们需要将其分解为短期和中期的小目标，以便更好地实现它们。

第三，不断学习和提升自己。学习是实现理想的基础，也是提升自己能力的关键。我们可以通过读书、参加培训、实习、志愿服务等方式来学习和提升自己。同时，我们也需要保持积极的心态和良好的习惯，以便更好地实现自己的理想。

第四，培养坚定的意志和毅力。大学生需要不断地提高自己的自控力、耐力和抗挫折能力，以便在实现理想的道路上不断前行。例如，可以通过锻炼、学习、思考等方式来培养自己的意志和毅力。

第五，与他人合作共同实现理想。在实现理想的道路上，大学生可以找到志同道合的朋友或者团队，一起探讨、学习和进步。大学生通过与他人合作，可以互相学习、互相帮助、互相支持，共同实现自己的理想。

第六，保持积极的心态和乐观的情绪。在实现人生理想的道路上，会遇到很多困难和挑战，这就需要我们保持积极的心态和乐观的情绪。要常常保持微笑，因为笑是生命健康的"维生素"，笑能传递感情、促进沟通。当遇到挫折或困难，感到心情苦闷的时候，可以去找自己的亲戚、朋友，向他们诉说，寻求帮助。此外，还需培养多种业余爱好和积极进取的生活态度。

第七，寻找生命中的榜样。大学生可以寻找历史上或者现实中的榜样人物，也许他们的人生经历和成就能够激励大学生找到自己的人生理想。通过了解这些人物的生平、成就和总结他的成功的经验，大学生可以更好地理解自己的人生目标，并找到实现自己梦想的途径。

有些学生在自身成长中过于看重学生活动的参与及获奖，认为谈理想是空谈，这是片面的，要及时纠正。有些学生把社会理想与个人理想分离开来，认为社会理想的实现与现实生活中的个人发展关系不大，对个人成才和人生幸福都无法带来相应好处，因此不具有实际价值。对这一部分学生，要进一步强调个人理想与社会理想的关系。一个人离开了崇高的社会理想，无论他有什么样的个人智慧，都只能是自我欣赏，无缘于人才这一美名。因此，我们一定要跳出小我，要有天将降大任于斯人的雄心壮志，要把个人理想与社会理想和远大理想结合起来，要把个人的事业融入党和国家的事业中去。

这次班会还可与大学生个人发展相结合，结合思想政治理论课内容，通过主题班会教育，使大学新生进一步明确为什么要有理想。要鼓励青年学子敢于做有梦想、有愿望的人，而不做一个无梦想、无愿望的人。我们需要通过认识自己、制定目标、不断学习和提升自己、寻找支持与帮助等方面来树立远大理想。只有这样，我们才能更好地实现自己的潜能和价值。

（三）学生问题答疑

最后留一些时间给大家，进行问题解答，也可以利用这个时间，跟同学们多一点互动，加强交流，建立感情基础。以下是几个有关本次主题班会的提问，可供参考：

1. 你认为什么样的生活是理想的生活？
2. 你曾经有哪些理想或者梦想？它们是如何一步一步实现的？
3. 你曾经为实现你的理想或者梦想做过哪些努力？
4. 如果你可以实现一个理想，那会是什么？
5. 你对实现这个理想的时间表有什么计划？
6. 你在这个过程中会遇到哪些挑战？你如何解决这些问题？
7. 如果最终实现了这个理想，你会做些什么？
8. 你是否认为实现这个理想是正确的选择？为什么？
9. 你在这个过程中学到了什么？这些经验对你有哪些帮助？
10. 如果给你重新选择一次的机会，你会做出哪种选择？为什么？

七、班会小结

当今的大学生，是幸福的一代，他们身处和平稳定的大环境。然而到底是什么原因，让其中的一部分学生"内心彷徨，郁闷经常，成就难有，心已沧桑"呢？基于长期的学生工作经验，以及对学生的了解，我得知：一些学生经过高中的高强度学习，急切地想在大学好好放松，甚至认为只要能逃避学习就可以；一些学生虽满怀抱负却缺乏毅力，做事三分钟热度，制订下的计划没法达成，久而久之，挫败感增强；一些学生因高考失利，考上的大学并非自己心中的追求，不想着努力进取还不停地抱怨；还有一部分学生总在学习还是实践的选择之间游走，将时间消耗在不断地犹豫上……而我们辅导员的主要工作就是解决孩子们心中各种各样的困惑。

大学是人生最美好的时光，也是人生最关键的阶段。进入大学，每个韶华少年便开始了人生的新征程。"凡事预则立，不预则废"，在这个激烈竞争的时代，人与人之间的差距在一次又一次的竞争中拉开，越早做准备就能越早掌握人生的主动权。新东方的徐小平说过："人生没有设计，你离挨饿只有三天。"可现实中，我发现：有些学生是在家长和老师的安排下走到今天的。在高中有"考上大学"的明确目标。但进入了大学，离开父母监管，获得了更多自由支配时间后，竟只换来"忙、盲、茫"三字体验：奔走于上课和社团活动，行色匆"忙"；拿不定决心要走哪条路，"盲"目瞎忙；到了毕业时，心里更是一片"茫"然。要改变这种状态，首先要确立自己的理想信念，定位自己的人生目标。巴斯德曾说过：立志是一件很重要的事情。工作随着志向走，成功随着工作来，这是一定的规律。

从自我分析开始，根据兴趣爱好和所学专业来确定我们的梦想，并且具备既要"心存高远"也要"只争朝夕"的精神和"滴水穿石"的毅力。纵观古今，没有坚强的意志、不付出艰辛的努力是无法实现梦想的。有上进心，有毅力和恒心，在实践中尽职尽责，为梦想奋力拼搏，这样人生道路才会越走越宽广。

八、案例分享

（一）为中华之崛起而读书①

12 岁那年，周恩来离开家乡，来到了东北。当时的东北，是帝国主义列强在华争夺的焦点。他在沈阳下了车，前来接他的伯父指着一片繁华、热闹的地方，对他说："没事可不要到那个地方去玩啊！"

"为什么？"周恩来不解地问。

"那是外国租界地，惹出麻烦来可就糟了，没处说理去！"

"那又是为什么呢？"周恩来打破砂锅问到底。

"为什么？中华不振啊！"伯父叹了口气，没有再说什么。

不久，周恩来进了东关模范学校读书。他始终忘不了大伯接他时说的话，经常想："租界地是什么样的？为什么中国人不能去那儿，而外国人却可以住在那里？这不是中国的土地吗……"一连串的问题使周恩来迷惑不解，好奇心驱使着他，一定要亲自去看个究竟。

一个风和日丽的星期天，周恩来背着大伯，约了一个要好的同学闯进了租界。嘿！这一带果真和别处大不相同：一条条街道灯红酒绿、热闹非凡，街道两旁行走的大多是黄头发、白皮肤、大鼻子的外国人和耀武扬威的巡警。

正当周恩来和同学左顾右盼时，忽然发现巡警局门前围着一群人，正大声吵嚷着什么。他们急忙奔了过去，只见人群中有个衣衫褴褛的妇女正在哭诉着什么，一个大个子洋人则得意扬扬地站在一旁。一问才知道，这个妇女的亲人被洋人的汽车轧死了，她原指望中国的巡警局能给她撑腰，惩处这个洋人。谁知中国巡警不但不惩处肇事的洋人，反而把她训斥了一通。围观的中国人都紧握着拳头。但是，在外国租界地里，谁又敢怎么样呢？只能劝劝那个不幸的妇女。这时周恩来才真正体会到伯父说的"中华不振"的含义。

从租界地回来以后，同学们常常看到周恩来一个人在沉思，谁也不清楚他究竟在想什么。直到在一次修身课上，听了周恩来的发言才解开了这个谜。

那天修身课上，魏校长向同学们提出一个问题："请问诸生为什么而读书？"

同学们踊跃回答。有的说："为明理而读书。"有的说："为做官而读书。"也有的说："为挣钱而读书。""为吃饭而读书。"……

周恩来一直静静地坐在那里，没有抢着发言。魏校长注意到了，打手势让大家静下来，点名让他回答。周恩来站了起来，清晰而坚定地回答道：

"为中华之崛起而读书！"

魏校长听了为之一振！他怎么也没想到，一个十二三岁的孩子，竟有如此抱负和胸怀！他睁大眼睛又追问了一句："你再说一遍，为什么而读书？"

---

① 该案例节选自《语文》（四年级上册），作者：余心言，人民教育出版社，2019 年版，第 96 页。

"为中华之崛起而读书!"

周恩来铿锵有力的话语,博得了魏校长的喝彩:"好哇!为中华之崛起!有志者当效周生啊!"

是的,少年周恩来在那时就已经认识到,中国人要想不受帝国主义欺凌,就要振兴中华。读书,就要以此为目标。

(二)理想的宫殿①

一个英国男孩,小时候曾有一次和父亲从占丹出发去游玩,途中,他们经过了肯德郡一处叫格德山庄的房子。此时,小男孩仰头盯着它看,那个地方高大、宽阔,墙上爬满枝枝叶叶,绿意盎然,仿佛仙境一般,那是一栋令他惊叹的大厦!

父亲看他这么喜欢这所宅子,张开宽厚的手掌抚摸着他的头,然后和蔼地对他说:"只要你努力,而且坚持不懈,总有一天你会走进这栋房子,并且拥有它。"男孩使劲地点了点头,记住了父亲的话。可是,不久后,男孩的家境日渐穷困、债台高筑,一家人不得不离乡背井,迁居到伦敦。但移居未久,家里旧债未清,新债又来,他父亲最终被投入债务监狱。这时男孩才 10 岁,但是作为一群弟妹的大哥,他不得不担起家长的责任。为了生活,他投靠到一个远亲的作坊里学制皮鞋油。他的工作是包扎皮鞋油瓶,每星期得 6 个先令。过了一段时间以后,他的工作技巧非常熟练了,他的雇主就把他作为广告放在橱窗中,让过路人看他如何劳作,借以推销商品。附近的小孩跑来,一边吃着东西,一边把鼻子紧紧贴在玻璃上,看他劳作,就像看动物园里的动物一样。但是,无论什么时候,他依旧记着父亲的话和绿色的格德山庄。

格德山庄是他的一个梦想。

为了实现这个梦想,他拿起了笔,不停地写呀写。他很像一列蒸汽火车,速度很快,且很准时,就那样精力充沛而且一心一意地向前走。他把穷人的苦难生活栩栩如生地呈现在大众面前。他的第一部小说作品《匹克威克外传》在他年仅 24 岁那年问世,从此他一举成名。而他,就是英国 19 世纪杰出的批判现实主义作家查尔斯·狄更斯。之后的 34 年中,他又完成了 13 部长篇小说,其中,《雾都孤儿》是狄更斯第一部动人的社会小说,揭开了处于社会底层的人们哀苦无告的生活画面,创造出一个个善良而受侮辱的儿童形象,深深打动了当时英国的小读者,以至于当狄更斯于 1870 年 6 月 9 日去世的消息传出时,居然有一个孩子大哭起来:"唔……狄更斯先生死了,那么,那么圣诞老人也要死了吗?"狄更斯在英国被誉为"莎士比亚第二",马克思也赞叹他为"杰出的小说家"。

值得一提的是,在狄更斯 36 岁那年,他果真买下了格德山庄。然后,他在自己理想的宫殿终老一生。

每个人都有理想,都有生长发育梦想的宫殿,当你一心要想拥有一座宫殿,只要用希望绘制蓝图,用信心和血汗去浇铸,总有一天会拥有它,成为骄人的王者。

---

① 该案例来源于百度教育《格德山庄:理想的宫殿与梦想的实现》一文,作者为:初三,发布时间:2022 年 12 月 15 日。

第 2 次　大一上 • 10 月
——璀璨阳光耀国庆，红旗飘扬振中华

一、主题班会名称

璀璨阳光耀国庆，红旗飘扬振中华

二、策划主办

辅导员、班级干部

三、活动对象

全体同学

四、活动形式

主题宣讲、集体讨论

五、活动目的

　　爱国主义源于对祖国的忠诚和热爱，是中华民族心、民族魂的集中表现。爱国方式多种多样，既包括对祖国大好河山的朴素热爱，也包括对国家强大的美好期盼和渴望参与国家建设的强烈使命，是感性情感认同和理性科学认知的有机统一。当代大学生对国家的热爱真挚而热烈，但往往因为缺少对国家和社会发展的深入了解，尚不能较好地把一腔爱国热情转化为服务国家发展的切实行动。为进一步深化爱国主义教育，推动社会主义核心价值观落地生根，抒发对伟大祖国的美好祝愿，引领青年学子坚定听党话、感党恩、跟党走的信念，鼓励广大学生在投身祖国建设与家乡发展的实践里洞察国情、增长本领、锤炼品格、奉献社会，把"爱国情"转化为"报国行"，已然成为高校辅导员工作的关键任务。

六、主要内容

（一）基础内容介绍
　　爱国主义是我们民族精神的核心，是中国人民和中华民族同心同德、自强不息的精神纽带。新时代赋予爱国主义以新的内涵和要求，对爱国主义教育提出了新的任务

和挑战。高校是进行爱国主义教育的重要场所，要牢牢抓住培养社会主义建设者和接班人这个根本任务。高校学子代表着祖国的明天、民族的期望、社会的中坚力量，他们应自觉担当起新时代中华民族伟大复兴的历史使命。

1. 中国人民抗日战争胜利纪念日

9 月 3 日，是中国人民抗日战争胜利纪念日，也是世界反法西斯战争胜利纪念日，是所有中国人都必须铭记的日子。1945 年 8 月 15 日，日本天皇裕仁以广播《终战诏书》的形式宣布遵守波茨坦公告，无条件投降。同年 9 月 2 日，日本向盟军投降仪式在东京湾密苏里号战列舰上举行。在包括中国在内的 9 个受降国代表的注视下，日本代表在投降书上签字。同年 9 月 9 日，中国战区日军投降签字仪式在南京举行。现在，在中国人民抗日战争纪念馆的展厅里陈列着这样一件文物——南京受降仪式的邀请函。在经历了 14 年艰苦卓绝的抗日战争后，中国人民终于迎来了抗日战争的胜利。这是中国近代以来反侵略历史上的第一次全面胜利，也为世界反法西斯战争的胜利作出了巨大贡献。为了能让更多的人铭记历史、缅怀先烈，珍爱我们今天来之不易的和平生活，2014 年中国以立法的形式，将 9 月 3 日定为中国人民抗日战争胜利的纪念日。

2. 全民国防教育日

2001 年 8 月 31 日，九届全国人大常委会第二十三次会议决定设立全民国防教育日，确定每年 9 月的第三个星期六为全民国防教育日。这是中国第一个以法律形式明确规定国防教育的主题节日。根据这一决定，2001 年 9 月 15 日为第一个全民国防教育日。全民国防教育日是国家设定的对全民进行大规模国防教育的主题活动日，也是群众性国防教育活动的形式之一。全民国防教育的标志以长城、烽火台、盾牌三个要素构成"国防"的概念，外围用橄榄枝烘托、装饰，红五星高居正上方代表祖国无上的尊严与荣耀，"GFJY"则为"国防教育"汉语拼音缩写。

3. 中华人民共和国国庆节

10 月 1 日是中华人民共和国国庆节。1949 年 12 月 2 日，中央人民政府第四次会议通过《关于中华人民共和国国庆日的决议》，规定每年 10 月 1 日为国庆日。从 1950 年起，每年的 10 月 1 日即成为中国各族人民隆重欢庆的节日。中华人民共和国国庆节是国家的一种象征，是伴随着新中国的成立而出现的，其意义十分重大。它成为一个独立国家的标志，反映中国的国体和政体。国庆节是一种新的、全民性的节日形式，承载了反映中华民族凝聚力的功能。同时，国庆日上的大规模庆典活动，也是政府动员与号召力的具体体现。国庆日具有彰显国家力量、增强国民信心、体现凝聚力、发挥号召力四个基本特征。

（二）班会主题引领

国庆期间，我们总是能在大街小巷看到大家纷纷挂起国旗，这一道道"中国红"飘过了几代人的时空。

过去的"红"是汩汩流淌的鲜血，是屈辱、是伤痛，是山河破碎的阴影。回忆那段历史，我们无不动容，为了能有今天，多少中华儿女用自己的鲜血染红了这块土地，才使东方雄狮从噩梦中奋起！多少英雄为了祖国，不畏生死，才换来了这美好的今天。还有很多耳熟能详或默默无闻的爱国志士，为了祖国的发展，"不畏生死，只为报国"，书写出一个又一个令每一个中国人都激情澎湃的故事，并时时刻刻激励着每一个中国人。

现在的"红"，是飘扬的国旗，是自豪、是希望，是伟大复兴的使命。经过几代人的漫漫征程，现在的中国已不再是当初那个饱受欺凌、任人宰割的中国。积贫积弱时，中国人尚且以铮铮铁骨战强敌、以血肉之躯筑长城，现在，在中国共产党的领导下，不仅中国国力与过去不可同日而语，而且中国人民在历史进程中积累的强大能量已经充分爆发出来了，维护国家核心利益的意志坚若磐石，迈向中华民族伟大复兴的脚步铿锵有力。

犹记当年，美国主导的国际空间站长期将中国拒之门外。如今，"神舟""天宫"一次次跃上苍穹，昔日的技术封锁成为笑话。数年后，中国空间站可能成为在轨的唯一空间站，中美围绕航天国际合作的博弈形势正在嬗变。对此，有网友调侃，"多谢当年不收之恩！"

"以前，我们海底隧道的技术只是小学生水平"，但如今横穿伶仃洋的港珠澳大桥蜿蜒如蛟龙；当年被超高压卡住了脖子，但"现在，我们连特高压都搞定了！"占全球市场份额三分之二的中国盾构机、包揽全球一半的 500 米以上超高层、建成世界最大的硫酸钾生产基地……面对一次次"卡脖子"的危机，中国人以行动作答："不经历烈焰，何以淬火成钢？我的名字，就是历经苦难的缩影，我的现在，就是自强不息的勋章。"

现在，华为突围"上新"，这款"争气机"，让不少人再次热泪盈眶。从中国社会对华为新机的掌声与欢呼中可以看出，我们在科技战场上依然斗志昂扬，生命力始终顽强不屈。

有人问，为什么永远可以相信中国红？最有说服力的答案就是——家是最小国，国是千万家！家不仅仅是我们个人的家，家还是最小最小的国，国是千千万万个家。孟子曰："天下之本在国，国之本在家，家之本在身。"家与国就是这样你中有我、我中有你，从不曾分离。

在中华民族的精神谱系中，无论国与家，还是己与人，都是密不可分的命运共同体。从青年学子"请党放心，强国有我"的豪迈誓言，到戍边战士"清澈的爱、只为中国"的深情告白；从运动健儿"激情飞扬，奋勇争先"的昂扬斗志，到科技工作者"勇于创新，顽强拼搏"的志气骨气……每个人都深深懂得，只有国家富强，才能有人民的权利和福祉。

（三）学生问题答疑

最后留一些时间给大家，进行问题解答，也可以利用这个时间，跟同学们进行一些互动，加强交流，建立感情基础。以下是几个有关本次主题班会的提问，可供参考：

1. 什么是国防？国防的性质是什么？
2. 我国国防政策是什么？

3. 国防主要维护国家哪些方面的利益？

4. 公民的国防义务有哪些？

5. 国防教育的意义是什么？

6. 我国少数民族人民为抗战胜利作出了哪些贡献？

7. 民族精神对抗战胜利发挥了什么作用？

8. 在抗日战争中，中国共产党起到的是什么作用？

9. 在抗日战争中，中国共产党领导的人民军队战斗力强在哪里？

10. 抗战期间我们党在军事理论和战略指导上有哪些创新？

七、班会小结

本次培养大学生爱国主义班会活动的开展，我们取得了显著的成效。爱国主义是中华民族五千多年生生不息、绵延不绝的精神命脉，以爱国主义精神凝聚广大青年为实现中华民族伟大复兴不懈奋斗是中国共产党百年奋斗的重要经验。我们以国庆为契机，紧紧围绕爱国主义这一主题，通过观看爱国主义影片、分享爱国故事、讨论国家发展成就等多种形式，弘扬爱国主义精神，使同学们深入了解国家历史、优秀传统文化和民族精神。从鸦片战争到甲午战争，从八国联军侵华战争到抗日战争，中国人民历经硝烟战火，回望铁血征程，我们深刻认识到，没有一个巩固的国防，中华民族伟大复兴就没有安全保障，中华民族伟大复兴的中国梦就难以真正实现。在班会活动中，辅导员要引导同学们积极参与、踊跃发言，表达自己对祖国的热爱之情，从而进一步激发同学们为实现中华民族伟大复兴的中国梦而努力学习，为祖国的繁荣富强贡献自己力量。

八、案例分享

开国大典那些事，你都知道吗？①（有删减）

☐中华人民共和国是什么时候成立的？

1949 年 10 月 1 日，毛泽东主席向全世界庄严宣告："中华人民共和国中央人民政府今天成立了！"

☐开国大典为什么选在下午 3 点举行？

开国大典选择在 10 月 1 日的下午 3 点举行，是聂荣臻最先向中央军委提出的建议。下午举行，为的就是要防备蒋介石孤注一掷：空袭开国大典。至于下午 3 点这个特定时间，则是缜密计算的结果。国民党用于轰炸的飞机是美制 B-24 轰炸机。这种飞机的时速是 488 千米，最大航程为 3 380 千米。轰炸机的起飞地点是浙江舟山群岛，和北京航距 1 230 千米。如果上午从这里起飞，B-24 轰炸机可以在 3 个小时左右抵达北京，执行完轰炸任务之后，还可以安全返回。但如果下午起飞，轰炸任务虽还可以执行，

---

① 该案例来源于中国共产党新闻网《开国大典那些事，你都知道吗？》一文，作者：佚名，发布时间：2014 年 9 月 30 日。

但夜航能力相当差的 B-24，可就别想飞回去了。10 月 1 日下午举行开国大典，这个消息之前一直是绝密。直到典礼开始前 5 小时，才由当时的北平新华广播电台向全世界发出公告。

□ 谁升起第一面五星红旗？

1949 年 10 月 1 日下午 3 点多钟，毛主席在天安门上庄严地按动电钮，在《义勇军进行曲》的雄壮节奏中，鲜艳的五星红旗徐徐升上新中国的天空，并向世界宣告：中国人民从此站起来了！当年毛主席升起的第一面国旗，至今仍完好地保存在中国革命博物馆里。

□ 开国大典上谁奏响国歌？

1949 年 8 月，罗浪接到上级通知：组建一支 200 人的联合军乐团担负开国大典演奏任务。时任华北军区军乐队队长的罗浪，曾带军乐队参加过华北军区的几次阅兵式。接到任务后，罗浪在原华北军区军乐队的基础上，联合了 20 兵团各部队的军乐队成员，收编了原北平警察局军乐队，组成 200 人的联合军乐团。联合军乐团来自"五湖四海"，使用的 180 件乐器基本上是战利品。

当时对在开国大典上用什么乐曲曾有三种意见：一是主张参照欧美的模式；二是照搬苏联；罗浪却提出了第三种意见，即是否可以用我们自己的革命歌曲改编后用于大典。上报中央后，毛主席批了 9 个字："以我为主，以我国为主。"

□ 开国大典阅兵式由谁检阅？

1949 年 10 月 1 日，华北军区司令员兼京津卫戍司令员、阅兵总指挥聂荣臻向朱德总司令报告受阅部队准备就绪，朱德总司令检阅中国人民解放军受阅部队。

□ 开国大典上中国人民解放军空军编队为何有 4 架飞机挂着实弹？

1949 年 10 月 1 日，新成立的中国人民解放军空军编队飞过天安门广场上空。当时共 17 架飞机参加开国大典：9 架 P-51 战斗机，2 架蚊式战斗机，3 架 C-46 运输机，1 架 L-5 型通信联络机和 2 架 PT-19 初级教练机。当受阅机群从天空飞过时，其中 4 架还挂着实弹，这是世界阅兵史上前所未有的事情，原因是受阅飞机还担负战斗值班任务，挂实弹是迫不得已的选择。

□ 第一幅毛主席画像由谁完成？

北平国立艺专实用美术系教师周令钊带领他的学生、助手陈若菊等绘制完成毛主席巨幅画像。毛泽东头戴八角帽，脸部稍侧，目光仰视，微带笑容，显露出高瞻远瞩的伟人气质。原照片是新闻摄影局的郑景康于 1945 年 6 月在延安时拍摄的。照片上毛主席身穿的粗呢子制服还是在延安大生产后王震的 359 旅战士为毛主席制作的。这是当时在解放区最流行的一张领袖像，而且是经毛泽东本人亲自选定同意的。

□ 第一面五星红旗的由来？

1949 年 7 月，新政协筹备会向全国及海外发出了征求国旗等方案的启事。上海滩一位 33 岁的青年从报纸上得到消息后激动得彻夜难眠。他的名字叫曾联松，在上海一家经济通讯社当编辑。7 月，曾联松在一间斗室里设计出一张又一张国旗草稿。他从人们常说的"盼星星，盼月亮"中得到了灵感，又联想到红军头顶的五角星，脑海中闪现出一幅画面：以一颗大五角星象征伟大的中国共产党，以四颗小星象征广大人民群众，每颗小星各有一个角对准大星的中心，形成"众星拱北辰"的格局，寓意中国共产党是全中国人民的领导核心，各族人民围绕在党的周围。旗面为红色，五星呈金黄色，体现出中国人民的文化特征，犹如红霞一片，金光灿烂……

9月27日，出席中国人民政治协商会议第一届全体会议的代表庄严地通过决议："中华人民共和国国旗为五星红旗，象征中国革命人民大团结。"

□第一面样旗的制作过程？

一天，参加会场布置的美术供应社女工赵文瑞接受了一项新任务：领导吩咐她赶制一面五星红旗的样旗，随即便把一份国旗图案和制作尺寸交给了她。赵文瑞跑到前门外最大的绸布店瑞蚨祥，买来长幅红绸料和黄缎料，按照国旗制作的要求，趴在地板上飞针走线地缝制起来……离政协会议闭幕只有四十几个小时了，她顾不得吃饭，更顾不上合眼。由于过度劳累，上下眼皮直打架，稍不留神，针尖刺破了手指，鲜血滴在旗面上。

1949年9月30日下午1点，五星红旗缝制完成，政协会议的工作人员等着把这面红旗取走送往怀仁堂会场。在全国政协一届会议闭幕式上，当刚选出的中央人民政府主席毛泽东和6位副主席站在巨大的五星红旗前面时，会场满台红光，四壁生辉，掌声、欢呼声经久不息。与此同时，北平国营永茂实业公司职工、共产党员宋树信接受了天安门广场第一面国旗的监制工作。10月1日，当晨曦照进窗棂的时候，一面长460厘米、宽338厘米的巨幅五星红旗终于制作成功了。

□谁书写了天安门上的巨幅标语？

1921年8月出生于山东济南的钟灵，又名钟毓秀，他早在1938年7月就加入中国共产党。悄悄投奔革命圣地延安那年，钟灵还是一个年仅17岁的电话接线员。后来上级决定让钟灵到鲁迅艺术文学院美术系学习，毕业后就让他留在陕甘宁边区做文化教育工作。后来钟灵在延安各报刊发表木刻、漫画作品多幅，并设计了"宝塔山"邮票。在延安，钟灵写字漂亮几乎是家喻户晓，当时延安城墙上的标语差不多都出自他之手。

钟灵当时担任中国人民政治协商会议筹备委员会总务处办公室主任兼会场布置科科长，大会会标和两条大标语的书写重担责无旁贷地落在了他的身上。接到在天安门城楼书写标语的任务后，钟灵憋足了劲，决心使出自己全部看家本领，在这个非同寻常的地方好好露一手。

天安门城楼的红墙那么长，标语上的每个字都要有房子这么大，钟灵可从来没有写过这么大的字。两幅标语是写繁体还是简体字呢？虽说解放区已经流行简体字，但刚解放，北平的大多数人还是习惯使用繁体字。为了照顾大多数，钟灵决定仍用繁体字书写这两幅标语。

□谁进行现场拍摄？

政协会议开幕以后，苏联派出的电影团即摄制组抵达北京。这个摄制组阵容强大，由苏联高尔基电影制片厂著名导演格拉西莫夫和莫斯科新闻纪录电影制片厂编导瓦尔拉莫夫领衔，成员包括摄影、制片、录音、照明共 30 多人。经双方商定，决定合作拍摄两部大型彩色纪录片：一部是《中国人民的胜利》，侧重从解放战争取得决定性胜利的角度来反映；另一部是《解放了的中国》，侧重从政治、经济、文化建设的角度来反映。

开国大典是两部影片的高潮。10 月 1 日这天，天安门东华表前专门为摄影师搭设了高脚台，天安门城楼上面特准苏联摄影师自由拍摄。中方摄影师徐肖冰、吴本立也陪同苏联导演和摄影师在城楼上选择角度进行拍摄。当时使用的电影胶片都是由苏方提供的彩色胶片，采用同期声录音。几位苏联朋友很卖力气，直到群众游行结束，那绚烂的灯火消失在狂欢的队伍中，摄影师们才收拾机器，驱车返回位于东华门大街的翠明庄驻地。

□第一面八一军旗亮相经过

开国大典分列式检阅是八一军旗在国庆大典上第一次向人民亮相。

1949 年初，正在西柏坡指挥全国战场作战的毛泽东主席预见到全国胜利即将到来的新形势，指示军委总部提出制作军旗、军徽的方案，由周恩来副主席主持这一工作。具体工作由军委作战部一局承办。党的七届二中全会期间，毛泽东、周恩来听取了关于军旗图案设计的汇报，并提请到会人员审查。毛泽东指出：军旗上要有八一两个字，表示南昌起义反对国民党反动派的历史日子。旗上要有五角星，象征党对军队的绝对领导。周恩来强调，军旗要以革命的颜色——红色为主体，星和字用黄色。周恩来还细致地交代，旗杆要有红黄两色旋纹，顶部要装上一个红缨枪的矛头，饰着红穗，象征人民军队发展的由来。3 月 13 日，二中全会通过相应的决议，毛泽东亲笔草拟了《二中全会关于军旗的决议》："中国人民解放军的军旗应为红地，加五角星，加'八一'二字。"

10 天后，中共中央和人民解放军总部迁往北平。作战部一局根据七届二中全会决议，对军旗规格尺寸、制作规范拟定了详细的规定。周恩来指示作战部李涛部长先制作出一幅标准的样旗，然后组织部队举行一次授旗仪式，拍摄成纪录影片。

6 月 15 日，中央军委发出了关于颁布军旗的"命令"："中国人民解放军军旗为红地，上缀金黄色的五角星及'八一'两字""表示中国人民解放军自 1927 年 8 月 1 日南昌起义诞生以来，经过长期奋斗，以其灿烂的星光普照全国"……

□解密第一支礼炮部队

"鸣放礼炮"一开始就列为庆祝大典的程序之一。阅兵指挥部决定由华北军区特种兵部队组建一支礼炮队。

礼炮选定的是缴获日军的山炮，共 108 门，分为两组，每组 54 门。炮弹全部卸掉了弹头。这种炮和野炮、榴弹炮相比，炮身短、口径小、重量轻，使用方便，是从华北六个纵队的山炮营和军区直属炮兵部队选调来的。礼炮队训练就在先农坛公园进行。每门礼炮有 3 个炮手，主要训练装填、发射、退弹壳三个动作，且必须在 3 秒钟内完成。54 门礼炮齐射一次限定在 4 秒半完成，这是因为毛主席按电钮升国旗、军乐队奏国歌，时间是两分零 5 秒。在这个时间内要鸣放 28 响礼炮，同步进行。

10 月 1 日，当五星红旗第一次在天安门上空升起，乐队高奏国歌时，开国大典的礼炮声也响了。这隆隆的 28 响，每一响都像一门炮那样整齐，但又凝聚着 54 门礼炮齐射的力量和磅礴云天的声音。

54 门礼炮一齐鸣放，代表当时参加新政协的 54 个单位和方面的人士；礼炮鸣放 28 响，表示中国共产党领导全国人民为夺取新民主主义革命胜利而英勇奋斗的 28 年。

□第一份外交文件诞生

开国大典当天，中华人民共和国政务院总理兼外交部部长周恩来，将毛泽东主席代表中央人民政府发布的《公告》并随附公函送达各国政府。周恩来的公函如下：

中华人民共和国中央人民政府毛泽东主席已在本日发表了公告。我现在将这个公告随函送达阁下，希为转交贵国政府。我认为中华人民共和国与世界各国建立正常的外交关系是需要的。

此致

中华人民共和国中央人民政府

外交部部长 周恩来

一九四九年十月一日于北京

《公告》及随函送达各国在北京的旧领事馆领事；凡在北京无领事馆，而在南京有大使馆或公使馆者，则送达南京各旧大使馆或公使馆。周恩来说，这是我们新中国的第一个外交文件，也是通过使领馆向外国政府发出的第一个照会。与此同时，新华广播电台的强大电波载着中央人民政府《公告》飞向十月革命的故乡，太平洋遥远的彼岸……

第3次　大一上●11月
——少年易老学难成，一寸光阴不可轻

一、主题班会名称

少年易老学难成，一寸光阴不可轻

二、策划主办

辅导员、班级干部

三、活动对象

全体同学

四、活动形式

主题宣讲、经验分享、互动游戏、集体讨论

五、活动目的

当前，我国劳动力市场正发生深刻变革，人口老龄化进程加快、经济结构调整和产业转型升级、全球新一轮科技革命和产业浪潮迭起等一系列变化，给我国就业形势带来了机遇与挑战。在这样的大环境下，唤醒学生的职业生涯规划意识至关重要。它犹如一盏明灯，为大学生指引前行的方向，帮助他们在纷繁复杂的就业市场中找到属于自己的道路。本次班会从探索自己入手，引导大学生分析自己、发现自己、了解自己，认识自己的兴趣、能力及个性特点和价值观，并阐述专业与职业的区别与联系，为大学生提供全方位、全过程的辅导；同时，引入职业生涯规划的基本理念，帮助大学生确立自信，树立科学规划意识，合理构建大学阶段的学习、生活和实践规划。

六、主要内容

（一）基础内容介绍

我发现，现在大学生在大一的时候，会觉得高考刚结束，不着急，先享受一下轻松的大学生活；大二的时候，觉得选择多诱惑也多，不着急；大三的时候，变成学校的"老油条"了，认为一切都在掌握中，不着急，再领略下大学自由自在的生活；大

四的时候，觉得车到山前必有路，不着急，好好珍惜毕业之前的生活……

面对大学生就业形势变化所带来的挑战，尽管传统的就业指导方式在过去相当长的时间里达到了预期的效果，然而其局限性也逐步显现，与之相对应的重视生涯规划的创新型就业指导模式的优势愈发显著。因此，辅导员要注意引导大学生不能盲目开展专业学习，学会用科学的方法，以积极的心态有目标、有计划地组织专业学习，拓展职业素质。帮助大学生厘清生涯规划的基本概念，有利于广大辅导员实现工作模式的转变，为实际工作的开展做好准备。同时，辅导员还应向他们强调，开展自我评估时要客观、冷静，既看清楚自己的优点，又能正视自己的不足，此外，还需要认识到个人始终是在前进的道路上不断发展变化的，一时的结果决定不了一生，需要自己不定期进行动态调整。

(二) 班会主题引领

生涯规划，是"职业生涯规划"的简称，又称"职业生涯设计"，是指在对个人职业生涯的主客观条件进行评定的基础上，客观分析自己的个性、兴趣、爱好、能力和价值观等方面的个人特质；紧跟时代步伐，深入探究不同职业的需求变化及成功要诀；依据个人职业兴趣，确立最合适的职业目标，并为此制订切实可行的计划。同时，塑造全面而适宜的职业观，培育在职业发展中必备的适应与决策能力。

进行职业生涯规划不是简单地为了就业找工作，而是为了帮助大学生探索自己、探索职业世界，逐渐了解自己的职业兴趣、价值观，选定职业成长路径，并执行与之相关的教育、训练及发展计划。由此可知，大学生职业生涯规划即在对内外环境因素进行综合分析的前提下，通过对个人兴趣、能力及发展目标的准确规划，旨在最大化实现个人成就而做出的一系列切实有效的规划举措。

职业生涯规划的五大要素是：知己、知彼、目标、计划、行动。

指导的第一步，就是"知己"，即帮助大学生了解自我。认识自我指的是从兴趣、特长、性格、价值观、品德、能力等方面深入认识自我。具体包括：自己喜欢什么——个人的兴趣、爱好；在乎什么——个人的价值观、所选定的目标及需求；自己能做什么——个人的特长、优缺点、学历和能力、实践的经验，还有智商、情商、性格、生理情况等方面。大学生要想了解自身的职业能力，除了需要思考个人的专长、优缺点以及掌握的技能之外，还需具备一定的实际操作经验，因为大学生在校所习得的知识只是解决了"知道"的问题，到底"会不会做""能不能做得好"还需要未来实际操作和实习实训来检验。

我们可以通过成长破圈模型来了解自我。人生就是一个不断突破圈层的游戏，是不断打怪升级获得经验的过程，突破舒适圈、战胜恐惧圈、拓展学习圈、建立成长圈、回归自在圈，这 5 个圈层让我们变得有目标有方向（具体见图 3-1 和表 3-1）。

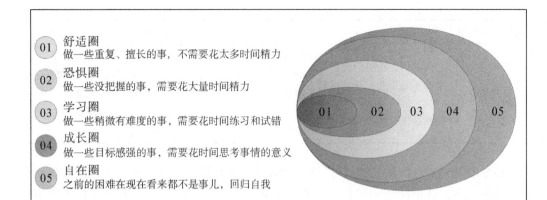

图 3-1　5 个圈层示意义内容

表 3-1　5 个圈层的特点及破圈方法

成长破圈模型	特点	破圈方法	
Ⅰ 舒适圈	我们会做一些重复、擅长的事情，但不用花太多的时间和精力，这让我们对未来毫无危机感，营造出人生自主可控的错觉	□建立身份：知道自己想成为一个怎样的人，现在的选择决定了我们人生未来的发展。 ❓我要成为什么样的人	□假想生活：想象自己未来的生活，不知道自己要什么会让我们喜欢待在舒适圈。 ❓我的理想生活是怎样的呢
Ⅱ 恐惧圈	我们会做一些没把握的事情，这需要花费大量的时间和精力，这可能会让我们缺乏自信、感到焦虑，甚至容易放弃和被人影响	□接受不足：有针对性地改变自身的不足。 ❓我的不足之处是什么	□写下恐惧：写下自己害怕的事情和最坏的结果，让自己不再恐惧。 ❓我害怕什么？最坏的结果是什么
Ⅲ 学习圈	我们会做一些稍微有难度的事情，这需要花一定的时间去练习和试错	□刻意练习：挑战稍微有难度的任务，从中总结经验、方法和技巧。 ❓我能做哪些稍微有难度的事情	□寻求反馈：反馈可以调整我们努力的方向，量化努力的成果。 ❓我能从哪里得到反馈
Ⅳ 成长圈	我们会做一些目标感强的事情，并且花时间思考每件事的意义，从此我们有了清晰的目标，执行力变得越来越强	□明确目标：以终为始，我们做的每件事情不再是漫无目的，而是为了某个最终目标。 ❓我的最终目标是什么	□合作共赢：我们不再单打独斗，而是开始寻找共同成长的人，调动资源来实现双赢。 ❓我能和哪些人一起合作做成什么事情

表3-1(续)

成长破圈模型	特点	破圈方法	
V 自在圈	之前的困难在我们现在看来都不是事儿，开始回归自我，舒适圈的扩大让人生到达更高境界	□ 抓大放小：分配80%的精力在最重要的事情上。 ❓ 我认为什么事情最重要呢	□ 开启新篇：推陈出新、更新迭代，挖掘新的增长点，创造更高的人生收益。 ❓ 我认为我的新的增长点在哪里

指导的第二步，就是"知彼"，即帮助大学生认识社会。社会是一个充满各种机会和挑战的地方，认识社会对于大学生来说是非常重要的，可以帮助他们更好地适应和融入社会，提高职场竞争力。认识社会是指大学生通过与父母、亲戚、朋友、老师、同学的沟通，了解社会就业形势和社会对人才的素质要求，认识到社会环境对自身成长和职业生涯发展的影响。认识社会主要涉及以下几方面：宏观环境——家庭的期望、社会的需求、科技的发展、经济的兴衰、政策和法律的影响；微观环境——用人单位对应聘人员的要求、单位的文化、工作岗位的要求。大学生可通过以下方式认识社会。

1. 了解社会现状

伴随着就业制度的变革，大学生就业实施了"双向选择"和"自主择业"的新机制。在遵循国家就业指导原则和政策的基础上，大学生得以依据个人特长、目标和理想来挑选适合自己的职业。大学生应多关注社会新闻和热点事件，通过多种渠道获取信息，全面认识和了解自己目前所处的社会环境，理性地审视自己所学专业的基础状况，评估自身在求职市场中的位置，理解当前的就业趋势，从而积极、主动地调整自己以符合社会需求。只有这样，大学生才能在工作岗位上充分发挥自己的优势、实现自身的价值。

2. 参与社会活动

大学生应当踊跃投身于社会实践、志愿服务和社团活动等。参与这些活动能够让大学生更加深刻地认识和理解社会，了解自己的专业领域，同时培养各种社会能力，如团队合作、沟通能力、领导能力等。

3. 了解就业市场

大学生要对自己的专业领域和行业有充分的了解，主要了解就业市场的变化和趋势。按照近几年的情况，高校在每年的10月份（应届生大四学年的上半学年）就会启动就业方面的相关工作，如组织大型招聘会等。但正是在这个时期，在大学生与雇主之间，不满和抱怨的声音接连传来：大学生不会主动或者难以适应企业的文化和工作风格，而雇主则抱怨大学生要么显得过于青涩、实践能力不足，要么经过试用期后发现其并非企业所需之才。针对这一现象，一方面，大学生在做出职业选择和岗位决策时，应深入理解潜在雇主的招聘标准和工作风格，确保这些与自己的特质或期望相符，以避免未来可能发生的冲突；另一方面，大学生也应建立终身学习的理念，增强人际交往、实际操作等多方面的能力，提升自身综合素质，从而缩短适应职场的周期，在社会的大格局中准确找到自己的位置。毕竟，对于求职者某些品质和能力的要求，在众多企业中是普遍存在的。

指导的第三步，就是"目标"，即帮助大学生确立目标。一个未来的成功者，必然是一个拥有强烈目标意识的人。所谓"目标意识"，指的是心中始终保持着明确的目标。

一般来说，确定职业生涯目标的基本方法主要有以下四种。

1. 目标高低要恰到好处

若目标仅限于个人能力所及，仅仅追求轻松、省力的工作，避免新的挑战，那么最终可能导致人们陷入退缩、消极保守的心态。大学生应敢于设定与实际情况相符的、更高的职业生涯目标。在符合实际的前提下，自我设定的目标越高，其发展潜力也就越大。英国浪漫主义诗人华兹华斯说过："一个崇高的目标，只要不渝地追求，就会成为壮举！"确立宏伟目标可以起到激励效果，能够推动大学生更加勤奋地学习，激励他们改进工作方式，为实现目标而努力奋斗。然而，目标也不应过于高远。若目标过于高远，容易让人陷入空想的云端，在现实世界中可能一无所获，从而使目标失去其应有的价值。无谓地提升目标中的"期望值"，也可能因为追求得不切实际而招致失败。

2. 目标幅度要宽窄相宜

一般来说，专业面越窄，所需的力量相对越少。例如，某人的奋斗目标是成为一名金融业的专家。这个目标就确定得过宽，因为金融包括许多领域——银行业、保险业、信托业、证券业和租赁业等，毕竟一个人的精力是有限的，要想成为各个职业领域的专家大拿，非常不现实。如果只是想成为一名保险精算师或投行分析师这一类的专家，经过若干年的努力，就有可能实现。也就是说，针对一项工作目标，如果投入的力量保持不变，那么涉及的专业领域越狭窄，所能发挥的影响力就越强，取得成功的可能性也越高。所以，职业目标的专业面选择不宜过宽，最好是选一个窄一点的方向，把全部力量投入进去，这样较易取得成功。

3. 目标数量要多寡得当

目标是追求的对象，你见过同时追逐5只兔子的猎手吗？正所谓"一只手抓不起两条鱼"，也就是这个道理。偏偏有的大学生年轻气盛，自认为胜人一筹，同时设下几个目标。以笔者这几年接触的大学生群体来看，如果这样做，大概率会导致一个目标也实现不了。这并不是说你不可以设定多个目标，而是建议你将这些目标分阶段进行设定。换句话说，就是每个阶段专注于一个目标，不同的目标之间有时间上的区分，完成一个目标后再继续下一个。例如，在从事某个专业领域时，要明确在哪一年学习哪些知识、达到何种水平，这些都要具体和明确地规划。目标的明确和具体不仅限于业务发展目标，还包括与业务发展相关的其他目标，这些目标也应该同样明确和具体。同时，这些目标应当相互协调、共同发力，以促进个人在身心、生活和工作方面的全面进步。

4. 目标长短要默契配合

短期目标是实现长期目标的基石。缺乏短期目标，长期目标便无从谈起。长期目标为人生提供了导航，能够激发斗志，避免在短期目标达成后出现目光短浅的行为。特别是在职业道路的拓展中，通过实现短期目标，个人能够感受到达成目标的成就和快乐，激励自己为了更大的成功而向更高目标努力。然而，如果仅仅拥有短期目标，可能会削弱奋斗对个人的激励效果，还可能导致个人事业发展方向不稳定，甚至偏离正确的轨道。

指导的第四步，就是"计划"，即帮助大学生做好规划。大学阶段是大学生实施职业规划方案的最佳时期。在探索自己、了解自己、探索职业世界、建立职业生涯发展总体规划的基础上，大学生应为获取与职业领域相关的专业素养和综合素质能力制订合理的学习和实践计划，有目标、有计划地安排学习与实践。大学生可以按学年设置阶段目标，并按照每个阶段的不同目标和自身成长特点，制订一些有针对性的实施方案。

1. 大一探索期

大学新生要适应大学生活，树立新的奋斗目标。如果说高中时期的勤奋是为了迈进大学校门，那么当前的任务便是为将来的就业和职业道路打下基础，实现从高中生到大学生的身份转换。大一新生应该谦逊地向学长求教，积极投身于集体活动，构筑新的社交网络。要熟读学生手册，关注辅修专业和第二学位的申请条件，以确保获得优良的学习成绩；着手进行个人特质和职业领域的探索，确立职业规划的意识。学生在大一时还可利用职业评估等工具进行全面而客观的自我探索，考虑哪些职业与自己的课程和专业相匹配，并通过网络、报刊以及访谈等方式深入了解这些职业。

2. 大二提升期

此时，大学生应依据个人发展愿望选择专业或专注的学习方向；构建合理的知识体系，重视专业技能的提升，参与英语、计算机等实用技能证书的考核；积极投身于学生会或社团活动，锻炼自己的组织和协调能力以及团队协作能力，提高自身的全面素质；尝试参与兼职、实习等活动，以积累相关的职业经验。

3. 大三准备期

大三时，大学生应在不断强化专业知识学习的过程中，获取与职业目标相匹配的证书；提升兼职、实习工作的职业相关性，积累对求职有益的实战经验；拓宽校内外的社交网络，加强与校友及职场人士的交流，提前参与校园招聘活动，与招聘方进行有效沟通；掌握求职技能，学习制作简历和求职信，熟悉面试策略和职场基本礼仪。

4. 大四冲刺期

到了大四，大学生应关注学校就业指导中心的通知和其他重要招聘信息来源，确保不错过任何关键招聘资讯；访问招聘单位的官方网站或通过咨询、访谈等途径，掌握招聘单位的相关情况，为面试做好充分准备；选择实用性强的毕业设计（论文）题目，借以证明自己的应用研究能力。

指导的第五步，就是"行动"，即帮助大学生实施计划。有了不同阶段的职业规划，那么我们就要行动起来，让梦想成为现实。但是要注意职业规划不是一次性的过程，它需要个人不断地学习和成长。在实施行动的过程中，个人需要实时关注行业的最新发展动态，并通过学习和培训不断提升自己的能力。此外，还需要定期评估与调整规划，如果发现原有的行动计划无法顺利实施，就应当及时调整。

职业生涯规划立足于现在，放眼于未来。只有认识职业、认识职业生涯发展的重要意义，合理地探索职业世界，了解职业领域的必备素质和能力要求，了解内职业生涯、外职业生涯的基本内涵，建立职业生涯发展的总体规划，才可以有针对性地安排大学阶段的学习、生活规划。而大学期间的规划和计划实施是未来职业生涯发展的顺利保障，大学生职业生涯规划常见误区如下：

1. 忽视职业生涯规划

在大学生中，普遍存在对职业生涯规划不足的情况，仅有少数学生对职业生涯规划有所认识，并且能够脚踏实地地规划自己的每一步；有些大学生对未来想法不多，规划到哪里算哪里，毕业时只能"随行入市"；还有一些大学生想规划却不懂得规划，不去尝试学习和了解相关知识和技巧。

2. 认为职业生涯规划为时过早

有些大学生认为没有参加工作，此时规划是纸上谈兵。大学阶段的学习成长对职业能力的塑造起着至关重要的作用，而大学阶段是职业价值观、职业素质与能力准备等"内职业生涯"形成的关键时期。

3. 职业生涯无须规划

还有一些大学生认为计划赶不上变化，所以无须规划。殊不知，在职业生涯探索、确立阶段，职业探索和职业目标确立是一个动态的过程，通过这个过程可以清晰自己的职业发展远景，做出合理规划，为实现职业的顺利发展打下基础。

（三）学生问题答疑

最后留一些时间给大家，进行问题解答，也可以利用这个时间，跟同学们多一点互动，加强交流，建立感情基础。以下是几个有关本次主题班会的提问，可供参考：

1. 自我认知与定位的困惑是什么？

2. 专业学习与发展的困惑是什么？

3. 本专业职业认知与发展机会的困惑是什么？

4. 大学适应性困惑是什么？

5. 本专业未来职业定位的困惑是什么？

6. 考研考编与就业创业二选一的困惑是什么？

7. 专业学习与资格证书的困惑是什么？

8. 个人实践经验和技能与就业关联度的困惑是什么？

9. 未来期望与心理懒惰的困惑是什么？

10. 盲目跟从与过于自我的困惑是什么？

七、班会小结

大学生目标缺失，其中既有学业目标也有人生目标，随之而来的是兴趣动力缺失、行动力不足、沉迷游戏和网络、社交回避等问题。通过本次主题班会，辅导员要带领大学生了解自己、认识专业，积极引领他们思考我们需要什么、我们想要什么。如何引导大学生明确目标找到方向，笔者有三个小技巧：

一是要抓紧新生的入学教育。许多学生进入大学的时候信心满满，想升学、想成才、想发展，这个时候就需要我们通过主题班会、生涯规划、谈心谈话等方式帮助学生厘清、确定、树立"我要怎样度过我的大学生活"，锚定目标，确定行动，让他们从入学就开始忙起来，动起来。

二是要抓好学院的朋辈帮扶。从以往的经验来看，许多学生更听得进学长学姐的话。调查发现，朋辈帮扶对学生影响较大，我们可以大力发展并充分运用好朋辈的力量，将他们优秀励志的榜样故事讲给学生听，让学生在这些实实在在的事例中感受到："他们能做到的，我也一定能做到。"

三是要抓实个人的阶段任务。长远目标难树立，我们可以将任务进行分解：了解学校和周边环境、保证基础学习、结交新朋友、学会利用空闲时间、了解自己的专业方向、参加课外活动和实践项目等，再配合使用评测软件进行 SWOT 分析、运用评测工具进行决策平衡单练习，实时修正任务目标，达到事半功倍的目的。

八、案例分享

我的生涯发展地图

职业规划书是一份详细记录个人职业发展目标、计划和策略的书面文档。它通常包含个人的职业目标、现状分析、职业发展路径、所需技能和能力、时间表和评估标准等内容，是大学生主要通过对自我探索、专业分析、职业定位、制定学业规划等形成的具有一定可操作性的规划书。一个经过认真斟酌、多方探索、结合实际的规划书，可以切实帮助学生从大一初期迷茫的真空期——面对陌生的环境、初识的同学、自由的生活、缺失的学习目标等问题中迅速适应调整，引导学生制定合理的目标，并在辅导员监督的过程中予以实施。这是帮助他们解决问题的途径，在渗透入职匹配、规划职业生涯之前，可以先着手进行以学生成长或专业发展为核心的学业生涯规划，以此作为未来职业生涯规划的根本基石。

大学生职业生涯规划主要是针对大学生在校期间学习、生活的规划和设计（见表3-2），可以帮助大学生在"知己"——正视剖析自己，了解自身特质、性格、兴趣、能力、价值观；"知彼"——了解社会文化、政治经济、人力需求、专业方向、校园文化等方面的基础上，明确学习发展目标，为其实现在校期间学习目标及毕业后职业目标确立行动方向，并在一定时间内实施行动。

表 3-2　大学生职业生涯规划设计

成长目标	大学要求	社会要求
学习		
生活		
家庭		
人际关系		
经济		

知己——可以借助一些非正式测评的方法，如兴趣岛、价值观买卖、生命线、彩虹图、能力测评卡片等，在团体训练中，帮助大学生澄清对自我的认知。

知彼——可邀请专业负责人、本专业师兄师姐和研究生等作为专业发展的主讲人，也可邀请企事业单位负责人为学生理想中的工作远景落地，通过生涯人物访谈、头脑风暴等形式提高学生的职业认识度，还可邀请高年级奖学金获得者来谈学习方法和目标设定。

职业目标确立可参考表 3-3。

表 3-3　职业目标确立参考

职业定位	行业	企业	职能
生产经理	制造行业	股份制企业	生产与服务
客户经理	金融行业	外资企业	销售与服务
办公室主任	政务行业	国有企业	行政与管理
高级教师	教育行业	合作企业	教育与管理
部门主管	餐饮行业	私营企业	服务与管理

人的成长离不开环境因素，而成长的目标是实现自我成长与发展，更好地融入社会。所以，我们可以听前人介绍，用眼看用耳听，但更重要的是自己思考：如对比过去中学和现在大学在学习内容与方式、生活半径、人际交往、所需能力、经济需求等方面的区别，并设想毕业后这些方面社会普遍要求和自我期待值。

下面，我们就职能体系和业务体系设计一张职业生涯发展地图（见图 3-2）。

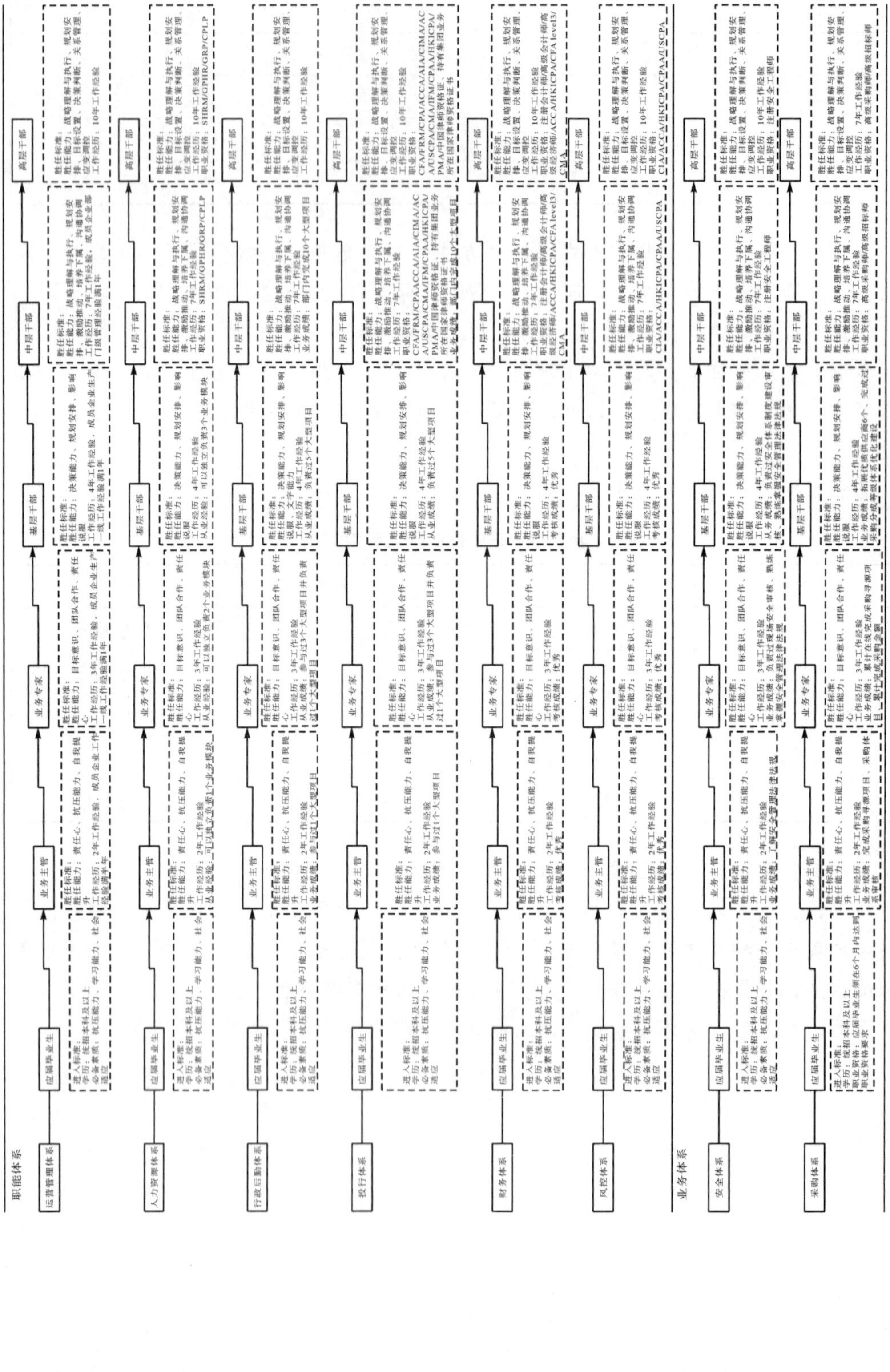

图 3-2 职业生涯发展地图

第4次　大一上 • 12月
——扬诚信考试之风，秉笃学善思之行

一、主题班会名称

扬诚信考试之风，秉笃学善思之行

二、策划主办

辅导员、班级干部

三、活动对象

全体同学

四、活动形式

主题宣讲、问答竞赛、集体讨论、问卷调查

五、活动目的

对于学生来说，考试是每个学期必须经历的环节，而针对不同类型与不同形式的考试，则需要学校与教师共同合作，开展"扬诚信考试之风，秉笃学善思之行"主题班会活动，增强学生的考试意识，防止学生作弊等不良行为的出现。本次主题班会活动的目的是从加强大学生诚信教育、提高考试技巧、提高考试策略等方面出发，辅导员通过阐述大学生诚信教育与考试的关系，让大学生从入校起就明确考试纪律，建立起"诚信做人，从诚信考试做起"的观念。只有这样，才能提高大学生的考试能力，帮助他们在考试中取得优异成绩，为自己的发展创造更广阔的机会。

六、主要内容

（一）基础内容介绍

大学生诚信考试是指大学生在学术考试中遵循诚实守信的原则，自觉遵守考试纪律，不使用任何作弊手段的行为。在现代社会，大学生诚信考试受到了广泛关注和重视，因为考试不仅是评价学生学术水平的一种方式，也是检验学生道德品质和诚信意识的重要手段。

为了解决大学生考试作弊问题，我国教育部门采取了一系列措施。首先，教育部门加强了对考试的管理和监督，采用现代化的监考手段，如视频监控、金属探测仪等，以防止学生携带违禁物品进入考场。其次，教育部门还加大了对作弊行为的处罚力度。对于作弊的学生而言，不仅考试成绩会被取消，还可能面临退学、开除学籍等严重后果。此外，教育部还发布了诚信考试的预警信息，提醒广大考生要诚信考试，不要参与任何涉考违法犯罪活动。

同时，大学生自身也需要树立诚信意识，自觉抵制作弊行为。诚信考试不仅是对自己负责，也是对他人和社会负责。作弊行为不仅会损害自己的学术声誉，还会对其他诚实守信的学生造成不公平竞争。因此，大学生应该自觉遵守考试纪律，用诚信、知识、能力来书写自己的答卷。

（二）班会主题引领

辅导员通过召开"扬诚信考试之风，秉笃学善思之行"班会，达到四个目的：

第一，维护考试的公正性。考试是评价学生学业成绩和教师教学效果的重要手段，是确保教育公平的重要环节，诚信考试可以确保考试结果的真实性和公正性，使评价结果符合学生的实际水平，这对于每一个考生以及整个教育环境都是至关重要的。

第二，培养学生的诚信意识。利用课堂教学、专题班会、校园文化活动等途径，让学生了解诚信的价值，让他们认识到诚信是社会主义核心价值观的关键要素，这有助于引导学生建立正确的价值观念和道德观念，并在学习与日常生活中培养诚信意识和诚信行为。

第三，促进学生的自我管理。诚信考试要求学生在考试过程中自觉遵守考试规则，不抄袭、不作弊，制订复习计划，提高学习主动性，合理规划每一天的学习任务，并坚持按照计划进行复习工作，减少盲目性，这些都有助于培养学生的自我管理能力和自律精神。

第四，保障教育质量。我们都知道，考试作为一种评价手段，历来是检验教学质量和学习效果以及选拔、培养人才的重要手段。诚信考试有助于准确评价学生的学习成果，为教育决策提供可靠依据，通过对考试结果的分析，我们可以了解并提升"教"与"学"的质量。因此，考试环节尤其强调"公平性"与"公正性"。只有确保了过程的公平，才能确保结果的公正，保证评价的真实性和可靠性，进而为我们后续的行动提供最实际有效的指导，从而提高教育质量和教学效果，这就需要我们的诚信做保证。

诚信和考试有什么关系呢？诚信是一个人思想道德素质最核心的外在表现，也是现代文明的重要标志。在我国的社会主义市场经济环境中，诚信构成了发展社会主义市场经济的基本行为准则，它不仅是我国社会主义道德的根基和核心，也是社会主义建设者应具备的基本素质要求。作为接受现代文明教育的大学生，理应身体力行。在学习方面，大学生展现其诚信品质的一个重要环节就是坚持诚信考试。在大学生学习过程中，对各种类型的考试司空见惯。考试是检验教师教学效果和学生学习情况的一种评价手段，考试的过程是检验一个大学生诚信与否的最直接、最有效的方式。大学生若是通过弄虚作假的手段在考试中获取高分，这种行为不仅违背了考试的初衷，而且也违背了公平竞争的考试规则和秩序，与大学生诚信做人的原则和要求格格不入。因此，大学生坚持诚信做人的原则，在学习方面首先表现在坚持诚信考试，自觉遵守考试规则和秩序，因为考试的公平竞争秩序需要大学生的诚信品质来维护；同时，大学生的诚信品质又能够在考试过程中得到充分展现。

考试作弊行为背后的心理原因较为复杂，可以从以下几个方面进行分析：

1. 压力与焦虑

压力和焦虑是导致人们选择作弊的主要原因之一。考试对于大多数人来说都是一项重要的任务，因为它直接关系到他们的学业和未来发展。学生可能因为对成绩的过高期望、对未来的担忧、同龄人之间的竞争压力或是来自家庭、老师的压力等，而产生焦虑感。面对巨大的压力和焦虑，为了缓解这种境遇，一些人会选择作弊以减轻心理负担，并增加取得好成绩的机会。这种行为往往是出于对失败和失去的恐惧，却没有真正解决问题，反而可能带来更严重的后果。

2. 自我效能感不足

自我效能感是指个人对自己还能够完成某项任务的信心和信念，是改变个人行为的有用因素之一，当我们的自我效能感很低时，可能会导致我们无法有效地应对挑战。如果学生认为自己没有足够的能力通过正常考试取得好成绩，他们可能会选择作弊作为捷径。然而，通过这种方式来掩盖自己实际能力的行为只能暂时获得一点利益，却无法真正提高自己的能力和自信心。

3. 群体影响

学生可能受到同伴的影响，当目睹班级中其他同学在考试中轻易作弊并且取得了优异的成绩，甚至超过那些努力学习的学生成绩时，这些学生很可能会觉得考试结果不公正，心中产生不平衡感，而最终滑入作弊的行列。特别是在一个普遍存在作弊文化的环境中，个体可能会觉得作弊是一种"正常"的行为，从而选择模仿。

4. 成就动机

一些学生可能因为强烈的成就动机而作弊，如果自己取得不错的成绩时，可以招来老师的表扬、同学的羡慕，抑或异性的喜欢，甚至能得到一些精神或物质上的奖励：获取荣誉称号、奖学金，当学生干部等；而如果没有好的成绩时则可能被别人看不起：父母的冷淡与责骂，为教师所厌弃与歧视，为同学所轻视。因此他们总想在考试中取得好成绩，希望立即获得成功和认可，而不愿意通过长时间的努力和学习来取得成绩。但是，一旦在考试过程中发现难以达到自己的预定目标时，他们就可能借助作弊这条"捷径"。

5. 缺乏诚信，纪律淡漠

在某些情况下，学生可能没有形成正确的价值观，且缺乏诚信意识，不理解或不在意作弊的不道德和不良的学术后果。还有一种想法在某些大学生中颇有市场，即把所学课程分为重要与不重要的两类：对于自己认为重要的课，则认认真真学、规规矩矩考；对于自己认为不重要的课，则马马虎虎、能混就混，实在不行就作弊一回。许多大学生甚至认为，反正大家都觉得不重要，监考老师也会网开一面，不会不给面子的。还有一些高年级的大学生甚至将此作为所谓的经验介绍给新生。

6. 习惯性行为

对于一些经常作弊的学生来说，这可能已经形成了一种习惯，他们在面对考试压力时往往会选择同样的方式来应对。但如果往深层次探究，这恐怕与厌学心理有关。不想学但又不想失去一纸文凭，所以只好在考试上动歪脑筋。厌学心理的产生，一是因为缺乏内在的学习兴趣和足够的学习动力，只是为了应付考试、应付父母而学；二是受投机致富的社会现象的消极影响，认为学习再好也不一定能找到一份理想的工作，太老实、太规矩可能还会吃亏；第三是急功近利的心态作怪，认为有时间学那些不实际的东西，还不如做一些实际的事情，如英语、计算机过级，参加各种社团锻炼能力，或者打工积累社会经验等。

7. 侥幸心理作祟

侥幸心理是作弊者主要的心理动因之一。所谓侥幸心理，就是指一个人在对做成某件事没有把握时，希望凭借运气来做成功的心态。作弊者也是如此，作弊能逃过监考老师的眼睛吗？他们心中并没有十分肯定的把握，学生可能认为作弊的风险较小，尤其是当他们认为被发现的可能性不高时，可能会选择冒险作弊。

本次主题班会，除了常规宣讲教育外，还可以采取其他形式召开。

1. 举行"我了解的校规校纪"趣味问答竞赛

辅导员组织学生共同学习学校有关考试纪律方面的文件，重申考试纪律的重要性。同时，为了让学习形式更加有趣和有效，辅导员可以在学习文件之后现场举行针对有关规定而设计的知识抢答竞赛游戏。竞赛游戏可以分组进行，也可以让单个学生自由抢答。辅导员给抢答对的小组或学生颁发用班费购买的小纪念品，而回答错误者要当场表演小节目。这种班会形式，既将学校有关考试的文件介绍给学生，又活跃了班会形式，寓教于乐，取得了良好的效果。

2. 组织学生讨论典型案例

辅导员在班会上首先列举社会上近期出现的考试违纪、作弊的典型案例，之后分组开展一次"考试与做人"或"考试与诚信"的主题讨论，由学生代表发言，由此引发学生的深入思考，最后由辅导员进行总结。班会结束前，可以让班委提出倡议，学生们共同签订《诚信考试承诺书》，给这次班会画上圆满的句号。

3. 在班级开展问卷调查活动

辅导员结合诚信考试主题，设计一份匿名调查问卷（可让班委设计问卷），班会召开前发给学生填写并现场收回。辅导员根据问卷整理汇总出有关数据，全面了解和掌握班级学生对待考试的真实想法和态度。在正式召开的诚信考试班会上，辅导员向学生公布问卷调查的结果和分析报告，剖析班级学生在考试态度上存在的问题，引发大家去思考和讨论，并让学生代表作主题发言。最后，辅导员进行总结，摆明正确观点：让同学们明确认识到考试违纪的不良后果和严重危害，进一步阐明诚信考试与诚信做人的重要关系，号召大家在今后的考试中牢固树立"从我做起，诚信应考"的理念。班会结束前，辅导员可以给学生布置一篇关于诚信考试的思想汇报，下次班会可以选读一些写得比较好的汇报，进一步巩固这次班会的成果。

（三）学生问题答疑

最后留一些时间给大家，进行问题解答，也可以利用这个时间，跟同学们多进行一些互动，加强交流，建立感情基础。以下是几个有关本次主题班会的提问，可供参考：

1. 诚信对于个人、社会和国家的意义是什么？

2. 为什么诚信被认为是一种重要的品质？

3. 诚信在商业贸易中的重要性体现在哪些方面？

4. 诚信在社会交往中的重要性体现在哪些方面？

5. 你经历过或做过哪些失信行为？

6. 考场上，你最好的朋友坐你旁边考试，他想找你要答案，你会怎么办？

7. 你如何看待你身边那些在大大小小考试中从来不作弊的同学？

8. 你认为学校对考试作弊的惩罚措施和执行力度如何？

9. 如果有一个成绩比你好的同学愿意帮你作弊，你会怎么做？

10. 你认为考试作弊和道德品质有没有关系？

七、班会小结

增强大学生的诚信考试意识是一个系统工程，需要学校、家庭、社会等多方面的共同努力。以下是一些可以采取的方法和措施：

1. 家庭教育

家长的榜样作用：家长应该以身作则，诚实守信，为孩子树立良好的榜样。

强化教育：家长可以通过日常生活中的点滴事件，强化孩子的诚信意识，比如对孩子说实话、遵守承诺等。

2. 学校教育

诚信教育课程：学校可以开设诚信教育相关课程，让学生系统地了解诚信的重要性。

校园文化建设：通过举办以诚信为主题的班会、演讲比赛、征文活动等形式，营造良好的诚信氛围。

奖惩机制：建立健全的奖惩机制，对诚信行为予以奖励，对失信行为进行适当的批评和惩戒。

3. 社会实践

志愿服务：鼓励学生参与志愿服务和社会实践活动，通过实际行动体验诚信的重要性。

社会参与：组织学生参观企事业单位、参与社区活动，让他们在实际工作中体会到诚信的价值。

4. 法律法规

法律教育：加强法律教育，让学生明白失信行为可能带来的法律后果。

案例分析：通过分析失信典型案例，让学生深刻认识到诚信的重要性和失信的危害。

5. 媒体宣传

利用媒体：可通过广播、电视、网络等媒体，宣传诚信的重要性，树立诚信的正面典型。

打造诚信品牌：对那些在诚信方面做出突出贡献的学校和集体进行表彰，形成示范效应。

6. 心理健康教育

培养良好的心理素质：培养学生良好的心理素质，帮助他们正确面对生活中的诱惑和压力，增强自我控制能力。

心理咨询：为学生提供心理咨询服务，帮助他们解决在学习和生活中可能遇到的诚信困惑。

辅导员通过这些方法的综合运用，可以逐步增强学生的诚信考试意识，引导学生树立守信光荣、失信可耻的道德观念，积极备考、诚信应考。

八、案例分享

考试违纪作弊相关法规

□《中华人民共和国教育法》

第七十九条　考生在国家教育考试中有下列行为之一的，由组织考试的教育考试机构工作人员在考试现场采取必要措施予以制止并终止其继续参加考试；组织考试的教育考试机构可以取消其相关考试资格或者考试成绩；情节严重的，由教育行政部门责令停止参加相关国家教育考试一年以上三年以下；构成违反治安管理行为的，由公安机关依法给予治安管理处罚；构成犯罪的，依法追究刑事责任：

（一）非法获取考试试题或者答案的；

（二）携带或者使用考试作弊器材、资料的；

（三）抄袭他人答案的；

（四）让他人代替自己参加考试的；

（五）其他以不正当手段获得考试成绩的作弊行为。

第八十条　任何组织或者个人在国家教育考试中有下列行为之一，有违法所得的，由公安机关没收违法所得，并处违法所得一倍以上五倍以下罚款；情节严重的，处五日以上十五日以下拘留；构成犯罪的，依法追究刑事责任；属于国家机关工作人员的，还应当依法给予处分：

（一）组织作弊的；

（二）通过提供考试作弊器材等方式为作弊提供帮助或者便利的；

（三）代替他人参加考试的；

（四）在考试结束前泄露、传播考试试题或者答案的；

（五）其他扰乱考试秩序的行为。

□《中华人民共和国刑法》

第二百八十四条之一　在法律规定的国家考试中，组织作弊的，处三年以下有期徒刑或者拘役，并处或者单处罚金；情节严重的，处三年以上七年以下有期徒刑，并处罚金。

为他人实施前款犯罪提供作弊器材或者其他帮助的，依照前款的规定处罚。

为实施考试作弊行为，向他人非法出售或者提供第一款规定的考试的试题、答案的，依照第一款的规定处罚。

代替他人或者让他人代替自己参加第一款规定的考试的，处拘役或者管制，并处或者单处罚金。

【开考前被查怎么认定】最高人民法院、最高人民检察院关于办理组织考试作弊等刑事案件适用法律若干问题的解释：

第四条　组织考试作弊，在考试开始之前被查获，但已经非法获取考试试题、答案或者具有其他严重扰乱考试秩序情形的，应当认定为组织考试作弊罪既遂。

【窃取、刺探、收买考题并组织作弊怎么认定】最高人民法院、最高人民检察院关于办理组织考试作弊等刑事案件适用法律若干问题的解释：

第九条　以窃取、刺探、收买方法非法获取法律规定的国家考试的试题、答案，又组织考试作弊或者非法出售、提供试题、答案，分别符合刑法第二百八十二条和刑法第二百八十四条之一规定的，以非法获取国家秘密罪和组织考试作弊罪或者非法出售、提供试题、答案罪数罪并罚。

【设立网站、通讯群作弊怎么处罚】第十一条　设立用于实施考试作弊的网站、通讯群组或者发布有关考试作弊的信息，情节严重的，应当依照刑法第二百八十七条之一的规定，以非法利用信息网络罪定罪处罚；同时构成组织考试作弊罪、非法出售、提供试题、答案罪、非法获取国家秘密罪等其他犯罪的，依照处罚较重的规定定罪处罚。

第 5 次　大一下 • 3 月
——成绩揭晓泪满襟，学业预警悔当初

一、主题班会名称

成绩揭晓泪满襟，学业预警悔当初

二、策划主办

辅导员、学校教务处

三、活动对象

全体同学或学业预警同学

四、活动形式

主题宣讲、经验分享

五、活动目的

许多大学生因为学习目标不明确、学习态度不认真、自主学习及自我控制能力较弱，加之网络环境、不良交友、家庭状况等外部因素的影响，学业表现不尽如人意，容易出现挂科情况，导致学分未修满，引发学业预警，从而无法按时顺利毕业。希望通过本次主题班会，帮助同学们知晓挂科对奖助学金、评优、入党、学籍等方面的影响，从而做好期末复习计划，合理安排时间，认真复习，在各项考试中考出优异成绩。

六、主要内容

（一）基础内容介绍

大学阶段的每个学期都需要进行期末考试，且每门专业课的成绩都需要达到及格，如果成绩不合格就会被挂科，具体以各地学校的不同规定为准。挂科，就是不通过或者不及格的代名词。具体地说，就是指大学生的某一科目或多门科目因各种原因考试不及格而未能达到学校有关要求和课程标准，需要进行重修的意思。

近几年，我国高校挂科率不断攀升，大学生群体的挂科问题也逐渐加重，导致大学生挂科主要有以下原因：

1. 学习目标不明确

大学生进入大学后失去了目标，很多同学在高中的时候，目标还是很清晰的，那就是上大学。大部分学生走进大学校园后，学习压力骤然下降，老师、家长督导减少，业余时间充足，导致很多学生感到不知所措，如果自己没有确定新的目标，那就很容易迷茫。再加上学校和学院会组织丰富多彩的活动和各式各样的比赛，学生们很难根据个人状况来合理安排自己的时间。混日子的学生越来越多，是因为他们没有明确的目标，同时贪图享乐的心态导致很多学生逐渐对学习失去了兴趣，甚至觉得逃课成了理所当然的事情。

2. 自主学习没动力

大家刚进入大学开始学习的时候总是觉得信心满满，仿佛有无穷的动力，学习效率很高。但是当你日复一日坚持学习了很多天之后，就会渐渐觉得失去动力了。明明知道自己还有很多东西没有去学，却完全没有动力做任何事。很多同学在读高中的时候目标很明确就是要考一个好大学，但是进入大学就不知道自己未来要做什么了。其实，有时候支撑着我们学习的并不是自己真实的动力，换句话说，就是你的动力并不是真正发自内心的，而是为了实现父母和老师的期望，并没有思考过自己真正需要的是什么，所以到了真正需要为自己努力的时候，很容易就会感到迷茫，从而丧失动力，之后，就开始变得浑浑噩噩。没有清晰的目标就意味着没有学习的动力，再加上不少同学之前一直被父母和老师督促着学习，自己本身自制力就比较差，进入大学以后很难去主动学习，久而久之就荒废了学业。

3. 专业课程不喜欢

在大学里对所学专业不感兴趣的学生不在少数，高考分数的限制导致大部分学生并没有选上自己喜欢的专业。根据一项针对大学生的调查发现，有接近 60% 的学生正在读着与自己兴趣不相符的专业。专业课程的教学内容一般都是理论性很强，学生学起来难免比较枯燥，很容易对专业知识失去兴趣，进而出现对专业课程厌学的情况。

4. 电子产品太沉迷

如今各种电子设备已经成为大学生活中不可缺少的工具，它在改变了大学生学习方式的同时，也影响着大学生对时间的分配和对学习的态度。很多同学高中三年很紧张，一进入大学就没人管了，由他律变成了自律，虽然一些视频网站、手机 App 软件作为良好的学习平台也能提供丰富的学习资源，但是许多大学生没有很好的自制力，不自律的学生就开始疯狂地、报复性地玩手机、玩电脑。在课堂上出现大批的"低头族"，在课后更是沉浸在网络游戏当中，玩着玩着就陷入了泥潭不能自拔，时间都浪费在沉迷各种电子产品上，学习的时间相对较少，越来越跟不上老师的节奏，到了期末考试挂科就成了再自然不过的事情。

5. 部分课程难度高

有一些理工科专业的学习难度确实是非常高的，一些高中物理、数学不好的同学在碰到高等数学、大学物理时必然会觉得难度很大。再加上大学老师的授课方式与高中老师不同，不会将所有的知识点都讲到位，更多的是要求学生们自学，这也就导致了一些学习能力有限的同学无法跟上老师的教学进度。不仅高等数学、数学分析、线性代数、概率论与数理统计这些与数学有关的课程挂科率相当高，其他一些专业课程，例如数据结构、C 语言等编程类课程的挂科率也不低。

6. 父母责任不逃避

很多家长会对学生们讲这样一句话："高中就三年，这三年辛苦一下扛过去，上了大学就好了！"从辅导员的角度来看，实话实说，上了大学也好不了。因为在高中阶段，比拼的是六七门考试课程的深度、做题的准确度，而进入了大学以后，每年都要学十几门新课，这比的就是宽度了，一旦太过放松，就很容易跟不上大学学习的进度和节奏。所以，大家要主动认清并尽早纠正父母之前"只要辛苦几年就好了"的思想灌输，我们生活在社会竞争日趋激烈、生活节奏日益加快的新时代，要在不断奋斗的过程中寻找意义、寻找快乐。

挂科对于涉及的大学生来说，是非常头痛的一件事情，可以说，大学挂科对大学生的影响是非常大的，好多同学不相信，此处我们列举来看一看。

影响一：毕业。

挂科了，相应的课程学分就得不到，而能否获得毕业证、学位证就看大学毕业前能否修满规定的学分，如果补考还过不了，就要进行重修，要是重修还过不了，可能面临被退学或者没有办法顺利按时毕业。如果临近毕业还有几门课没考过，学校就很可能不让这些学生做毕业设计，那么这些学生就只能选择延毕一年，清考了才毕业，未来找工作面试的时候还会经常被问为什么延毕。

影响二：保研。

学术成绩是保研的核心条件。大多数高校要求申请保研的学生在本科期间的成绩排名前 5% 或前 10%。特别是在某些专业中，对成绩的要求更为严格，需要特别优秀的成绩才能保研。此外，学生不能有挂科的情况，否则会直接取消保研资格。为了确保获得保研资格，学生应努力在整体专业排名中保持前三的位置，因为学院的保研名额有限，只有学习成绩优异的学生才有可能获得。

影响三：入党。

入党是对学生全方位的考察，是否挂科不能作为能否入党的唯一标准，不过入党挑选的都是优秀的人，虽然在党章党规中并未明确规定大学生党员不能挂科，但试想一下如果你挂科次数太多，老师在对你进行全方位考察时势必会有不好的印象。而且挂科次数太多也从侧面反映出你的学习态度不够端正，相比之下，不挂科、成绩好的同学更容易给人留下好的第一印象。

影响四：奖学金。

奖学金是政府、高校、社会团体及个人给予优秀学生的一定奖金，其目的在于调动学生的学习积极性，构建良好的学习氛围，培养符合现代社会需要的高素质人才。

每个学校都有奖学金发放，需要注意的是，如果当年挂了科，那一年就会失去大部分奖学金的领取资格，也会直接影响到大学生的成绩排名，间接影响其他项目的评选结果。只能等到第二年继续努力学习，保持绝对不挂科，才可以继续申请奖学金了。

影响五：找工作。

"大一上挂了微积分，因为学不明白定积分和不定积分；大一下挂了大学物理上，大二上挂了大学物理上的补考和大学物理下，大二下挂了体育，大三上挂了工程力学……不是挂科就是在挂科的路上，毕业找工作几乎每个人力资源经理（HR）都在问我为什么挂了这么多课，差点找不到工作，呜呜呜……"这是挂科同学的真实写照，你挂科多了，面试时别人看你成绩单，一片红色挂科的标记，对你很不利哦！

影响六：考研/考公/考编/考选调生。

参加这类考试，会要求你提交一份大学四年的总成绩单。补考过了是一种特殊标记，重修又是另一种特殊标记。部分地区的招考工作政策解答中，明确提到：不得有两门（含同一门两次）及两门以上课程（包括必修课和选修课）不及格、补考或重修。

影响七：出国深造。

临近大四毕业，同学们都会开始思考毕业后的规划，有的同学会选择出国深造。申请国外的研究生，绕不开的一点就是提供你大学四年的成绩单和绩点，国外比较知名的大学在接受留学生时都会有平均分、绩点、雅思成绩的硬性要求，其次才会看申请文书中提到的社会实践服务等。如果挂科了，就会拉低你的平均分和绩点，在很大程度上使你的择校陷入被动。

了解了这些，你还觉得挂科是小事吗？还会相信那些"无挂科，不大学"的"毒鸡汤"吗？想要不挂科，还是得端正态度，好好学习才是王道。

（二）班会主题引领

挂科后，学生一般会出现三种状态：麻木了、迷茫了、伤心了。不同的状态需要辅导员采取不同的措施"因材施教、分类辅导"，才能更好地解决学生挂科后的心态问题。

1. 麻木了

大学期间，学生可能因为网络游戏、恋爱交友等种种原因忽视了学习，挂科以后，首先，也是毫无感觉。遇到这种类型的同学，常常会让辅导员感到十分头疼。遇到这种情况，辅导员要向他介绍什么是学业预警，说明挂科的危害性：挂的科目多了，就会出现学业警示、学业警告、留级、延期毕业的严重后果。其次，辅导员要向他说明现在的就业压力，就业市场竞争非常激烈，如果不能够有效提高自己的核心竞争力，到就业招聘会的时候，就很难拥有自己的一席之地了。最后，辅导员要加强制度保障，规范查课和查寝的时间，建立"问题及时推送""适时适度曝光"制度，保障同学们有充分的学习、休息和娱乐时间。

2. 迷茫了

大学生第一次遇到挂科这件事，往往不知道该如何去做。遇到这种情况，我们首先要向他讲明流程、明确方向。挂科后，学校会在下一学期初给考试不及格的同学安排一次重新考试的机会，我们称之为"补考"。如果补考不及格则需要重修。其次，辅导员可以组织全班同学或挂科同学进行经验交流，传授方法，联系上一届成绩优异的学长学姐开一个学习经验分享交流会，使大家能掌握正确的学习方法。最后，辅导员要进行班级结对，达成共同进步的目标。

3. 伤心了

还有一些个别心理比较脆弱的学生，如果听到自己挂科了，就会感觉天都要塌下来了，严重的甚至会引发某些心理问题。这个时候就需要辅导员注意观察挂科同学的行为举止，一旦发现异常情况，一定要先做好心理辅导，进行补救。当这一类学生挂科时，首先要进行安抚工作，帮助他们用理性、平和的心态正确看待挂科问题；其次，辅导员要主动联系所挂科目的任课教师，请求并协助他们加强对挂科学生的教育指导，帮助他们顺利通过接下来的补考；最后，辅导员要加强对这一类大学生的抗挫折教育，提高他们的心理承受能力。

作为高校强化学风建设和提升教育教学质量监控的关键手段，学业预警机制在我国高等教育事业的发展中扮演着越来越关键的角色。学业预警是指学校针对学生在学习过程中出现的学业困难、违规违纪等问题，对学生及其家长进行及时的提醒，并实施相应措施，旨在帮助学生顺利完成学业的监督管理体系。

学业预警是加强学生的学业管理，提高学生自我管理、自我约束能力，形成学校与家长共同管理的模式的重要手段。通过学业预警工作的开展，学校、家长、学生共同协作，督促学生端正学习态度、努力学习、顺利完成学业。

学业预警分为期初预警、期中预警和期末预警三个阶段，且分为学业警示、学业警告、留级、延期毕业等多种类型。一旦大学生因挂科或者其他原因产生了学业预警，不管哪一种类型，后果都很严重，一定要及时跟踪介入并实施帮助，具体分为以下步骤：第一，分析原因，找到症结。辅导员可通过查看学生档案跟学生开展谈心谈话活动或者找同学了解、找任课老师聊天等方式，深入了解学生出现学业预警的原因。第二，对症下药，进行帮扶。学生出现学业预警的原因一般可以概括为不想学、不会学和不能学。首先是不想学，学生进入大学后，发现这个专业并不是自己喜欢的，从而产生厌学心理，开始摆烂。这个时候辅导员就应该向学生介绍学校的转专业政策，还可以鼓励他们积极考研，重新选择自己喜欢的专业，帮助他们重新燃起对大学专业学习的信心。其次是不会学，即学生没有掌握正确的学习方法，每次都是事倍功半，花了很大的精力却没有什么效果，这时候，就可以像上文提到的那样开展学长学姐经验分享交流会，通过同辈引领进行传、帮、带，帮助学生掌握正确的学习方法。最后是不能学，有些学生因为网络成瘾、沉迷游戏等种种原因学不进去，辅导员可以和他们共同制订学习计划，帮助他们养成学习习惯，完成一个个学习小目标。第三，建档立案，持续跟踪。对学困生的帮扶效果并不是立竿见影的，辅导员要建立相关档案，同时及时联系家长加强沟通，做好长期持续性的帮助，真正走进学生心里，帮助他们切实地解决学业问题。

（三）学生问题答疑

最后留一些时间给大家，进行问题解答，也可以利用这个时间，跟同学们多一点互动，加强交流，建立感情基础。以下是几个有关本次主题班会的提问，可供参考：

1. 大学生考试挂科有哪些原因？

2. 大学生怎样做才能避免挂科？

3. 大学生挂科了要怎么补救？

4. 挂科后如何进行心理调整和疏导？

5. 大学生所学的专业中，哪些课程容易挂科？

6. 大学挂科对大学生有什么影响？

7. 补考没过，重修还是没过，大学生该怎么办？

8. 大学生在什么情况下会被学业预警或留级？

9. 大学生出现学业预警，作为辅导员应该如何帮扶？

10. 大学生被学业预警意味着什么？

七、班会小结

大学生挂科确实是一件令人焦虑的事情，但并不是无法解决的难题。挂科只是人生中的一次失败，不应该成为阻碍个人成长和发展的绊脚石。在面对挂科时，大学生要保持积极的心态，坚持不懈地努力，相信自己能够在未来取得更好的成绩。大学生要通过补考机会，参加重修课程，积极寻求帮助，重视合规考试，保持持之以恒的努力。更重要的是，学生应该从挂科中牢记挂科的教训，不断反思和改进自己的学习方法和学习态度，走出挂科的困境，不断提升自己的学习能力和综合素质。只要坚持不懈地努力，相信每个挂科的学生都能迎接更加美好的未来！

八、案例分享

大学部分专业挂科情况的分析与探讨①

此部分内容是结合网络相关文章内容，以及本校部分专业的实际数据整理而成。需要说明的是，这份分析并非绝对准确的结论，每个学校、每届学生的情况都存在差异。我们分享它，不是为了给某些专业贴上"挂科率高"的标签，而是希望通过这些内容，引发大家对学习态度、学习方法的思考，帮助大家更好地规划自己的学业，避免

---

① 该案例来源于百家号《大学挂科率最高的 10 大专业！有你的专业吗？快来围观》一文，作者：丫丫教育说，发布时间：2024 年 1 月 10 日。

陷入挂科困境。

1. 计算机科学与技术

算法是计算机科学与技术的灵魂，是解决问题的关键。在学习过程中，我们需要理解各种算法的原理和应用场景，并能够灵活运用它们解决实际问题。但是，许多算法的复杂度较高，需要我们具备扎实的数学基础和逻辑思维能力。而且，不同的算法有着不同的适用场景和优缺点，我们需要根据实际情况进行选择和调整。

2. 数学与应用数学

数学，被誉为科学中的皇后，它所涵盖的领域极其广泛，从最基本的加减乘除到最深奥的微积分、线性代数和拓扑学等，无一不展现出其无穷的奥秘和魅力。对于数学与应用数学专业的同学们来说，这门学科更像是一座高山，需要他们不断攀登，挑战自己的极限。

在这个过程中，同学们不仅要掌握高深的理论知识，还要学会如何将这些知识应用于实际问题。数学与应用数学专业的同学们需要具备扎实的数学基础，同时还要具备敏锐的观察力、严密的逻辑思维能力以及解决问题的能力。只有这样，他们才能在实际应用中游刃有余，灵活应对各种复杂的数学问题。然而，对于不少同学来说，这门学科简直就是一场"噩梦"。数学的抽象性和复杂性常常让他们感到无从下手，甚至有些同学会因此而放弃。但是，数学与应用数学专业的同学们需要明白，这是一场必须面对的挑战。只有通过不断的努力和实践，才能真正掌握数学的精髓，成为数学领域的佼佼者。

3. 物理学与应用物理学

物理学与应用物理学专业作为自然科学的基础学科，对于同学们的物理基础和逻辑思维能力有着极高的要求。这两个专业所涉及的知识体系既复杂又严密，需要学生们具备扎实的基础知识，才能够在这个领域中游刃有余。然而，物理学与应用物理学专业的高难度也带来了一个问题，那就是挂科率居高不下。挂科的原因有很多，但归根结底还是因为物理学与应用物理学专业的难度较高。有些同学可能因为基础知识不扎实，有些则是因为思维方式不够灵活，无法适应这门学科的要求。

4. 电子信息工程

电子信息工程专业，这是一个充满挑战与机遇的领域。同学们在学习的过程中，不仅要面对复杂的电路设计，还要处理各种信号问题。这些难题犹如一座座高山，需要他们去攀登。电子信息工程专业的课程难度大，挂科率也相对较高。每当期末考试来临，同学们都会紧张地复习，生怕自己成为那挂科的一员。在这个专业里，没有轻松的时刻，只有不断努力和拼搏。

第6次　大一下 • 4月
——黑发不知勤学早，白首方悔读书迟

一、主题班会名称

黑发不知勤学早，白首方悔读书迟

二、策划主办

辅导员、班级干部

三、活动对象

全体同学

四、活动形式

主题宣讲、集体讨论、集中阅读

五、活动目的

阅读具有重要的心理疗愈价值，中国图书馆学会阅读推广委员会阅读与心理健康专业委员会副主任宫梅玲教授，长期研究阅读疗法，她认为阅读疗法是心理自助的好方法；《大学生心理健康的良方——阅读疗法》在对某医学院 343 名医学本科生的一项调查中发现，72%的大学生曾通过读书来解决心理困扰；也有采用阅读疗法和积极心理学的理论观点，运用结构方程模型探究阅读对大学生心理焦虑的影响效应及作用机制，对全国 348 所本科高校 134 657 名大学生的问卷调查进行数据分析，研究发现，总体而言，积极的阅读有助于大学生缓解心理焦虑；阅读对大学生心理焦虑的抑制效应，受到读好书、多读书、会读书的综合影响；阅读本身并不能直接减缓心理焦虑，而是通过自我效能感和应对方式的独立中介作用以及二者之间的链式中介作用间接影响心理焦虑。

因此，对于高等院校来说，应当深入推进书香校园的建设，激励大学生主动投身阅读活动；提升大学生的阅读品质，确保他们读好书、多读书、会读书；增强大学生的自我效能感，协助他们有效地面对挫折。将阅读作为班级心理健康教育的一种手段，并积极推广班级阅读计划，这样一方面可以有效地缓解高校心理咨询资源短缺的问题，

另一方面也能迅速提升大学生的心理健康水平。

六、主要内容

（一）基础内容介绍

庄子说过："吾生也有涯，而知也无涯。"书籍作为人类文明的重要载体，是我们获取知识的重要途径。好像大部分人的青春都是这样：看不完的小说名著、背不完的书、学不完的课本。

那么阅读的意义是什么呢？有人说读书是为了未来能进入更好的学校，找到更好的工作，拥有更好的前途。于我而言，阅读让我远离生活的喧嚣，驱散焦虑和迷茫，在这纷乱冗杂的人间给予我独一份的净土，让我得以收获一份内在的宁静。

触摸泛黄的纸张，放松下来，随着书的指引，行至远方，感受远方的风，领略不曾攀至的顶峰。在蔚蓝澄澈的海中逐浪漂浮，在无边的花海中小憩，在草原绿意中肆意奔跑。透过书中的文字，我到过未曾到达的远方，看到过美轮美奂的景象，见证过这人间百态，阅读让我的精神世界更加充盈，也让我更认识到自己的浅薄。这使我在生活中迷茫时更能沉下心来思考，而不是像以往那样变得焦虑而暴躁。

以前看过一个小故事：曾经有一个即将高中毕业的学生，给杨绛先生写了一封信，表达了对杨绛先生仰慕之情的同时倾诉了自己当时的人生困惑。杨绛先生在看过信后给这名学生回了信，并写道："你的问题主要在于读书不多而想得太多。"面对生活中遇到的问题，因有限的人生阅历，很多时候我们往往不能用足够理性、成熟的思维来面对，甚至还会因为多想而变得更加焦虑、迷茫。但若是没有通过阅读来扩展我们的思维，不管你再怎么去想，思维也只是在原地打转，于是便出现了越想越焦虑、越想越迷茫，越迷茫越看不清人生的方向的现象。

（二）班会主题引领

班会正式开始之前，可以组织全班同学共同或者按照各自的时间进行阅读，我个人推荐《读书是一辈子的事》，先通过带动大家一起读、读一小段、读一本，最后在全班形成阅读不同书籍的良好风气。

1. 为什么要阅读

每年我们都会过很多的节日，大家知道还有一个"世界读书日"吗？1995 年，联合国教科文组织宣布将每年的 4 月 23 日定为"世界读书日"。同时，4 月 23 日也是西班牙著名作家塞万提斯、英国著名作家莎士比亚的辞世纪念日。世界读书日是一个非常有意义的节日，它可以鼓励人们阅读、促进文化交流和理解，并以此对那些推动人类社会和文化进步的人们所做出的伟大贡献表示感谢和尊重。

设立"世界读书日"的建议是由西班牙提出的，它来源于西班牙加泰罗尼亚地区的一个古老传说："美丽的公主被恶龙困于深山，勇士乔治只身战胜恶龙，解救了公主，而公主回赠给乔治的礼物是一本书。"从此，书成为胆识和力量的象征，4 月 23 日也成为当地的"圣乔治节"。节日期间，加泰罗尼亚地区的居民有赠送玫瑰和图书给亲友的习俗。

人们常说"开卷有益"，因此"世界读书日"也被赋予了美丽的寓意，而阅读的好处也是因人而异的。第一，读书增长知识。高尔基曾说："书籍是人类进步的阶梯。"书是智慧的源泉，知识的海洋，想象的翅膀，生活的方向盘……如果你想获取更多的知识，获得写作的灵感，获得生活的哲理，那就需要多读书。第二，读书提升气质。苏轼的诗句中写道："腹有诗书气自华。"读书能陶冶人的情操，培养人高尚的品格和高雅的气质。阅读同样是一种休闲放松的方式，它能够调节血液循环，有益于身心健康。沉浸在书海之中，也是一种无尽的乐趣。第三，读书增强力量。培根曾说过："知识就是力量。"书籍是我们的良师益友，在你成长的道路上，总会遇到各种困难和挫折，从书籍中获取知识和力量，可以增强自己的意志力，让自己更坚强，最终战胜困难。同时，读书也能够帮助自我发现不足之处，促使我们不断地改正错误，激励我们前进和成长。

2. 如何选择图书

知识爆炸的时代，书籍也多得数不清，但是我们的时间和精力也是有限的，因此，选择自己的阅读书目是非常重要的，我在这里建议大家阅读三类图书：第一类是与自己专业相关的图书。这类图书涵盖的知识与自己所学专业以及大家以后的就业直接相关，能够解决实际问题，所以需要重点阅读。比如：法学专业的大学生读法律类图书，工科专业大学生读机械类图书……阅读这类图书能够让自己的专业得到提升和进步。第二类是自己专业以外的图书。一个人要想提升综合素质和能力，其中一半以上靠的是专业以外的知识。读这类图书，可以开阔自己的视野，提升修养，培养正确的价值观。这类图书范围都有什么呢？贾平凹在写给妹妹《读书示小妹十八生日书》生日的祝福信中就教导妹妹："你一定要珍惜现在年纪，多多读书啊。既有条件，读书万万不能狭窄。文学书要读，政治书要读，哲学、历史、美学、天文、地理、医药、建筑、美术、乐理……凡能找到的书，都要读读。若读书面窄，借鉴就不多，思路就不广，触一而不能通三。"第三类是读权威推荐图书。这包括名人推荐书单、公众号推荐图书、权威机构推荐图书等，权威推荐的书一般都具有较高的可读性和较强的影响力。在这些推荐图书中，我们可以选择自己感兴趣的部分来阅读。

3. 阅读的方法有哪些

在了解了阅读的好处、如何选择图书之后，我们再来看一下阅读的方法有哪些呢？

第一种阅读方法是精读，它是最重要的读书方法之一。朱熹在《训学斋规》中提到："大抵观书先须熟读，使其言皆若出于吾之口。继以精思，使其义皆若出于吾之心，然后可以有得尔。至于文义有疑，众说纷错，则亦虚心静虑，勿遽取舍于其间。"意思就是凡是读书必须先要熟读，让里面的话都好像出自我的口。进一步就仔细地思考，使它的意思好像都出自我的心里所想的，然后可以有所心得。至于那些对于文章意思有疑惑的，大家的言论纷乱错杂的，就要静下心来仔细思考，不要匆忙急促地在当中取舍。我们拿来一本书，首先要仔细认真阅读，然后还需要多思考、勤琢磨，反复研究，这样才能明白透彻、了然于心。专业的书籍和名篇佳作则建议采用这样的阅读方法：朗读和摘抄，这是加深阅读记忆的两种基本途径。朗读是把文字转化为有声语言的一种创造性活动，就日常学习而言，朗读是阅读的起点，是理解文章的重要手段，有助于情感的传递；摘抄可以加深记忆，更好地体会作者表达的情感，读到精彩之处，应该把好词好句摘抄下来，时常翻阅，就可以做到"读书破万卷，下笔如有神"了。

第二种阅读方法是泛读，泛读就是广泛阅读。作为当代大学生，阅读的范围应当宽广，广泛摄取各领域的知识：不仅应当阅读自然科学领域的书籍，社会学科的内容也不可忽视。无论是古代还是现代、国内还是国外的杰出作品，都应当纳入你的阅读计划之中，以此汲取各家之精华，拓宽思维视野。马克思写《资本论》时曾钻研过 1 500 余种图书，通过阅读来收集大量的准备资料，而这么多的书籍不可能一一精读完成，因此要进行泛读。

泛读的主要方式有三种：一是浏览，就是对书报、杂志从头到尾通览一遍，抓住文章中关键性语句，弄清作者主要观点，了解主要事实或典型案例，对一些报纸、杂志可以采取这种阅读方法。二是快读，通过快速阅读，可以迅速建立这本书的知识地图，激发我们的问题意识和好奇心。首先以两倍速度快读，找到感兴趣的地方、重要的地方、看不懂的地方，然后放慢速度再次阅读，依次突破书中的兴趣点、重点和难点。三是跳读，这是一种跳跃式读书法，把书中无关紧要的内容放在一边，抓住书的筋骨和脉络，重点掌握文中各部分观点，遇到有疑问的地方，若经过反复思考却始终不得其解时，则可以先跳过去向后继续阅读，就可以前后贯通，了然于胸了。

第三种阅读方法是重点阅读，这也是一种有针对性的阅读方法。在阅读之前，要根据自己的阅读目标和需求进行提问，然后根据自己的知识回答这个问题。在阅读之后，把阅读前的答案和阅读后的答案进行比对，看看自己答对了多少，还有哪些遗漏和差距。这种阅读方法可以使你读书时更专心、更投入、更能激发阅读兴趣，这种阅读方法类似于华罗庚的"猜读法"，它是一种独特的读书方法。具体来说，华罗庚在拿到一本书后，并不是立即从头到尾地阅读，而是先对着书本思考一会儿，然后闭目静思，猜想书的谋篇布局。如果他的猜想与作者的实际思路一致，他就不会继续阅读这本书了。华罗庚的这种"猜读法"不仅节省了阅读时间，而且锻炼了自己的思维能力和想象力。

鲁迅先生也有一套独到的读书方法：

①背书法：鲁迅制作了一张小巧精美的书签，上面写着"读书三到，心到、眼到、口到"10 个小楷字。他将书签夹到书中，每读一遍就掩盖住书签上的一个字，通过这种方法加强记忆，最终能够背诵全书。

②抄书法：为了深入理解并记住《尔雅》这部字典中的生字，鲁迅从《康熙字典》中摘出相关部分，订成大本，方便经常查阅和使用。

③博览法：鲁迅主张读书要广泛，如同蜜蜂采花酿蜜，不应局限于某一领域，而应广泛涉猎不同类型的书籍。

④立体法：在阅读文艺作品时，鲁迅会先阅读几种名家的选本，然后阅读这个作家的专集，接着从文艺史上了解该作者的历史位置，最后阅读该作者的传记，以获得全面的理解。

⑤剪报法：鲁迅非常重视资料的积累，他会将剪报整理得非常整齐，并分类保存，每页都有简要的批注，这些剪报成为他写作的重要参考资料。

⑥问读法：鲁迅在阅读时会向自己提出问题，如书的内容、写作方式、为什么这样写等，通过这种方法深入理解全书。

⑦多翻法：他提倡不只看一家之书，而是博采众家之长，不只看本专业的书，也看专业以外的书，以获得更多的启发。

⑧五到法：鲁迅提倡读书时要心到（集中精力）、眼到（细心浏览）、口到（诵读朗读）、手到（勤用笔墨记笔记）、脑到（善于动脑思考）。

4. 阅读的"三个层次"与"三个境界"是什么

读书是人们获取知识和认识真理的手段。然而，就每个个体生命来说，由于个人的情趣、爱好、兴趣、能力、需要的不同，读书的方法和感受也有所不同。我个人认为，读书是有层次性的，不同的读书层次将产生不同的读书境界。就其层次性而言，读书可以"一分为三"，即读懂书的字面意思、读懂书的引申意思、读懂书的本质精神这"三个层次"。与其相应，就产生了读书的三种境界，即现象层面的通释大意过程、跳出现象进入本质的反思阶段、进入作者的意义世界而产生心灵和思想对话境域 这"三种境界"。

阅读的第一种境界是读懂字面意思。书是语言文字的呈现，是字、句、段的排列组合。读书的第一个条件就是认字、识句，然后才能获取段的大意，乃至把握书的基本精神。无论是学习古文、现代文、外文，还是其他文字，都离不开认字、识句，通释段落大意，而达到现象层面的初步理解。正因为书是由文字符号组成的，所以可以说，天下没有不经过认字、识句的学习过程，而能够读懂书的道理，因此，读书必须以理解文字的字面意思为基础，在现象层面上通其大意为要旨，所谓"千里之行始于足下"。

阅读的第二种境界是读懂引申意思。要了解作者的真实思想，需要引申意义的指引。譬如，要对作者和书产生的历史背景、社会条件、时代发展和个人意趣等进行探讨，从而还原一个真实的历史和现实面貌，以便理解书中的弦外之音。如朱熹说："存天理，灭人欲。"他的话其实并不是意味要把人的所有欲望灭掉，而是有针对性地意指对一种贪婪、过度的欲望应给予限制，他的思想是特定历史社会时期的反映，必须了解他的个人背景，否则就很难理解他的思想。同时，读书的过程也是一个继承、批判和创新的过程。在读懂字面意思的过程中，阅读本身也是一种思想创造活动，创造了与自己的生活相照应而"书中作者无而读者心中有"的派生内容，它也是一种引申意义。例如，古人时常把读书活动与自己的人生命运相结合，产生了读书过程中的"书中自有颜如玉，书中自有黄金屋"的价值意义。现代人读书，无论是读学术之书还是生活小说，也都是在寻找自己思想或生活的意趣，从而找到自己的知识或精神需要。

阅读的第三种境界是读懂本质精神。到了这一境界，我们就要进入作者的时间和空间维度中，与作者展开思想上的对话，这是读书的最高层次和最高境界。孔子说："学而时习之，不亦乐乎？""朝闻道，夕死可矣。""逝者如斯夫！不舍昼夜。"为什么学习是悦纳、愉悦的？为什么懂得真理比生死更为重要？为什么会对时间之流动发出如此感叹？这就需要我们进入作者的世界进行心灵和思想的对话。只有在思想的对话语境中，才能真正体悟书中之"超言绝象"的思想意蕴、文化意象和精神实质。

最后，无论是三个读书层次还是三种读书境界，其目的还在于通过读书、学习而去获得生活知识，汲取精神营养，获取人生智慧，提升生命境界，从而实现思想的真正自由。所以，我们必须心怀思想去读书，要读有思想的好书，要做有思想的好人。

（三）学生问题答疑

最后留一些时间给大家，进行问题解答，也可以利用这个时间，跟同学们多一点互动，加强交流，建立感情基础。以下是几个有关本次主题班会的提问，可供参考：

1. 读书有什么用？
2. 读书的意义是什么？
3. 读了记不住，等于白费工夫吗？
4. 读书要写读书笔记吗？怎么写？
5. 我应该看小说还是看社会科学类图书？
6. 读书时注意力很难集中怎么办？
7. 我对任何种类的书都没兴趣怎么办？
8. 阅读后的理解吸收少，知识留存率低怎么办？
9. 怎么样把读过的书用自己的语言或文字表达出来？
10. 用什么方式方法可以有效检验自己目前的阅读水平？

七、班会小结

在有关阅读的部分理论研究中，众多数据结果一致表明，在高等教育领域，阅读能够有效减轻大学生的心理焦虑。这些研究成果扩展了阅读的价值范围，证实了阅读在心理保健和疗愈方面的作用，有助于辅导员和大学生更全面地理解阅读的重要性和意义，并且激励更多大学生通过阅读来提升自己的心理健康水平。对于班级建设来说，需要强化阅读知识、阅读价值、阅读行为和阅读方法的教育，充分利用同伴影响，推动师生共读，激发阅读兴趣，培养阅读习惯，从而提升大学生的阅读素养。

八、案例分享

世界读书日，重温习近平总书记的读书故事①（有删减）

4 月 23 日是世界读书日。习近平总书记曾在多个场合讲述自己与书的"不解之缘"，从读书中汲取治国理政经验智慧，用书香涵养民族精神力量。让我们重温习近平总书记的读书故事，爱读书、读好书、善读书，通过阅读获得思想启迪，树立崇高理想，涵养浩然正气。

【"精忠报国"】

书，陪伴着习近平总书记的成长。

童年时，母亲带着习近平，到新华书店买《岳飞传》等小人书。回来之后，就给他讲精忠报国、岳母刺字的故事。

习近平总书记回忆："我说，把字刺上去，多疼啊！我母亲说，是疼，但心里铭记住了。'精忠报国'四个字，我从那个时候一直记到现在，它也是我一生追求的目标。"

【看"砖头一样厚的书"】

1969 年新年刚过，辗转火车、卡车、徒步，不到 16 岁的习近平，从北京来到陕西省延川县文安驿公社梁家河大队插队。村里人对他的第一印象是，"这个瘦高的后生有两个很沉的箱子"。直到与习近平相熟了之后，他们才知道，两个箱子里，原来装得满满都是书。乡亲们记得"近平炕上都是书""有时吃饭也拿着书"，干了一天活后，晚上他还点着煤油灯看"砖头一样厚的书"。

"当时的文学经典，能找到的我都看了，到现在脱口而出的都是那时读到的东西。"习近平回忆知青岁月的读书经历，听说一位从北京来的知青有《浮士德》，他徒步 30 里去借；读诗词读得兴奋了，干脆跑到院子里放声朗诵，读过后喜欢的诗词大多都要背下来；读到车尔尼雪夫斯基的《怎么办？》，他效仿主人公磨炼意志，把褥子撤了，睡在光板炕上，一到雨雪天就出去摸爬滚打。

2013 年五四青年节，参加主题团日活动时，习近平总书记又谈起当年情景："上山放羊，我揣着书，把羊拴到山坡上，就开始看书。锄地到田头，开始休息一会儿时，我就拿出新华字典记一个字的多种含义，一点一滴积累。我并不觉得农村 7 年时光被荒废了，很多知识的基础是那时候打下来的。"

【把马克思主义原著"厚的读薄，薄的读厚"】

有一次，习近平与友人谈论起《共产党宣言》的中译本问题。谈到从俄、日、德、英、法不同语言翻译过来的中文译本各有侧重，对文本的理解也不尽相同时，习近平感慨道："这么一个小薄本经典，就有这么多名堂，可见认识真理很不容易。"多年以后，习近平总书记仍感叹，"如果心里觉得不踏实，就去钻研经典著作，《共产党宣言》多看几遍"。

---

① 该案例来源于新华社《世界读书日，重温习近平总书记的读书故事》一文，作者：新华社国内部，发布时间：2023 年 4 月 23 日。

1985 年冬天，习近平结识了就读于厦门大学经济系的张宏樑，同他分享自己研读《资本论》的体会："读马克思主义原著要重视序、跋以及书页下面和书后附录的注释，还有马克思、恩格斯之间有关《资本论》的通信内容。""要反复读，用心读，要把马克思主义原著'厚的读薄，薄的读厚'。"

张宏樑暗暗吃惊："您怎么对《资本论》这么熟悉？"习近平回答，自己下乡时在窑洞的煤油灯下通读过三遍《资本论》，记了很多本笔记，还读过几种不同译本，最喜欢厦大老师郭大力、王亚南的译本。

2018 年 5 月，同北京大学青年学生交流时，习近平总书记谈到当年的读书心得："那时候，我读了一些马列著作。15 岁的我已经有了独立思考能力，在读书过程中通过不断重新审视，达到否定之否定、温故而知新，慢慢觉得马克思主义确实是真理，中国共产党领导确实是人民的选择、历史的选择，我们走的社会主义道路确实是一条必由之路。这种通过自己思考、认识得出的结论，就会坚定不移。"

【"文学情缘"】

在河北正定工作时，习近平同陆树棠等友人谈论俄国文学，大家聊到托尔斯泰。习近平说："哪个托尔斯泰？"陆树棠愣了一下，心里想：习近平总书记这么有学问，难道不知道托尔斯泰的大名？习近平接着说："俄国有两个托尔斯泰。一个是列夫·托尔斯泰，写过《战争与和平》《安娜·卡列尼娜》《复活》，我读过。还有一个是阿·托尔斯泰，他是剧作家和诗人。"

2015 年 9 月，在美国西雅图，习近平总书记讲述了自己的一段"文学情缘"："海明威在《老人与海》中对狂风和暴雨、巨浪和小船、老人和鲨鱼的描写给我留下了深刻印象。我第一次去古巴，专程去了海明威当年写《老人与海》的栈桥边。第二次去古巴，我去了海明威经常去的酒吧，点了海明威爱喝的朗姆酒配薄荷叶加冰块。我想体验一下当年海明威写下那些故事时的精神世界和实地氛围。我认为，对不同的文化和文明，我们需要去深入了解。"

第 7 次　大一下 ● 5 月
——寝室虽小情谊大，舍友似亲情意浓

一、主题班会名称

寝室虽小情谊大，舍友似亲情意浓

二、策划主办

辅导员、寝室长

三、活动对象

全体同学

四、活动形式

主题宣讲、集体讨论、团体辅导、个别谈话、问卷调查

五、活动目的

大学是个小社会，而寝室又可以算得上这个小社会中最小的集体单位，然而要把这个小集体经营好并非易事。随着"00 后"大学生的到来，极具"天赋、才华和个性"的一代相识相处于象牙塔中，这为大学寝室生活带来了很多新鲜的元素。经过大一这一年的交往，各宿舍内部成员之间的人际关系格局基本定型，而状态各有差别：有的宿舍内部关系极为亲密，有的宿舍成员各自独立相安无事，还有的宿舍可能处于冷战状态……希望通过本次主题班会，让大学生对自己所在宿舍加深理解，对班级内其他宿舍情况进行了解对比、改进差异和反思不足，从而更好地沟通感情。

六、主要内容

（一）基础内容介绍

寝室是大学生学习和生活的重要场所，是辅导员开展思政工作的重点领域。寝室是大学生来到学校后的第一个家，只有寝室关系好了，校园生活才会快乐。相信一些辅导员对于走访寝室这件事，会有焦虑、抵触，甚至恐惧的心理，因为这是一场不对等的"对抗"活动。试想一下，每次走访寝室之前，都要告知学生你的走访计划，所

以看到的东西都是学生们想让你看到的，听到的事情也是学生们想让你听到的，所以"知己知彼，完美查寝"就显得尤为重要了。

先向各位辅导员推荐几个实用的查寝妙招，帮助大家高效地达成查寝目标。

秘籍 A：当你进入一个寝室，发现有与你兴趣爱好相同的同学时，不妨主动找到共同话题，通过共同的兴趣、经历或观点，便于与学生快速地拉近距离，建立更紧密的联系，增进相互理解。

秘籍 B：如果没有共同话题，要在不断嘘寒问暖的聊天过程中找寻"突破口"，抓住他们关心的问题进行解答，如果还能围绕学校的相关制度和注意事项进行交流的话，更能取得不错的教育效果。

秘籍 C：开门见山式的谈话会令气氛紧张，以辅导员的身份同大学生交流就必然会产生距离感。分享零食则是一种非常友好和亲切的行为，可以增进师生之间的友谊和亲密感，创造愉快的氛围，便于更好地交流和沟通。

接下来，我们还需要知道是什么导致了寝室的矛盾。一个学校里面有成千上万名学生，他们文化习俗不同、生活习惯不同、性格特点不同，但这些并不是根本的原因，最根本的原因是有些大学生没有包容心和同理心，不懂得换位思考，从而导致现在的大学生不能很好地融入集体生活。

然而，处理寝室矛盾不是一件简单的事情，无法通过三言两语就能完美解决，它也像我们平常做菜一样，掌握火候很重要。火候未到，还是生的；火候过了，就糊了。到了这个时期，寝室矛盾应该会陆续凸显，如果已经出现了寝室矛盾，第一个阶段是让学生宣泄情绪，和他们单独交流，向他们了解情况。如果运气好，说出来就好了，问题也能迎刃而解。若行之无效，公说公有理，婆说婆有理，那我们就要进入第二阶段，与寝室长和班级干部单独交流，全方位、多层次地了解情况，做到不偏不倚的中立态度。接着我们进入第三阶段，让矛盾双方互相沟通，在沟通过程中辅导员要教会学生理性地表达情绪，不是谁声音大谁就有理，要学会换位思考，有同理心，用别人能接受的方式去表达自己的情绪，这样才会使沟通更高效。

（二）班会主题引领

《增广贤文》中有句至理名言："远水难救近火，远亲不如近邻。"意思是远方的水来不及救近处的火，远方的亲戚不如近处的邻居。但对现在某些同学来说，"近邻"往往不一定能成为"和睦兄弟"，反而会因为交往的频繁，同学之间因为个性和阅历的差异，造成各种摩擦和冲突。

最近，有个别同学向我表示："老师，我想换寝室！"这种情况在辅导员带班经历中也一定出现过，从大学生对于寝室矛盾的反映中来看，大部分都表现在各种各样的零碎小事中，我称之为"七宗罪"，具体名单如下：

①不讲卫生。宿舍里常有人随意丢弃物品，从不整理床铺，床上环境脏乱不堪，穿过的袜子不及时清洗，踢球后满身汗味也不洗澡，上厕所还经常忘记冲水，不仅不参与打扫宿舍卫生，反而成了垃圾的制造者……这样的场面也许有些极端，但也正是

当年我见识过的一部分寝室卫生状态的真实写照。这些恶习常让室友受不了，尤其是一些爱干净的同学一旦意识到自己已经成为寝室里唯一的"清道夫"，心头的不快就一定会堆积起来。

②制造噪音。一位在新学期刚搬进宿舍的同学表示，他的两位室友沉迷于无尽的电脑游戏之中，让他感觉"宿舍仿佛是中东的战场"，而这位热爱学习的同学也因此每晚不得不去拥挤的自习室。如果游戏的乐趣是建立在他人忍受噪音的痛苦之上，那么宿舍生活的乐趣就会大打折扣。同样的批评也适用于那些将音响音量调得很大，强迫室友听音乐的同学。

③计较小钱。在关系紧密的宿舍成员之间，将彼此的经济账目精确到以角为计算单位。然而，仍有一小部分同学坚持不懈地追求宿舍经济分摊的"绝对公正"，比如，今天早上我请你吃了一顿饭，就会在心里记上一笔，然而急切地想要在最短时间内得到回请，最终个人的经济支出虽然算得明明白白，但忽略了这种做法对感情的潜在损害。

④随便吸烟。宿舍内吸烟对共处一室的人们造成的伤害，远不止尼古丁那么简单。未经室友同意便随意点燃香烟，实际上是对室友健康权利的忽视。试想，有谁会愿意和一个不尊重自己健康权益的人愉快地共处呢？除此之外，在宿舍抽烟还容易埋下消防隐患，引发校园火灾。寝室空间较小，易燃物品多，在寝室内吸烟乱丢的烟头一旦接触易燃易爆物品，就容易诱发安全事故。

⑤作息紊乱。在当今的高校宿舍中，学生拥有个人电脑已成为一种常见现象。电脑在学习上的益处显而易见，然而，如果深夜还在玩游戏或进行语音聊天，直至凌晨一两点都不愿关掉电脑的话，就会搞得寝室鸡犬不宁：常常把大家从睡梦中惊醒，这会使同学间的关系变得紧张起来；熬夜的同学活动声过大，干扰了其他需要正常休息的同学，这种冲突在没有熄灯规定的宿舍尤为显著。更极端的情况下，有的同学为了反击前一晚所受的"不公平对待"，第二天起床时就故意将脸盆、凳子等物品的声音放大。这样你来我往，形成了一个恶性循环，宿舍成员之间的和谐与温暖也在日复一日的折腾中消磨殆尽。

⑥言论霸权。曾经有位同学私底下找到我说："我最讨厌我寝室的×××，因为每次大家发生争论，不管什么话题他总要把我彻底驳倒才罢休。""我的观点绝对正确！"强制他人接受自己的观点往往会导致对方的抵触，在同一个宿舍环境中，并不意味着某个人的观点就比其他人更优越。因此，如果你发现自己总是在宿舍的辩论中"战无不胜"，那么就要小心了，宿舍不和的种子可能已经在你们这个小集体中悄然种下。

⑦过分亲密。在一个和谐的宿舍环境中，通常不会保持一种过分客气的关系。然而，如果不管室友是否愿意，都被迫一起锻炼、上课、用餐等，这种过度的亲密互动可能会侵占室友与其他人交流的时间和空间。这种狭窄的人际交往范围可能会让室友感到空虚，并对这种过于"友好"的行为感到烦恼。"依赖型"朋友在大学女生群体中并不少见，过多地占用别人的时间的行为在心理学上称之为"成人依恋"。

　　凡事要有"度"，如果亲密得太"不分彼此"了，好事也要转化成坏事。例如，有人可能会认为既然是好朋友的东西，一包饼干而已，一瓶饮料也没什么大不了的，先吃了喝了再说；或者遇到下雨天，实在懒得去买饭打水，就请宿舍的哥们儿或姐妹儿帮忙带一下。偶尔一两次还好，但如果一直这样，帮忙的义务始终不轮换，即便是再好的兄弟、再亲的姐妹，也难免会感到不快。尤其是这些事情发生在朋友之间，大家通常会选择低调处理，不愿公开争执，但如果心头的阴翳长久得不到消除，沉默也总有爆发的一天。

　　以上"罪名"可以单独存在，也可以同时发生。其实大学生换寝室背后的本质是一种逃避行为，换寝室的同学是希望换一个寝室来适应他，而不是他去主动适应和改变寝室环境。因此我希望通过这个主题班会能提高大家的人际关系处理能力，帮助各位完善自我，学会体谅和包容他人。

　　在面对寝室问题时，我们要抓住"四个一"：一个目标、一次合作、一种情谊、一份公约。

　　首先，要给班级同学树立一个共同目标，向他们说明寝室和谐的重要性：

　　一是和谐的寝室有助于创造良好的学习环境。在一个和谐融洽的寝室环境中，同学们可以相互鼓励、共同进步，形成良好的学习氛围。大家可以在这样的环境中共同学习、交流心得，提高学习效率，促进个人成长。

　　二是和谐的寝室有助于培养良好的人际关系。室友之间通过相互尊重、理解和包容，可以建立起深厚的友谊。这种友谊不仅可以让大家在生活中相互帮助、支持，还可以在遇到困难时携手共渡难关。一个和谐的寝室环境有助于培养个人的团队合作精神和人际交往能力，为未来的职业生涯奠定良好的基础。

　　三是和谐的寝室有助于维护心理健康。在一个充满矛盾和冲突的寝室环境中，人们可能会感到焦虑、压抑甚至产生心理问题。而一个和谐的寝室环境则可以让人们感到轻松、愉快，有利于保持良好的心态和情绪状态。这对于个人的心理健康和幸福感至关重要。

　　然后，以寝室为单位开展一次游戏合作，进行文化营造，在合作中提升寝室同学的凝聚力，让同学们感受到寝室是一个和谐的大家庭，有缘四海来相聚，在一起就是缘分啊！

　　这类型的团体辅导，我推荐"赞美衣"和"信任之旅"两个环节。第一个环节让寝室成员互相挖掘所有成员的优点。在此次游戏中，平时被同学们认为"高傲""看不起别人"的某某某，也会被发现其实有很多可爱之处，比如，大方、活泼、多才多艺等等。某某某也在此环节中发现其他所有成员都有值得她学习的地方，如学习刻苦、体贴家人等。经过"赞美衣"的环节，寝室成员往往能总结出来一个道理：生活中不是缺少美，而是缺少发现美的眼睛；每位寝室成员都有各自的优点，在共同的生活中应善于发现和接纳他人优点，互相理解、互相体谅。第二个环节"信任之旅"拓展训练项目是一个团队合作项目。"丧失了视力的朋友"需要和队友共同努力才能通过一段充满荆棘的路途。除一名引导员可以看见之外其余人均"又盲又哑"，全队行动都在引导员的指挥下进行。全体团结一致、相互配合，最终完成任务，实现团队目标。经过此环节，寝室成员更会感慨地总结：每个人都是社会的人，不可能单枪匹马地完成某一项任务；在平时的学习和生活中，也需要我们学会分工和调节协作，时刻注意和团队协作，互信、互助，才能获得成功。

其次，可以通过一些和谐寝室的视频和案例，展示室友之间的特殊情谊，比如《盘点男生宿舍的搞笑日常》这类在宿舍合拍的搞笑网络视频，《同寝室 6 人全员考研上岸》这类成功的先进事迹报道等。

最后，可以组织同学们以寝室为单位，让所有成员共同制定一份寝室公约，用换位思考的方式，把大家的想法都写出来贴在寝室里。制定规则，可以减少大部分的寝室矛盾。比如，作息时间不一致，一个喜欢早睡，一个喜欢晚睡，在公约中就可以加入每日熄灯计划，保证每一个寝室成员的睡眠时间；如果是生活习惯不一致，一个爱干净、爱打扫卫生，一个喜欢屯垃圾，一个星期才去扔，在公约中还可以加入每日卫生制度，把寝室卫生责任落实到个人，保证寝室干净整洁。

大学寝室的关系错综复杂，正所谓清官难断"家务事"，解铃还须系铃人。人在江湖飘，难免会在寝室遇到"怪人""怪行""怪事"，很多东西我们难以掌控和把握，但我们需要的是发挥群体自治的智慧、形成良好的品行习惯、提升自我的脾气修为，增加彼此的耐心和宽容。

美美与共，和而不同，和谐寝室，共建共享。

（三）学生问题答疑

最后，留一些时间给大家，进行问题解答，也可以利用这个时间，跟同学们多一点互动，加强交流，建立感情基础。以下是几个有关本次主题班会的提问，可供参考：

1. 我想早起，但怕吵到舍友怎么办？
2. 我想早睡，但是室友很吵，怎么办？
3. 被室友孤立了，融不进宿舍怎么办？
4. 宿舍没有学习氛围，自己也迷茫，没有动力怎么办？
5. 小组作业总有人不做，坐等无偿使用怎么办？
6. 舍友总想让我帮忙做点事怎么办？
7. 总有人不搞卫生，不扫地板，不刷厕所怎么办？
8. 拿奖学金要不要请舍友吃饭？
9. 舍友吵架怎么办？
10. 要不要借钱给舍友？

七、班会小结

作为一名辅导员，对于寝室问题往往有相同的体会——学生寝室问题往往存在起因小、影响大、处理难的特点。一次生动有效的和谐寝室主题班会，一方面能大大减少寝室矛盾，另一方面也能给我们辅导员日常管理工作减轻工作压力。在做高校辅导员的这段时间里，我发现，寝室同学关系不好甚至矛盾激化的，往往是由于问题处理不及时，小的矛盾不断积累最终爆发，因此建议辅导员采取定期或不定期查寝的方法，如果以"串门"的方式出现在寝室中，那么看到的也必然会是同学们最真实的生活。这种"串门"式的查寝，不仅能够拉近师生之间的距离，使同学们不再害怕"老师来了"；也有助于辅导员发现问题，更加深入地了解寝室关系，听同学们反映问题，最终解决问题。

八、案例分享

（一）宿舍和谐秘籍：打造温馨小窝的五大"独门秘籍"①

宿舍，这个小小的空间，不仅是知识的海洋与休憩的港湾，更是友情与成长的乐园。想要在这片小天地里编织出欢声笑语，与室友们共享美好时光？那就快跟我一起，揭开宿舍和谐的五大"独门秘籍"吧！

1. 尊重差异，包容为"金"

在这个小小的宿舍里，我们就像五彩斑斓的拼图，每个人都有自己独特的一面。有的人早睡早起，如晨间的第一缕阳光；有的人则是夜猫子，夜晚的星空是他们的舞台。有的人爱干净，宿舍总是闪闪发光；有的人则随性自在，偶尔的"小混乱"也是他们的独特魅力。这时，我们需要做的，就是像大海一样包容，像春风一样温暖，相互理解，适当调整自己的作息与习惯，让宿舍成为我们共同的避风港。

2. 积极沟通，化解"误会迷雾"

沟通，就像一把神奇的钥匙，能打开宿舍和谐的大门。在宿舍生活中，难免会遇到一些小摩擦或误会，就像偶尔飘来的乌云。这时，我们要勇敢地站出来，用平和的语气表达自己的心声，同时也要倾听对方的声音。就像一场春雨，滋润着彼此的心田，让误会烟消云散。记住哦，沟通时要多一分耐心与理解，少一些指责与抱怨，这样，我们的宿舍才能更加和谐美满。

3. 共同参与，营造"温馨小窝"

宿舍，是我们共同的家。想要让它变得更加温馨有趣，就需要我们每个人的共同努力。我们可以一起制定宿舍规则，比如轮流打扫卫生、保持安静时间等，就像守护家园的小卫士。还可以一起布置宿舍，挂上自己喜欢的海报、贴上温馨的寄语，让宿舍充满个性与活力。这些小小的举动，就像给宿舍添上了翅膀，让它变得更加美丽动人。

4. 互帮互助，共赴"成长之旅"

在宿舍里，我们不仅是室友，更是彼此的朋友与伙伴。当有人遇到困难或需要帮助时，我们要伸出援手，给予支持和鼓励。无论是学习上的难题还是生活中的困扰，

---

① 该案例来源于百家号《宿舍和谐秘籍：打造温馨小窝的五大"独门秘籍"》一文，作者：有虎牙呀，发布时间：2024 年 12 月 18 日。

我们都可以一起面对和解决。就像一群勇敢的探险家，携手共赴成长的旅程。在互帮互助中，我们不仅能增进感情，还能共同成长和进步，让宿舍成为我们人生中最宝贵的财富之一。

5. 珍惜时光，铭记"美好瞬间"

宿舍生活虽然短暂，但却充满了美好的回忆。我们要珍惜这段时光，一起参加各种活动、庆祝节日、分享美食等。这些共同的经历就像一颗颗璀璨的珍珠，串联成我们人生中最闪耀的项链。在离别之际，我们可以一起制作纪念册、写下祝福的话语等，以此来铭记这段美好的时光。就像珍藏一瓶陈年老酒，让这份友情与回忆永远醇香四溢。

掌握了这五大"独门秘籍"后，相信你一定能在宿舍里建立良好的关系，与室友们共同度过一段快乐而难忘的时光！记得哦，宿舍和谐靠大家，让我们携手共创温馨小窝吧！让每一天都充满欢声笑语，让宿舍成为我们人生中最美好的回忆之一！

（二）"复旦投毒案"一审宣判 被告林森浩被判死刑[①]

上海市第二中级人民法院 18 日对"复旦投毒案"一审公开宣判，被告人林森浩因犯故意杀人罪被判处死刑，剥夺政治权利终身。

经法院审理查明，被告人林森浩和被害人黄洋均系复旦大学上海医学院 2010 级硕士研究生，分属不同的医学专业。2010 年 8 月起，林森浩与葛某等同学同住于复旦大学枫林校区西 20 宿舍楼 421 室。2011 年 8 月，黄洋调入 421 室，与林森浩、葛某三人同住。之后，林森浩因琐事对黄洋不满，逐渐对黄洋怀恨在心，决意采用投毒的方法加害黄洋。

2013 年 3 月 31 日下午，被告人林森浩以取物为名，通过同学吕某进入中山医院 11 号楼二楼影像医学实验室 204 室，趁室内无人，取出其于 2011 年参与动物实验时剩余的装有剧毒化学品二甲基亚硝胺的试剂瓶和注射器，并装入一只黄色医疗废弃物袋中随身带离。当日下午 5 时 50 分许，林森浩将前述物品带至 421 室宿舍，趁无人之机，将上述二甲基亚硝胺投入该室的饮水机内，尔后，将试剂瓶等物连同黄色医疗废弃物袋带出宿舍楼予以丢弃。

同年 4 月 1 日上午，黄洋从 421 室饮水机中接取并喝下已被林森浩投入二甲基亚硝胺的饮用水。之后，黄洋发生呕吐，于当日中午至中山医院就诊。次日下午，黄洋再次至中山医院就诊，被发现肝功能受损严重，遂留院观察。4 月 3 日下午，黄洋因病情严重被转至外科重症监护室治疗。在黄洋就医期间，林森浩还故意隐瞒黄洋的病因。4 月 11 日，林森浩在两次接受公安人员询问时均未供述投毒事实，直至次日凌晨经公安机关依法予以刑事传唤到案后，才如实供述了上述投毒事实。被害人黄洋经抢救无效于 4 月 16 日死亡。经鉴定，被害人黄洋符合二甲基亚硝胺中毒致急性肝坏死引起急

[①] 该案例来源于新华社《"复旦投毒案"一审宣判 被告林森浩被判死刑》一文，作者：黄安琪，发布时间：2014 年 2 月 18 日。

性肝功能衰竭，继发多器官功能衰竭死亡的症状。

法院认为，被告人林森浩为泄愤采用投放毒物的方法故意杀人，致被害人黄洋死亡，其行为已构成故意杀人罪，依法应予惩处。被告人林森浩系医学专业的研究生，又曾参与用二甲基亚硝胺进行有关的动物实验和研究，明知二甲基亚硝胺系剧毒物品，仍故意将明显超过致死量的该毒物投入饮水机中，致使黄洋饮用后中毒。在黄洋就医期间，林森浩又故意隐瞒黄洋的病因，最终导致黄洋因二甲基亚硝胺中毒而死亡。上述事实，足以证明林森浩主观上具有希望被害人黄洋死亡结果发生的故意。林森浩关于其系出于作弄黄洋的动机，没有杀害黄洋故意的辩解及辩护人关于林森浩属间接故意杀人的辩护意见，与查明的事实不符，均不予采纳。被告人林森浩因琐事而采用投毒方法故意杀人，手段残忍，后果严重，社会危害极大，罪行极其严重。林森浩到案后虽能如实供述罪行，尚不足以从轻处罚。辩护人建议对林森浩从轻处罚的意见，亦不予采纳。

依照《中华人民共和国刑法》，被告人林森浩犯故意杀人罪，被判处死刑，剥夺政治权利终身。

第8次　大一下 • 6月
——天上馅饼含陷阱，头脑始终要清醒

一、主题班会名称

天上馅饼含陷阱，头脑始终要清醒

二、策划主办

辅导员、班级干部、保卫处

三、活动对象

全体同学

四、活动形式

主题宣讲、集体讨论、问卷调查

五、活动目的

学生被诈骗的案例在高校时有发生，辅导员如果能开好反诈主题班会，不仅能守住学生的钱袋子，更能为学生在校正常学习、生活提供安全保障。反诈教育的目的是提高学生对电信网络诈骗的认识和防范能力。近年来，电信网络诈骗手段不断更新，对大学生这一群体产生了较大的影响。大学生通常社会经验不足，对诈骗手段的辨识能力有限，因此容易成为诈骗分子的目标。反诈教育旨在通过各种形式的宣传和教育活动，增强大学生的反诈意识，提高他们识别和防范诈骗的能力，从而减少诈骗案件的发生。

六、主要内容

（一）基础内容介绍

电信诈骗是指通过电话、网络和短信等方式，编造虚假信息，设计骗局，对受害人实施远程、非接触式诈骗，诱使受害人打款或转账的犯罪行为，通常以冒充他人及仿冒、伪造各种合法外衣和形式的方式达到欺骗的目的，如冒充公检法人员，商家、公司、厂家工作人员，银行工作人员等各类机构工作人员，伪造和冒充招工、刷单、

贷款等形式进行诈骗。随着科技的发展，一些不法分子借助手机、固定电话等通信工具和现代的技术等实施开展非接触式诈骗活动，给人民群众造成了很大的损失。

这里有几道测试题，来看看大家的反诈意识如何？

1. 王某在淘宝网上购物以后，很久都未收到东西，和网店客服联系，对方称因为淘宝升级未收到订单需要重新打款才能发货，王某该怎么办？

　　A. 打电话给网店负责人争吵理论，要求其还钱

　　B. 去其他网店购物

　　C. 联系正版淘宝客服，进行退款操作

　　D. 按对方提示汇款

2. 黄某在某网站上找工作时，对方称需要交纳一定的押金才能面试，黄某按对方的要求交纳了押金，黄某的行为是否正确？

　　A. 正确，只要能找到工作交点钱无所谓

　　B. 错误，所有的劳动招聘都是不需要缴纳费用的

　　C. 正确，网站是正规网站，不存在欺骗

　　D. 正确，别人都交了钱，自己也可以交

3. 顾某在路上行走时，有几个人过来说其手机和行李坐车时丢了，需要借其手机打个电话，马上就还给他，顾某应该怎么办？

　　A. 将手机借给他

　　B. 帮他们打 110 报警求助

　　C. 跟他们走，热心帮他们找行李

　　D. 替对方拨通电话之后把电话给他们

以上三道题目只是发生在大学生身边的诈骗事例的很小一部分，公安部在 2022 年 5 月 11 日公布了五类高发电信网络诈骗案件，分别是刷单返利、虚假投资理财、虚假网络贷款、冒充客服、冒充公检法。本次主题班会我们就来共同探讨"诈骗"这个话题。

（二）班会主题引领

班级辅导员想开好本次主题班会，建议首先从高校高发案件导入，激发学生的兴趣。可搜索"8 个典型案例，解读高校'八大高发诈骗案'"：

案例一：美女是假的，骗钱是真的！

案例二：好心垫付资金被骗钱！

案例三：警惕！虚假购物！

案例四：警惕演唱会骗局！

案例五：警惕网络游戏产品虚假交易！

案例六：警惕刷单诈骗！

案例七：警惕"中奖陷阱"！

案例八：警惕，谨防落入求职陷阱！

其次，最好能寻求学校保卫处帮忙，请有关负责同志现场讲解，共同剖析案例，可以达到事半功倍的效果。我们也可以为大学生介绍当今电信诈骗的常见手段：

（1）冒充社保、医保、银行、电信等工作人员。

不法分子以社保卡、医保卡、银行卡消费、扣年费、密码泄露、有线电视欠费、电话欠费为名，引诱受害人将资金汇入其指定的账户。

（2）冒充公检法、邮政工作人员。

不法分子利用法院传票、声称邮包内含有毒品、涉嫌犯罪和洗钱等手段进行威胁，通过传唤、逮捕以及冻结受害者名下资产的手段进行恐吓。接着，他们以需要提供验资证明以证明清白，再以提供一个所谓的"安全账户"进行资金验证为诱饵，诱导受害者将资金转入他们指定的账户。

（3）以销售廉价飞机票、火车票及违禁物品为诱饵进行诈骗。

不法分子以出售廉价的飞机票、火车票，以及枪支弹药、迷魂药、窃听设备等违禁物品为诱饵，利用人们贪图便宜和好奇的心理，引诱受害人打电话咨询，之后以交定金、托运费等理由进行诈骗。

（4）冒充熟人进行诈骗。

不法分子假装是受害者的亲朋好友或上司，通过电话诱导受害者猜测其身份，一旦受害者提到某个熟人的名字，犯罪分子便承认并声称将来会拜访受害者。随后，他们在次日再次致电，编造因参与赌博、嫖娼、吸毒等行为被警方抓获，或者以遭遇车祸、生病等紧急情况急需资金为借口，向受害者请求借款并提供汇款账户信息，以此达到诈骗钱财的目的。

（5）利用中大奖进行诈骗。

不法分子预先印制大量外观精美的伪造中奖刮刮卡，并通过邮寄信件或雇用他人进行分发投递；之后再通过手机短信的形式传播虚假中奖信息；此外，还通过网络途径散布这些诈骗信息。一旦受害者与犯罪嫌疑人取得联系，意图兑换奖项，犯罪分子便以需预先支付"个人所得税""公证费""转账手续费"等为由，诱使受害者进行汇款，从而实现诈骗目的。

（6）利用无抵押贷款进行诈骗。

不法分子以"我们公司在全市范围内为资金短缺者提供贷款服务，月利率仅需3%，无须任何抵押，请联系某某经理"为诱饵，一些迫切需要资金周转的企业和个人因此被吸引，掉入了无抵押贷款的陷阱。随后，不法分子以预先支付利息等为由，对这些受害者实施诈骗。

（7）利用虚假广告信息进行诈骗。

不法分子以各种形式发送诱人的虚假广告，从事诈骗活动。

（8）利用高薪招聘进行诈骗。

不法分子通过群发信息，以高薪招聘"公关先生""特别陪护"等为幌子，称受害人已通过面试，现要向指定账户汇入一定的培训、服装等费用后即可上班。步步设套，骗取钱财。

（9）虚构汽车、房屋、教育退税进行诈骗。

不法分子发送信息称："国家税务总局正在对汽车、房产、教育相关的税收政策进行修订，您的汽车、房产以及孩子的教育费用可能符合退税条件。可办理退税手续。"一旦受害者与不法分子取得联系，他们通常在未完全明白实际情况时，被不法分子以各种理由诱导至取款机前，进行英文界面的转账操作，从而将资金汇入不法分子指定的账户。

（10）利用银行卡消费进行诈骗。

不法分子通过发送手机短信，通知手机用户其银行卡在某地（如某百货商场、某大酒店）有刷卡消费记录，涉及金额若干元。若用户对此有疑问，短信中会提供一个电话号码供用户咨询。当受害者回电时，不法分子会伪装成银行客户服务中心或公安局金融犯罪调查部门的工作人员，谎称受害者的银行卡已被复制并遭盗刷。他们便利用受害者的恐慌情绪，指导受害者前往银行 ATM 机，并诱导其在英文界面进行所谓的升级或加密操作，从而巧妙地将受害者引导至"转账陷阱"，将受害人银行卡内的款项汇入不法分子指定账户。

（11）冒充黑社会敲诈实施诈骗。

不法分子假扮成"黑社会成员"，通过电话或短信联系手机用户，以寻仇、打断腿等恐吓言语，让受害者产生恐惧。在受害者感到恐慌之后，这些不法分子会转而提出"你看起来是个好人""重情重义""用钱解决问题"等说辞，逼迫受害者向他们指定的银行账户汇款。

（12）虚构绑架、出车祸诈骗。

不法分子伪称受害者的亲属遭到绑架或遭遇车祸，同时安排一名同伙在电话中模拟受害者亲人的呼救声，催促受害者迅速支付赎金。由于惊慌失措，受害者往往容易陷入圈套，遭到诈骗。

（13）利用汇款信息进行诈骗。

不法分子假扮成受害人的子女、出租方、债权人或商业伙伴，发送信息称："我的旧银行卡丢失，目前急需用钱，请尽快将款项汇至××账号。"受害人不加甄别，结果被骗。

（14）利用虚假彩票信息进行诈骗。

不法分子以提供彩票内幕为名，采取骗取会员费的形式从事诈骗。

（15）利用虚假股票信息进行诈骗。

不法分子冒充某证券公司职员，通过互联网、电话、短信等多种途径散布虚假的个股内幕消息和市场走势预测，有的甚至伪造网页。他们以承诺提供资金用于炒股分红或代为操作股票为由，诱使股民将资金汇入他们的账户，从而实施诈骗行为。

（16）QQ 聊天冒充好友借款诈骗。

不法分子利用植入木马等黑客技术，窃取他人的 QQ 账号。他们事先与 QQ 用户进行视频通话，以此获取用户的视频资料。在实施诈骗过程中，播放之前录制的用户视频，以赢得受害者的信任。随后，他们向用户的 QQ 好友群发借款请求，以此实施诈骗活动。

（17）诱骗受害人安装所谓"犯罪通缉追查系统""网上清查系统""保护账户安全"等软件，以洗脱"犯罪嫌疑"。

利用特制的远程控制软件，一旦受害者遵从诈骗者的指示下载并运行该软件，其电脑便会被转化为"僵尸机"。此时，不法分子便有机会控制受害者的网银，远程操控电脑执行转账操作，以此完成诈骗行为。

再次，教授给大学生一些反诈的方法：

（1）妥善保管个人信息。

个人信息的泄露和买卖问题日益严重，已成为诈骗犯罪黑色产业链的关键一环。众多电信网络诈骗手段都将窃取受害者隐私信息作为实施诈骗的前提条件和必要步骤，因此，大学生们要把好个人信息保护的第一道关口，从源头杜绝隐私外泄对于避免财产损失至关重要。

（2）绝不出租出售"两卡"。千万不要认为没有直接参与诈骗行为就不算犯罪。在明知他人利用电信网络实施诈骗行为的情况下，仍出售银行卡、手机卡，为他人提供便利，就涉嫌构成违法犯罪，情节严重的将被追究刑事责任。

（3）加强账户安全管理。一些电信网络诈骗案件反映出部分群众银行账户管理存在明显漏洞，因此，提高银行账户安全性，给自己的账户上好"锁"，是风险防范的关键一环。

（4）增强金融安全意识。被害人金融知识不足或风险意识薄弱是多数电信网络诈骗最终得逞的直接原因，因此，提高对金融产品和服务的认知能力及自我保护能力，是每一位公民的必修课，是大家防骗避损的核心应对之策。

（5）培养良好支付习惯。尽管电信网络诈骗防不胜防且辨别难度大，但只要大家持续保持高度警觉，培养健康安全的支付习惯，并且牢牢守住对外转账汇款的关键环节，就能有效地防止资金被骗取。

（6）下载国家反诈中心 App。

国家反诈中心 App 是一款官方手机防骗保护软件，主要有以下功能：一是当用户接收到涉嫌诈骗的电话、短信或访问到涉嫌诈骗的网站时，系统能够立即发出预警提醒；二是若用户察觉到诈骗线索，可迅速通过一键举报功能进行举报；三是用户可通过该应用程序对潜在风险网友的实名身份、社交账户、交易账户进行诈骗风险核查，显著减少网络交易的风险；四是该应用程序每天都会更新发布诈骗分子的最新诈骗手段，深入分析典型案例，帮助用户掌握防骗知识、识别诈骗模式，从而提高辨别诈骗的能力。

最后，一旦发现自己上当受骗了，要果断采取以下紧急补救措施：

一是若在汇款后发现受骗，应立即联系中国银联客服专线——95516，寻求紧急帮助。

二是快速拨打学校保卫处的电话或直接拨打 110 进行报警。

三是确认对方账户所属银行后，通过电话联系该银行客服，并尝试输入你转账的目标账号（诈骗者的账号），在系统提示输入密码时故意连续输入错误密码 5 次，这样该账号将自动被锁定 24 小时，这 24 小时的锁定期能有效阻止诈骗者转移资金，减少损失。

四是为防止诈骗者通过网上银行转账，应迅速登录相关银行的网上银行系统，在登录时故意将目标账号（诈骗者的账号）的密码连续输错 5 次，从而锁定其网上银行功能 24 小时。

五是立即与进行汇款的银行柜台取得联系，向银行工作人员说明被骗情况，并请求他们的协助处理。

（三）学生问题答疑

最后留一些时间给大家，进行问题解答，也可以利用这个时间，跟同学们多一点互动，加强交流，建立感情基础。以下是几个有关本次主题班会的提问，可供参考：

1. 你知道什么是诈骗吗？

2. 你是否收到过诈骗电话、短信或网络信息？

3. 你是否了解如何辨别诈骗电话？

4. 你是否了解如何辨别诈骗短信或网络信息？

5. 你是否被诈骗过？

6. 你是如何避免自己被诈骗的？

7. 你认为哪些人群更容易成为诈骗的对象？

8. 你认为政府和社会应该采取哪些措施来防范诈骗？

9. 你有什么建议来提高个人防诈骗的能力？

10. 你有什么其他关于防诈骗的想法或体验？

七、班会小结

校园反诈工作，需要高校、司法、媒体与社会力量相得益彰、同向同行。希望通过本次主题班会，能与学校保卫处联动，激发学生了解反诈防骗知识的自觉性，发挥大学生们的积极性、创造性，进一步提升高校大学生反诈防骗意识和能力，普及反诈知识，共同筑牢校园反诈防火墙，助力打造平安和谐的"无诈校园"。让我们从自身做起，积极学习反诈相关知识，发挥青年影响力，做好反诈宣传，主动配合公安机关打击整治诈骗违法犯罪行动，如遇到诈骗案件或知晓犯罪团伙线索，要及时举报。共建校园反诈坚强防线，共同维护平安和谐校园，让"青春无诈"！

八、案例分享

请查收大学生防诈骗指南！①（有删减）

中国青年网有关调查显示，41.53% 的大学生表示自己或身边的人遇到过诈骗。电信诈骗、非法校园贷、钓鱼网站等诈骗类型分别位列前三名。在大学校园生活中有哪些常见诈骗手段？面对诈骗我们又该如何预防呢？

常见高校诈骗类型：

套路一：校园贷诈骗

校园贷是指一些网络贷款平台面向在校大学生开展的贷款业务。它实际就是翻版的高利贷，以"手续简单，放款快"为吸引点诱骗学生上当。不法分子要求学生提供身份证、学生证等信息，小额贷款随借随还，没有烦琐的手续，贷款金额从几百到几万不等，且立即可取。许多大学生为了满足自己的虚荣心接受了校园贷，但结果往往是深受其害。

防骗攻略：一方面，同学们应树立理性消费观，在自己的承受能力范围内适当消费，不盲目攀比；另一方面，同学们应掌握金融贷款知识，提高对不良借贷的防范意识，谨防落入校园贷陷阱。如果不幸落入不良网贷陷阱，同学们应及时向学校报告有关情况，并寻求公安部门的帮助。

套路二：网络交友类诈骗

诈骗分子将自己包装成优质单身女性或男性的形象，在聊天中使用各种诱导语言及暴露照片，并发来二维码，诱导被害人扫码安装带病毒的 App，该软件实则可获取被害人的手机通讯录等信息。骗子把通讯录的截图发给被害学生，抓住其心理弱点，以不雅照片或视频对其进行敲诈勒索。当金额太大，学生承受不了时，诈骗分子便指导学生通过一些贷款平台贷款。被害学生一旦转账，骗子的胃口就会永无止境地增长。

防骗攻略：同学们要加强防诈意识，远离"桃色陷阱"；提高自身网络信息素养，学会更好地分辨网络信息真伪，增强网络伦理道德观念；培养健康向上的爱好活动，远离不良嗜好，丰富学习工作生活，不给犯罪分子可乘之机。

套路三：电商客服物流诈骗

骗子冒充电商、物流客服人员给被害学生打电话，并准确说出受害者的购物信息和个人信息，骗取信任。接着，他们会以网购平台系统升级造成订单丢失、支付失败等原因，诱骗受害者交出银行卡号、密码或登录钓鱼网站，骗取或盗取资金。

防骗攻略：同学们要提高警惕，保持良好购物心态。网上购物一定要在正规网站进行，购物聊天一定要用正规网站的客户端，不要随意点击、登录对方发过来的链接，进入购物网站时要尽量核实网站域名。快递单要妥善处理，不要随意丢弃，以免造成个人信息泄露，一旦被骗，一定要及时报警求助。

---

① 该案例来源于光明网《防范提醒｜请查收大学生防诈骗指南！》一文，作者：平安焦作，发布时间：2023 年 2 月 25 日。

套路四：刷单返利类诈骗

刷单返利诈骗是指骗子通过网络途径发布以"零投入、高回报、日清日结"为噱头的刷单兼职信息，在前几次刷单后会立即返还本金、佣金，在骗取被害学生的信任后，便诱导其加大本金投入，随后以打包任务未完成等理由拒不返款，最终将被害人拉黑。

防骗攻略：任何要求垫资的兼职和刷单都是诈骗，同学们千万不要被蝇头小利迷惑，交纳保证金和押金。网络刷单违法违规，切勿因小利走上违法犯罪道路。远离网络刷单，我们一起营造公平、公正、健康的网购环境吧！

套路五：通信诈骗

部分骗子会冒充"老师"或"学校"给同学们打电话或发短信，以资助新同学学费、缴纳生活费、校方返还学费等为名，让学生提供卡号、密码，从而进一步实施诈骗；家长们还会收到各类涉及孩子在校情况的短信，比如打生活费、体检结果、核对家庭信息等。

防骗攻略：遇到此类事件，首先不要盲目回复，可以先向辅导员老师求证。要对自己的隐私严格保密，在任何时间、任何地点，对任何人都不要同时说出自己的身份证号码、银行卡号码、银行卡密码。

套路六：冒充公检法犯罪

冒充公安、检察院、法院等司法机关的工作人员，以涉嫌违法犯罪为理由，要求将资金转入所谓的"安全账户"。骗子为了体现真实性，甚至还会制作假的通缉令，以达到其操控被害人的目的。

防骗攻略：公检法人员绝对不会通过电话通知你已涉案或要求将钱款转移到其他账户，更不会让你上网浏览自己的通缉令或者逮捕令，或者将此类材料邮寄到个人手中，凡通过电话、短信等要求进行转账、汇款操作的，都是诈骗，切记不相信、不转账！

套路七：伪装熟人诈骗

骗子利用不法渠道盗取好友 QQ、微信账号，通过发送邮件、截图形式编造看病、车祸、购票理由声称自己急需借钱、充值或汇款，若不通过电话方式或当面核实很难辨别对方真实身份，从而被骗。

防骗攻略：凡是遇到熟人在抖音、微信或 QQ 上要求转账的，请务必电话联系或当面核实，再三确认，避免上当受骗；接到好友的转账、帮忙代付、交费等的请求时，一定要及时打电话或通过其他途径与其本人取得联系，确认是否为对方本人，切忌直接转账或付款。如果真的遭遇诈骗，一定要与公安机关取得联系，越早报案越有利于实现紧急止付和快速冻结，最大程度减少财产损失，同时也有助于警方快速掌握案情，为打击电信诈骗犯罪活动赢得主动权。

套路八：娱乐项目中奖诈骗

以热播节目组的名义向被害人手机群发短消息，称其已被抽选为节目幸运观众将获得巨额奖品后，以需交手续费、保证金或个人所得税等借口实施连环诈骗，诱骗被害人向指定银行账号汇款。

防骗攻略：这类消息一般都是诈骗信息，一定不要有侥幸心理，以免上当受骗。

套路九：网络赌博诈骗

犯罪分子通过微信、QQ群等联系受害人，引诱受害人利用赌博网站吸赌，诱惑受害人下注参赌，刚开始受害人下小注的时候让其赢利，当受害人下大注的时候，就通过后台操作，让其输钱，并且不让其提现，甚至通过威胁利诱网络虚拟借钱的方式诱惑其下大注，让其获利远远超过所借之款。

防骗攻略：不要贪图小便宜，不参与"黄赌毒"等违法犯罪活动。

大学生防诈骗小贴士——"8631"防骗口诀：8个凡是，6个一律，3个绝对不可能，1个绝对不要做。

8个凡是：

1. 凡是自称公检法要求汇款的，不能相信。

2. 凡是叫你汇款到"安全账户"的，不能相信。

3. 凡是通知中奖、领奖要你先交钱的，不能相信。

4. 凡是通知"家属"出事要先汇款的，不能相信。

5. 凡是在电话中索要银行卡信息及验证码，或是让你开通网银接受检查的，不能相信。

6. 凡是自称提供无担保、低息贷款，让你先交手续费的，不能相信。

7. 凡是领导要求汇款的，不能相信。

8. 凡是陌生网站要求登记银行卡信息的，不能相信。

6个一律：

1. 陌生电话，一谈到转接公检法的，一律挂掉。

2. 陌生电话一提到"安全账户"的，一律挂掉。

3. 陌生电话，一谈到银行卡的，一律挂掉。

4. 所有短信，但凡让点击链接的，一律不点。

5. 微信、QQ不认识的人发来的链接，一律不点。

6. 网络交易平台使用非官方平台的，一律拒绝。

3个绝对不可能：

1. 警方绝对不可能在电话中向你通报案情。

2. 警方绝对不可能通过手机向你发送警官证。

3. 警方绝对不可能通过微信向你发送通缉令。

1个绝对不要做：

所有电话、QQ、微信中陌生人要求转账汇款的，绝对不要做。

第二部分　大学二年级

第9次　大二上•9月
——人生无惧风霜路，勇往直前心不偏

一、主题班会名称

人生无惧风霜路，勇往直前心不偏

二、策划主办

辅导员、班级干部

三、活动对象

全体同学

四、活动形式

主题宣讲、集体讨论、经验分享、实地参观

五、活动目的

大学的学习特点之一是有了不同学科和专业之分，第一学年主要是公共课以及少部分专业课的学习，到了第二学年开始进一步学习专业学科知识后，对本专业的认知是学生培养学习兴趣、巩固专业思想、进行学习规划的前提条件，这将直接影响学生的发展方向和成长目标。因此，彻底完成从被动学习的高中学生到自主学习的大学生的角色转变是大学生顺利完成四年学业的关键。本次班会旨在帮助学生了解专业性质特点、专业历史和现状、前景和社会价值；了解专业的知识构成及学习要求；培养学生的专业兴趣，增强其对本专业学习的信心和动力；引导学生将个人发展与社会、国家的需要结合起来，确立正确的人生发展方向。

六、主要内容

（一）基础内容介绍

经过大学一年级的学习，班级同学之间的成绩逐渐拉开，学习上的问题也慢慢浮出水面，主要表现为以下几个方面：

1. 学习管理方式不适应

大学里实行学分制管理，如何选修课程、安排大学四年的学习进度等完全靠学生

自主管理。

2. 学习方法的不适应

大学教师教学进度快，知识量和跳跃性较大，学生课上要跟上教师的讲授进程并消化理解，课后还有大量的内容需自学与思考。这对于习惯了上课记笔记、考前背笔记的学生来说是一个极大的挑战。

3. 学习目标不明，动力不足

中学阶段的学习目标很明确，就是努力学习，将来考上理想的大学。可是考上大学以后，这种动力和目标没有了，新的动力一时难以找到，又不知如何进行学习规划，加之强手如林，昔日佼佼者的优势不复存在，更容易产生失落感。

4. 教学方式不适应

大学课堂一般没有固定教室，班级观念淡化；教师讲课常常是提纲挈领式教学或引导学生自学，还要布置大量的课外阅读书目。虽然大学生有了相对宽松、自由支配的时间，但已经习惯于过去"填鸭式"教学的学生，一时很难适应"启发式"自主性学习。

大一学生处于过渡适应阶段，这一阶段辅导员主要为大家提供的是适应性教育。大二学生已经基本适应了大学生活，这一学期也是大学生价值观念逐步确立的关键时期，这一阶段在加强大学生专业知识学习、专业技能掌握之外，还要把握大学生学习的特点，开始引导他们对自身定位和初步规划发展目标，重点培养以下几个方面：

1. 自主性

大学学习强调学生的自主学习能力，学生需要在老师的指引下开展自我学习，而不是一种"填鸭式"的被动学习，他们需要有较强的规划能力，能合理安排学习内容、形式、时间等，并且有较强的自学能力和自控能力，具有一定的自觉性和自主性。所以在学习时是需要自我钻研后再将学习中遇到的疑惑向老师请教，老师才会再次去反馈指导，而不是老师主动指导学生。

2. 专业性

大学学习的课程和内容是围绕某一类高级专门人才的培养目标设置的，具有明确的专业方向性，大学一、二年级侧重于基础课程，三、四年级侧重于专业课程。如果学生学习目标不明确，或者对所学专业不感兴趣会直接影响其学习状态乃至整个大学生活。

3. 研究性

大学不仅是知识传授的地方，也是知识创新的地方。高等教育中的课堂讲授已经从单纯传授既定知识，逐渐过渡到展示不同学派之间的理论争议和最新的学术进展；学生的学习方法和思考模式也在逐步从机械记忆、准确复述内容，转向整合多元观点、形成个性化见解的过程。比如说在本科阶段学习时，教师会给出一个主题、相关的研究范畴和需要的理论等，学生不仅要学习现有的知识，还要学会如何通过研究来创造新知识。

4. 实践性

实践是理论与实际相结合的重要环节，是提高大学生解决问题能力的主要途径。大学学习重视理论知识与实际应用的结合，大学课程设置中实践教学占较大比重，如实验课、现场教学、见习实习、科研活动、社会调查和毕业设计等，都是在培养学生独立工作、思考、解决问题及创新的能力。这明显区别于中学阶段的"重理论，轻实践，重考试分数、轻实际能力"的学习方式。

5. 综合性

与中学时课堂教学是学习的主渠道不同，多样化的教学活动为扩展大学生的知识视野和提升其多方面能力创造了优越的环境。大学教育着重于学生综合素质的塑造，不仅限于课堂讲授，大学生还能通过多种路径和方式来进行全面学习，包括参与通识教育、社团活动、志愿服务、专题辩论、社会调研，以及参与实地参观、查阅学术资料等多种形式。通过多种形式的学习，大学生不仅学习了课本知识，还培养了社会责任感、团队协作能力、创新精神、人际交往能力、组织管理能力以及接触社会当中各种不同的生活能力。

6. 国际性

随着全球化的发展，大学教育越来越注重国际视野的拓展，许多大学与世界各地的其他高等教育机构建立合作关系，开展学生和教师的交流项目，在课程设计中融入国际化元素，以培养学生的国际化竞争力。此外，许多大学会吸引来自世界各地的学生和学者，这不仅丰富了校园文化，也促进了国际学术交流和思想碰撞。

7. 终身性

终身学习是指社会每个成员为适应社会发展和实现个体发展的需要，贯穿于人的一生的持续的学习过程。即我们所常说的"活到老学到老"或"学无止境"。大学教育是终身学习的一部分，学生不仅要学习专业知识，还要培养终身学习的观念和能力，因为原有的知识与技能在未知面前作用会大大减弱，特别是在这个正以惊人速度发展和前进的时代，高科技技术不断更迭，海量信息蜂拥而至，人们获取知识、技能、经验的渠道变得多元化，想要取得持续的进步与成长，以适应快速变化的社会和职业发展需求，终身学习至关重要。

（二）班会主题引领

在高等教育制度视阈下，专业认知教育在高校培养全面发展、高素质专业人才中显得尤为重要。它不仅可以帮助大学生充分了解所学专业，快速融入新的集体和环境，而且能使他们明确大学四年的学习目标，尽快制订大学学习计划，巩固专业理念，建立专业学习的自信，唤起专业学习的热情，以主动的态度投身于专业学习之中。

正确的专业认知和极大的专业兴趣是大学生学习的强大动力。大学是为未来的职业发展进行知识和能力储备的阶段，大学的专业学习对个人的发展至关重要。有些学生所学的专业是高考调剂专业，并非自己的选择，与其个人的爱好可能相差甚远。这些学生虽然因进入大学而喜悦，但也因没能选到自己喜欢的专业而沮丧，甚至因不了解专业而迷茫。即便进入了自己所选专业，但由于信息有限，也未必所有大学新生都了解自己目前所学专业的性质、特点、要求和自己在本专业中的未来发展定位。因此，在大学新生入学后，对他们进行专业教育就显得非常重要，专业教育成为大学新生教育中的重要组成部分。专业教育的成功与否，直接关系到大学生在四年大学生活中能否积极主动地学习和锻炼自己的专业能力，能否成为合格的专业人才。

专业认知教育主要包括以下几方面的内容：

1. 注重成才导向

人才问题，实际上是人的素质问题。在当前全球经济竞争中，市场竞争是主要表现形式，而市场竞争的根本是科技力量的角逐。科技竞争的核心在于教育和人才的比拼。因此，我们必须培养出能够满足社会经济发展需求的各类人才。《国家中长期人才发展规划纲要（2010—2020 年）》中指出："人才是指具有一定的专业知识或专门技能，进行创造性劳动并对社会作出贡献的人，是人力资源中能力和素质较高的劳动者。"这是一种创新的科学人才理念，它为大学生成长与成才提供了最优的指导，为他们的全面发展和健康成长指明了正确的路径。

热爱专业，是成才的基本前提。热爱专业意味着拥有一个正确且坚定的专业观念，对本专业保持坚定不移的追求的同时，也怀着奉献的精神。这种热爱能够提升学生的学习积极性和学习热情，增强他们面对和克服困难时的勇气和信心。一个人如果对专业热爱到一种入迷的境地，就会产生巨大的精神力量和勇气。科学技术史上许多事例表明，但凡有成就的人，都十分热爱自己的专业，有的甚至达到迷恋忘我的境界。如陈景润为摘取数学王冠上的明珠，因看书入迷撞在树上，还自言自语地询问是谁撞了他。

辅导员对大学生进行成长成才的教育，旨在遵循党的教育方针的要求和目标，帮助大学生确立正确的成才理念。这涵盖了包括政治素养、思想素养、科学文化素养、道德素养、健康的身心素养、实践与创新能力在内的全方位素养要求。一是要让大学生学好并掌握所学专业的基本理论、基本原理、基本技能。二是要让大学生学好并掌握适用于各个专业的数学、物理、化学、外语等基本知识，哲学、政治、经济、法律、美学等基本理论和科学方法，以及计算机技术和其他基本技能等。许多大学生毕业后就是靠扎实的基本功获得事业的成功的。三是拓宽专业口径，开辟第二专业。学校开设了大量的选修课，既有自然科学方面的，又有人文社会科学方面的。学生还可以读第二学位，辅修或自修第二专业。学校为学生的发展搭建了广阔的平台，一个目标明确的大学生，如果他热爱所学专业并能正确对待专业学习，就迈开了成才的第一步。

2. 广泛专业交流

为了提高学生对专业的认同度和热爱，辅导员可以采用多种形式帮助学生进行专业认知，让学生充分了解所学专业。

①名师名家宣讲：请本专业负责教学管理工作的老师、名师名家、成功人士讲解本专业的培养目标和课程设置及知识能力要求，介绍本专业的发展建设情况、本专业的职业资格证书相关情况，以及本专业的人才培养方案和与之相适应的学习方法等。

通过名师的详细解答与启发引导，帮助学生对本专业有清晰的认知，培养学生的专业情感。讲座要有师生互动，座谈会后要组织学生进一步讨论。

②学长经验交流：来自同伴的教育作用有时更有效。请高年级优秀学生介绍自己的学习经验，谈谈理想与所学专业的关系，以及在学习中怎样与老师、同学和谐相处，如何学好各门课程，如何进行课外科学研究等。

③参观专业教室：实验室、语音室、画室、排练厅、模拟法庭等专业教室是反映学院学科专业学习特点的场所。辅导员可通过现场教育，向学生介绍相关仪器设备及专业教师的设计作品和各类科研成果，增强学生对专业的感性认识，培养其专业自豪感。这种形式的教育活动对理工、农医、法律等有相关教学场所的专业来说是非常必要的。

④社会实践考察：利用社会教育资源，组织学生到所学专业的职场参观，开展与专业学习有关的社会实践活动。由相关人员介绍专业的发展现状和前景趋势。这种教育活动也可以选择在固定的实习单位、校外实训基地进行。

3. 解读专业设置

随着大学生专业学习的深入，辅导员可以从以下方面进行专业解读，增强大学生专业学习的动力。

①专业性质特点、发展历史和社会价值及其发展动态。它主要包括专业的历史发展，专业、学科发展阶段，重要理论成果，重要实践成果，重要人物，理论前沿和专业前景，以及专业涉及哪些基本学科、交叉学科、前沿学科、重点学科等。

②专业的人才培养方案。它主要包括专业的培养目标、人才规格、课程体系、各门课程之间的衔接与关系以及各门课程的主要研究内容和研究方法、基础课与专业课的关系、课外培养环节等。

③本学院本专业的发展历史与成就。它主要包括本学院本专业的发展历史，尤其在国内外同领域中的地位和学术贡献以及本专业的毕业生在专业领域的发展情况，涌现出哪些优秀毕业生，他们为社会作出了怎样的贡献等。

④专业的就业市场状况。它主要包括本专业可以胜任的工作领域、历年本专业的就业情况和往届毕业生专业发展状况，以及当前社会发展对人才的需求、本专业就业市场需求趋势、本专业在就业市场中的优势等。

⑤本专业的素质要求。它主要包括本专业对学习者的素质如思想道德、业务知识、能力等方面提出哪些要求，学生个体的优势与劣势有哪些，怎样在今后的学习和社会实践中锻炼自己等。

4. 新设专业指导

需要注意的是，近年来，教育部不断加大高等教育专业设置调整优化工作力度，引导和支持高等教育专业设置服务国家重大战略、区域重点产业和特色产业、民生紧缺需求。教育部等五部门印发的《普通高等教育学科专业设置调整优化改革方案》就提出，要深化学科专业供给侧结构性改革，全面提高人才自主培养质量，建设高质量高等教育体系。

当前，新一轮科技革命和产业变革突飞猛进，围绕创新链、产业链布局学科链、人才链、政策链、资金链，构建与产业高质量发展相适应的学科专业体系，是推动经济社会高质量发展的迫切要求。教育部发布的 2024 年普通高等学校本科专业目录含有 24 种新专业，57 个布点，这些专业首次被纳入高考招生项目。新增专业是优化学科专业布局的直接体现，是服务"四个面向"的实际行动，直接影响着高等学校立德树人的成效、持续服务经济社会高质量发展的能力。

新专业的辅导员在解读本专业时若缺少参考资料，可以从以下三个方面入手：

一是坚持需求导向。在当今时代，新一代信息技术，以人工智能、移动通信、物联网、量子信息、区块链等为代表，正快速实现应用突破。同时，生命科学领域，以合成生物学、脑科学、基因编辑、再生医学等为代表，持续取得显著成就。先进制造技术，以其智能化、数字化、绿色化的特点，正在快速推进发展。此外，以清洁、高效、可持续为目标的能源技术迅速发展，引发了全球能源的变革。发展上述前沿科技和相关产业是国家的战略部署。辅导员要以培养适应未来科技、现代产业需要的人才为目标，鼓励相关专业大学生积极抢占人工智能、智能制造、先进计算等新兴学科专业制高点，助力国家解决"卡脖子"技术难题，想国家之所想、急国家之所急、应国家之所需。

二是坚持就业导向。班级毕业生的就业情况是学校教学工作的重点，也是衡量高等学校新增专业建设成效的重要指标。随着数字化和智能化技术的发展，应发挥新增专业"新"的优势，为学生提供更为个性化和精准化的职业指导和服务，如通过线上平台为学生提供远程指导、在线课程等，以满足学生多样化的需求。鼓励毕业生到新建的实习、实训基地和新建实验室参与工作，把学生专业实践能力和岗位就业能力培养统一起来。

三是坚持特色导向。辅导员要大力开展专业教育，让新增专业的特色定位在班级学生中入脑入心，让特色构建成为班级学生的自觉行动。新设专业班级的特色构建是一个系统性的过程，涉及市场需求分析、专业设置、课程开发、师资队伍建设、教学资源配置等多个方面。这需要辅导员更专业、更深入地参与学校层面探索多元人才培养模式改革，不断探索以问题驱动、课题引领和能力培养为核心的开放式、互动式教学模式改革，以特色化新专业培养体系推动专业人才成为新兴领域的开拓者、领路者。

（三）学生问题答疑

最后留一些时间给大家，进行问题解答，也可以利用这个时间，跟同学们多一点互动，加强交流，建立感情基础。以下是几个有关本次主题班会的提问，可供参考：

1. 你一般是通过什么途径了解专业知识？

2. 你认为学校所开设的专业课程学习效果如何？

3. 你是否了解所学专业的培养方案？

4. 你是否有意向考取专业相关的资格证书？

5. 你认为你在假期的实习经历对专业认识有何帮助？

6. 你觉得毕业后自己专业的就业前景如何？

7. 你准备毕业以后做什么？

8. 专业学习内容和你个人能力水平是否匹配？

9. 你有考虑过换专业吗？

10. 你对所学专业的知识体系和应用领域了解多少？

七、班会小结

大学二年级是大学生进入专业学习角色的关键时期，面对即将到来的繁重、紧张的学习任务容易产生无助感和压力感，一旦处理不当就容易产生各类学习甚至心理问题。在专业认知教育中，应当指导大学生根据所学专业的人才培养计划和个人职业愿景，制定出适合自己的、具有个人特色的学业生涯规划，明确自己的理想和追求目标，从而使大学生的成长路径和阶段性目标更加清晰，同时，还应注意提升他们的责任感和使命感。

辅导员尤其应该关注学生的学习动机、学习目标、学习态度、学习规划等方面，即解决学生"愿不愿学、会不会学"的问题。同时，应警惕过度强调专业教育的问题，单一关注专业知识的学习不利于学生构建合理的知识体系，容易形成"重视专业知识、忽视基础知识，重视知识积累、忽视素质提升"的现象，这不利于拓宽学生的学术视野和营造良好的学术环境。

八、案例分享

大学期间如何加强专业认知？①

在校大学生在深知自己对所学专业不够了解的情况下，要学会主动，可以从以下三个方面加强专业认知：

一、主动询问他人

刚入学不久的同学们往往既不了解自己在整个学习期间需要具体掌握的知识与技能，也不了解毕业后自己能做什么工作，对所学专业的了解比较狭隘，因而在加强专业认知上，不仅要向高年级的师哥师姐、专业课教师请教，也要向就业指导教师请教，请他们分享经验。通过他们的讲述，刚入学的同学们大多能明白大学期间将依次学习什么、应采取怎样的学习方法、如何有针对性地提升专业知识与技能。更重要的是，能知道与所学专业十分对口及比较对口的岗位有哪些。

如果自己不认识这些人，或觉得不好意思直接找他们，那么比较妥当的办法是请辅导员推荐或引荐。此时，主动非常重要。很多同学习惯了中学时偏向接受型的思维模式，但到了大学就不能继续这样了，一定要学会转变，变得更主动。这种主动做事

---

① 该案例来源于中国大学生在线《大学期间如何加强专业认知？》一文，作者：孙浩源，发布时间：2022年6月16日。

的想法，应成为自我要求的一部分。对大学生而言，不能一切以学业成绩为重，还要注重提升沟通交流、为人处世等多方面的能力。

这样的主动询问对大一新生而言特别重要。部分同学进校后会发现自己进了不喜欢的专业，如果通过加强专业认知，确定自己不想学这个专业，那么就可以通过抓住大一第二学期的转专业或插班生考试，抓住转专业甚至转校的机会，这样就能避免出现浪费时间、学得特别痛苦的窘境。

二、主动研读专业教学计划

一般而言，每个专业都会有一份教学计划，包括需要修满多少学分、专业必修课有哪些、专业选修课有哪些等重要信息。有的学校会将其印刷成册，在新生入学时发给大一学生；有的学校会将其电子版上传至学校或二级学院的官网，供学生下载。如果新生入学后没有拿到册子，也没在官网找到自己所学专业的教学计划，可主动询问所在院系或专业的教务老师。

在拿到教学计划后，新生应仔细研读其中的内容，了解专业学习的重点、必修课的学期分布、选修课的选择范围等，还可以通过上网搜索课程名称了解学习要点，做到心中有数，甚至找资料提前预习。

三、主动聆听校友分享

对于毕业后能从事哪些工作，可以参照同专业校友的生涯发展，很多热情的校友都很乐意回母校做分享。因此，在校生要学会主动关注校园里的校友分享讲座等活动信息，多参与、多聆听。在活动中，不仅有机会与校友互动，还有可能获取其联系方式，以便今后进一步交流。

据我个人观察，当前不少学生对此类活动兴趣不大。这一方面是因为校园活动特别丰富，在活动时间上有冲突，部分学生选择参加其他活动；另一方面是因为部分打定主意考研的同学认为时间要花在专业学习上，不想花时间在听校友分享职场或创业故事上。上述两种情况中的同学，其实都应适当参加一些校友分享活动。特别是对想考研的同学而言，在考研竞争愈加激烈的情况下，不能一心只读圣贤书，还要做好升学、求职两手准备。

第 10 次　大二上 • 10 月
——资助英才成栋梁，感恩图报共成长

一、主题班会名称

资助英才成栋梁，感恩图报共成长

二、策划主办

辅导员

三、活动对象

全体同学

四、活动形式

主题宣讲

五、活动目的

学生资助工作是确保每个学生顺利入学完成学业，是促进教育公平的重要举措和途径，也是实现国家长治久安、建设社会主义和谐社会的本质要求，还是惠及亿万家庭的民生工程。为贯彻落实国家资助政策，把党和国家对家庭经济困难学生的关怀落实落细，切实做好资助育人工作，详细解读国家资助政策以及国家资助的相关规定，使同学们深刻地了解到有关国家资助政策的信息，以此激励大学生诚实守信、报效祖国的精神，增强大学生的感恩之心、诚信之行，以实际行动努力学习，将来回报社会。

六、主要内容

（一）基础内容介绍

每年开始资助工作的时候，辅导员除了依照手中掌握的原始资助名单开展资助工作，还会有一些担忧：会不会有那么一些"默默无闻"的学生因为种种原因，没有出现在我们的资助名单里。此时，我们可以通过"一讲二谈三掌握四帮扶"的方法，来找到那些"默默无闻"的经济困难学生。

"一讲"——讲好政策。讲清楚各类助学贷款的区别及如何申请；讲明白国家的奖

助学金政策，学校的勤工助学岗位；讲详细临时困难补助的适用情况、申请流程，让学生们在校期间读书不愁、遇到难处不愁。我们要做到不厌其烦地"全覆盖+全方位+全天候"，通过资助主题班会、线上家访、大数据摸排等方式，多形式、多角度地讲好我们的资助政策，以解决家庭经济困难学生的后顾之忧。

"二谈"——谈心谈话。找学生干部和党团群体谈，客观了解学生们的消费水平和经济状况，看看有没有不在我们关注名单里的学生；找寝室长、班级干部谈，通过班级最小单位，第一时间了解班级学生的近况，看看有没有家里突发状况遭遇变故的学生，如突发疾病、意外受伤、自然灾害等。辅导员通过深入细致地摸排调查工作，能及时地发现情况、查漏补缺，适时地动态调整资助名单。

"三掌握"——全面掌握经济困难学生的详细情况。这一点要求辅导员时时刻刻做到资助名单心中有数，如开学时申请了绿色通道报到、入学后报名了勤工助学的岗位、最近家里出了事遇了灾、有临时困难的学生都是谁？清楚日常生活中有消极的言论、自卑的心态、消费异常行为的学生。

"四帮扶"——辅导员需掌握多种帮扶方法。第一，政策帮扶。国家助学金、临时困难补助金、发展性资助、勤工助学等多种资助政策的保驾护航，加上"国发""校发"各类奖学金等奖励政策的帮扶加持，只要好好学习，一个努力的大学生在校读书期间是可以做到自给自足的。第二，陪伴式帮扶。辅导员要时不时地给贫困大学生以鼓励，在他们心情不好的时候为他们撑起一把爱的雨伞，一同搭建起一份独特的安全感和自信心。第三，专业帮扶。辅导员帮助班级贫困生成才自立才是帮扶的终极目标，要引导贫困生多参加社会实践和实习实践，和贫困生一起进行合理的职业规划，提前谋划好各种就业技能树的培养，打下未来职业发展的基础。让贫困生在学习上自强、心理上自信、生活上自立，这才是真正的帮扶。

最后，辅导员无论采用何种方式来帮扶班级贫困学生，一定要注意保护好他们的隐私，这是建立良好沟通、促进合作的基础。

（二）班会主题引领

资助育人工作是一项重要的保民生、暖民心工程，旨在全面评估学生的综合素质，包括学业成绩、创新能力和实践探索、社会活动参与以及道德素养等多方面的表现。这一工作对于培育学生的奋斗意志和感恩情怀具有重要意义。

深入开展励志教育和感恩教育，既让学生真切感受到党和国家的关怀，学会感恩；又能引导学生树立远大理想抱负，为实现中华民族伟大复兴而矢志奋斗。

首先，我们要介绍学校学生资助工作体系的概况：

1. 价值体系：思想+责任+情怀+理念

学校学生资助工作以习近平新时代中国特色社会主义思想和党的二十大精神为指导，坚持育人为本、需求导向、精准资助、服务发展的工作理念，努力做到资助一个学生，幸福一个家庭，点亮一份自信，成就一份梦想。

2. 组织体系：班级+年级+院系+学校

在组织体系方面，以班级和年级资助工作小组为基础，以院系和学生工作领导小组为保障，建立班级、年级、院系和学校的四级工作体系。

3. 政策体系：绿色通道+九位一体

在政策体系方面，开通了新生入学绿色通道，还构建"奖、贷、补、免、险、助、勤、减、偿"九位一体的资助工作体系，让学生在入学前、报到时、入学后都不会因为经济问题而发愁。

接下来，我们要介绍学校学生资助工作实施情况：

1. 加强顶层设计，不断完善资助工作政策体系

各个学校都会出台相应的资助文件，主要文件命名大致如下：

《本科生国家奖学金、国家励志奖学金、国家助学金实施细则》

《研究生国家奖学金、国家助学金、学业奖学金实施细则》

《基层就业学费补偿国家助学贷款代偿实施细则》

《关于进一步加强和改进学生资助工作的意见》

《研究生"三助一辅"工作实施细则》

《服兵役学生国家教育资助实施细则》

《家庭经济困难学生认定办法》

《学生勤工助学管理实施细则》

《研究生奖助学金管理办法》

《学生困难补助管理办法》

《学生学费减免管理办法》

《学生综合素质测评办法》

《国家助学贷款实施办法》

《国家助学贷款还款办法》

《学生奖学金管理细则》

……

2. 落实精准资助，做好常规工作，确保"三不愁"

从大学生入学前的暑假一直到毕业后，资助工作应贯穿大学全过程。

（1）入学前暑假。

首先是入学前不用愁。学生在入学前的暑假期间，可以申请生源地助学贷款或在入学后申请校园地国家助学贷款，两种方式二选一，不能兼得。本科生的助学贷款上限是每生每年 12 000 元，研究生的助学贷款上限是每生每年 16 000 元。一般情况下，这笔款项在校期间的利息是由政府进行补贴。

在家庭经济困难学生认定方面，如果存在以下情况（见表 10-1），可以认定为家庭经济特殊困难或家庭经济困难。

表 10-1　家庭经济困难学生认定标准

类别	标准
特殊困难	脱贫家庭学生、脱贫不稳定家庭学生、最低生活保障家庭学生、特困供养学生、家庭经济困难残疾人子女
	孤残学生、烈士子女、优抚家庭子女
	家庭遭受严重自然灾害或其他突发事件，造成严重经济损失的学生
	家庭经济主要支撑人员丧失劳动和收入能力的学生
	本人或直系亲属罹患重大疾病，需大额自费治疗的学生
	家庭供养人员较多，经济负担很重的学生
	其他原因导致完全无力支付学费和生活费的学生
困难	有其他难以满足在校期间学习、生活基本支出情况的，可认定为家庭经济困难学生

一般在新生录取通知书中，会有《学生资助政策简介》和《家庭经济困难认定申请表》，需要申请家庭经济困难的学生可以直接填写，然后在开学后交给辅导员，也可以通过提前登录资助系统，进行家庭经济困难认定。自 2019 年起，为了减轻学生的奔波负担，取消了相关部门在《家庭经济困难认定申请表》上盖章的要求，改为由学生本人承诺并签字即可。然而，简化流程并不意味着可以忽视诚信，诚信依然是不可或缺的。若发现有学生填报虚假信息，不仅会取消其困难认定和资助资格，还会记入个人诚信不良记录，并且需承担相应的法律责任。

学校审批确定后，会形成家庭经济困难学生认定数据库，所有以家庭经济困难为主要评定条件的资助政策，如国家助学贷款、国家助学金、勤工助学、困难补助等，都必须优先考虑数据库内的学生；其他以家庭经济困难作为评定条件之一的资助政策，如国家励志奖学金、企事业助学金、省政府励志奖学金等，也应根据实际情况，优先满足数据库内优秀贫困学生。

（2）新生入学秋季学期。

报到时不用愁。在新生入学报到时，学校设有绿色通道，家庭经济困难的新生如果没有提前缴纳学费，也可以直接入学，后续通过助学贷款等形式补齐学费即可。

入学后不用愁。国家设有助学金、勤工助学、困难补助、学费减免等政策，国家助学金一档为每人每年 4 400 元；二档为每人每年 3 300 元；三档为每人每年 2 200 元。此外，学校提供了勤工助学岗位。针对固定岗位和临时岗位的区别，学校实行了不同的薪酬计算方式。对于固定岗位，薪酬按月支付，以每月工作 40 小时为基准，其薪酬原则上不得低于当地政府或相关部门规定的最低工资标准或最低生活保障线，允许根据实际情况适当调整。而临时岗位则按小时计酬，每小时的薪酬应依据学校所在地区政府或相关部门规定的最低小时工资标准来确定，但原则上不得低于 12 元。

对部分学习、生活中遇到突发、临时性家庭经济困难的学生施行困难补助作为补充资助措施，包括临时困难补助和专项补助两种形式。对部分家庭经济特别困难或突发重大变故，无法缴纳学费的学生可施行学费减免的补充资助措施。

国家还设有服兵役学生国家教育资助和基层就业补偿代偿，对于应征入伍服义务兵役、招收为士官的学生，对入伍时在校期间缴纳的学费实行一次性补偿或用于学费的助学贷款实行代偿；对退役后自愿复学或入学的，国家减免复学后的全部学费；对退役后，自主就业，通过全国统一高考考入大学并到校报到的入学新生，国家也会减免全部学费，但要注意及时申请。针对中央直属高校的应届毕业生，若其自愿前往中西部、艰苦边远地区以及老工业基地的基层单位就业，并且服务期限达到 3 年及以上的，国家对其在校期间缴纳的学费实行补偿或用于学费的助学贷款实行代偿。本科生每生每年不高于 12 000 元，研究生每生每年不高于 16 000 元。分 3 年补偿代偿完毕。

（3）第二学年起的秋季学期。

学校有完整的奖助学金体系，一般包括国家奖助学金、省政府奖助学金、学校奖学金和企事业奖助学金等。奖助学金的评定主要依据综合素质测评结果，采取定量与定性、评议与纪实相结合的评价方法，重点考察学生在德智体美劳方面的成长。

国家奖学金：要求专业学习测评成绩与综合素质测评成绩排名均位于前 10%。获得者每人每年奖励 8 000 元。国家励志奖学金：要求家庭经济困难学生，专业学习测评成绩与综合素质测评成绩排名均位于前 30%，获得者每人每年奖励 5 000 元。不同地方设立奖学金会有区别，具体名称见表 10-2。

表 10-2　奖学金的具体名称

类别	名称
国家奖助学金	国家奖学金
	国家励志奖学金
	国家助学金
省政府奖学金	省政府奖学金
	省政府励志奖学金
学校奖学金	综合优秀奖学金
	学习优秀奖学金
	文体特长奖学金
	科技创新奖学金
	社会工作奖学金
	创新创业实践奖学金
	……

表10-2(续)

类别	名称
企事业奖学金	中国石油奖学金
	小米奖学金
	亚翔奖学金
	……
学院奖学金	……

(4) 毕业后。

此时应多关注和了解助学贷款还款事宜,此处奉上一份还款指南。

A. 还款方式

①毕业前一次性还清。选择此种还款方式的学生只需偿还贷款本金,无须偿还利息(借款学生在校期间的贷款利息全部由财政补贴),有偿还贷能力的同学可以在离校前还清贷款。贷款结清后,我校应届毕业生持贷款结清证明,既可以申请直评优秀毕业生,又可以申请创业补贴。

②提前还款。获得国家助学贷款的学生,均可进行提前还款操作。提前还款申请时间为每月(不含 11 月)1 日—10 日(含);提前还款充值时间为申请月 11 日—20日(含),建议最好是在 15 日之前完成充值操作;提前还款扣款时间为申请当月的 20日;还款状态查询时间为次月初,系统将自动更新贷款合同状态。如已还款,可登录国家开发银行学生在线服务系统进行查询(贷款状态应为"已结清")。

③毕业后分期还款。毕业次月起产生的利息将由本人承担,此种方式需要按期还款,根据银行规定定期将本金和利息存入银行卡或支付宝账号中,并保证扣款金额。

B. 利息与本金

①偿还借款利息。根据《国务院办公厅转发教育部财政部人民银行银监会关于进一步完善国家助学贷款工作若干意见的通知》(国办发〔2004〕51 号)规定,高校助学贷款毕业生自毕业(或结业)当年的 7 月 1 日起、生源地助学贷款的毕业生自毕业(或结业)当年的 9 月 1 日起,开始负担助学贷款利息,全部利息由学生本人全额支付。还款结息日为每年的 12 月 20 日(最后一年为 9 月 20 日),遇节假日不顺延,因此同学们需要在每年的 12 月 20 日之前支付贷款利息。

②偿还借款本金。毕业后(毕业当年为第一年)第四年开始按照合同还款计划偿还贷款本息,到期还款时间为当年的 9 月 20 日,利息以国开行系统计算为准。

C. 征信知识与违约责任

①征信知识。征信报告将被保存至个人详细信息、信用历史及查询记录中。例如,在规定时间不能结清当年的到期本息,不良还款信息将自动录入人民银行个人征信系统中。一旦产生不良的信用记录,个人贷款买房、买车等很多方面都会受到限制。随着征信信息范围的不断扩展,还会影响社保、公积金缴纳情况、欠税及个人支付水、

电、煤气等公共事业费用等，因此请务必珍惜自己的征信记录，按时足额还本付息。

②违约责任。若未能及时偿还相应本金和利息，将被视为贷款逾期，罚息利率为当期利率的 130%。银行会将违约记录输入至中国人民银行管理的个人信用信息基础数据库中，以便全国范围内的金融机构依法进行查询。针对那些恶意拖欠贷款的违约者，将采取强制措施，不再向其提供住房贷款、汽车贷款等金融产品的服务。对于严重违约的贷款人，相关行政管理部门和银行会通过新闻媒体、网络等渠道公开其姓名、身份证号码、毕业院校以及具体的违约行为等信息，并且这些违约者还将承担相应的法律责任。

D. 温馨提示

当今，诈骗形式层出不穷。大家一定要记住"国家开发银行高校助学贷款学生在线服务系统"和"助学贷款专用支付宝账户"是操作还款的官方途径，对其他链接和电话要做到不相信、不点击，注意保护个人信息安全。每到毕业季，部分不法分子打着"提醒还款"的幌子进行诈骗，在通过非法手段获取个人信息后，冒充国家助学贷款相关工作人员或网贷平台工作人员，利用受害者担心自己征信受影响的心理，诱骗受害者进行转账操作，导致受害者上当受骗。在此提醒各位同学：只有提高警惕、擦亮双眼、保护好个人信息、关注官方信息、有疑惑及时咨询官方，才能防患于未然，避免上当受骗。

各高校可通过打造涵盖国家资助、学校奖励与补助、社会捐赠、学生自助的"四位一体"发展型资助体系，深化资助育人的长效机制。辅导员则在实现物质援助、道德引导、能力培养和精神鼓舞的有机结合方面，以及在培养学生独立自主、坚韧不拔、诚信为本、感恩图报、勇于负责的优秀品格方面，扮演着极其关键的角色。

（三）学生问题答疑

最后留一些时间给大家，进行问题解答，也可以利用这个时间，跟同学们多一点互动，加强交流，建立感情基础。以下是几个有关本次主题班会的提问，可供参考：

1. 如果大一时没有申请国家助学金，大二时是否可以申请？

2. 生源地贷款合同是一学年办理一次吗？

3. 上一学年已认定为在册贫困生的，新学年再申请认定时是否还要递交家庭经济情况调查表？

4. 生源地信用助学贷款的受理时间每年只有 7—9 月吗？

5. 国家奖学金、国家励志奖学金、国家助学金能不能同时获得？

6. 什么是国家助学金？哪些学生可以获得国家助学金？

7. 什么是国家励志奖学金？哪些学生可以申请国家励志奖学金？

8. 什么是国家奖学金？哪些学生可以获得国家奖学金？

9. 什么是国家助学贷款？哪些学生可以申请国家助学贷款？

10. 借款学生从什么时间开始偿还国家助学贷款？借款学生在毕业时需要办理哪些手续？

七、班会小结

辅导员通过主题班会，向班级学生普及对家庭经济困难学生的资助知识，让每位学生都能全面了解各项资助政策，掌握国家奖学金、国家励志奖学金、国家助学金、生源地信用助学贷款、高校助学贷款、学校奖学金、勤工助学、大学生征兵入伍学费补偿等各项资助项目的申报条件和申请程序，鼓励学生不被眼前的困难打倒，树立远大理想，利用国家资助去实现自己的理想。

此外，本次主题班会还能提高学生的思想道德素养，弘扬中华民族的传统美德，增强学生的责任意识和关爱他人意识，让同学们知恩图报，不忘国之恩、党之恩、社会之恩、老师之恩、父母养育之恩、帮扶之恩，使"滴水之恩当涌泉相报"之情生根、开花、结果。

八、案例分享

资助政策让我在大学遇见更好的自己[①]

时光荏苒，眨眼之间，我已度过充实而颇具意义的 3 年大学生活：担任活动志愿者、参加学习研讨会、履行班委职责、尝试各类竞赛……这些经历似乎比预想的更加精彩。

我来自江西省，家庭经济状况一般。但是我很幸运，受到了国家和学校资助政策的照顾。在我的学习生活中，国家助学金、困难补助等资助，基本解决了我的生活费问题，大大缓解了家里的经济压力，让我能够在大学中专心学习，提升自己，也让我深深体会到国家和学校是我们坚强的后盾，给予我们温暖和关怀，为我们解决后顾之忧。

我依稀记得刚入学时，我的内心充满了紧张、兴奋和憧憬。于我而言，高中生到大学生的转变无疑是巨大的：拥有了高中时期没有的智能手机，一台配置谈不上高端但基本功能一应俱全的笔记本电脑；拥有了相当自由的校园生活；拥有了一笔完全由自己掌控的资金，这种转变令我产生一丝彷徨和迷惘。

或许是家庭条件使然，我是一个对钱很敏感的人。相信有很多同学也是在进入大学后第一次掌握"财政大权"。我在入学第一天就买了一本小巧的便利贴，每天不厌其烦地在上面记录当天的每笔开销，思考如何让自己的消费更具性价比，这成了我进入大学后的第一个习惯。收到学校助学金后依旧如此，这一举动贯穿了我的第一学年。时至今日，我已不再特意用纸笔记录每日的开支，在生活费的使用上也不像以前那么紧绷，但依旧会不时查看手机上的账单，在心中默默计算。现在，这个习惯已内化为一种本能。

此外，每年我都会用奖学金和勤工助学的收入为父母买一些实用的小礼物：地方

---

① 该案例来源于中国青年报《资助政策让我在大学遇见更好的自己》一文，作者：麋鹿，发布时间：2023年11月29日。

特产、养生壶、助眠枕头等。目前，我只是一名普通的学生，没有稳定的工作收入，助学金减轻了我的求学负担，让我有机会依靠自身努力用奖学金、勤工助学的收入回报父母，这对我个人成长具有非常重大的意义。

除了助学金，我还曾收到学校暖心的隐形资助。大二时，为了防疫需要，学校决定暂时封校，学生难免担忧餐饮如何解决、物资是否充足等问题。不过，没过多久，学校就已经做好了相关的"抗疫"准备。正是那时，我的学生卡上收到了一笔隐形资助。我并不清楚这笔资助的发放条件，亦不知晓有多少同学收到，但这让当时的我吃下了一颗"定心丸"，也让我感受到了学校的关爱。

如何让助学金发放更加精准，是很多同学比较关心的话题。我知道，在申请助学金时，有很多同学碍于自尊，羞于启齿。申请时，我也曾犹豫过，感觉不太好意思。其实，助学金的申请、认定和发放体系正在不断完善和进步。以我们学校为例，申请助学金时，全程都在学校网站进行，需要填写个人信息、提交相关材料、签署电子签名，这些个人都可以独立完成，既保障了信息提交的完整性，也保护了学生的隐私，让更多有需求的学生可以放下顾虑、安心申请。

同时，在评议和审核中，学校也保持了一如既往的严谨态度，认真对学生负责。每一份关于助学金的申请，都需要经过辅导员审核、学院的相关部门负责人审核、学校相关部门负责人审核，过程层层递进。在这样的模式下，学校能够更全面综合地考虑，公正评选，让助学金用到实处。审核完成后，学院对助学金名单进行公示时，也会注重保护学生隐私，不泄露学生姓名等个人信息。这些制度设计中的暖心细节和对公平的追求，令我感受到浓浓的人文关怀。

资助政策给了我一个机会，为我的求学保驾护航，助力我追逐更大的梦想。三年以来，在资助政策的帮助下，加上我自身的不懈努力，我获得过国家励志奖学金，也参与过校内勤工助学，为改善家庭经济状况贡献了自己的一份力量。在我的家乡，也有许多面临相似情况的学弟学妹，他们心怀对大学美好生活的憧憬，却不得不面对现实条件的制约。去年，我作为一名学生资助宣传大使，于假期回到母校，向学弟学妹们分享我的经历，介绍各项资助政策，鼓励他们勇敢逐梦。我也相信，他们的梦想终会实现，也将在未来遇见更好的自己。

第 11 次　大二上·11 月
——一颗红心永向党，责任使命肩上扛

一、主题班会名称

一颗红心永向党，责任使命肩上扛

二、策划主办

辅导员、入党积极分子

三、活动对象

全体同学

四、活动形式

主题宣讲、经验分享

五、活动目的

大学生是青年的代表，吸收他们入党可以提高党在青年中的吸引力和凝聚力，增强党与青年的联系，使党的事业得到更广泛的支持。发展优秀大学生入党，对于中国共产党的发展和国家的未来具有重要的现实意义，优秀大学生通常具有较高的知识水平和专业技能，他们是国家未来发展的中坚力量。通过吸收他们入党，可以为党的事业培养可靠的接班人，确保党的路线、方针、政策得到实施和传承。吸收优秀大学生入党，可以优化党员队伍的年龄结构、知识结构，使党员队伍更加多元化和专业化，从而更好地代表和服务人民群众。总之，发展优秀大学生入党对于党和国家的事业发展具有重要的现实意义，有助于确保党的先进性、纯洁性和战斗力，推动中国特色社会主义事业不断发展。

六、主要内容

（一）基础内容介绍

辅导员需要知晓中国共产党发展党员工作流程，概括起来可分为 5 个阶段、25 个步骤。具体内容如下：

第一阶段：申请入党（见表 11-1）。

表 11-1　申请入党阶段

步骤	类别	内容
1. 递交入党申请书	条件	年满 18 岁的中国公民；承认党的纲领和章程；愿意参加党的一个组织并在其中积极工作；愿意执行党的决议；按期交纳党费
	要求	向工作、学习所在单位党组织提出入党申请；没有工作、学习单位或工作、学习单位未建立党组织的，向居住地党组织提出入党申请；流动人员还可以向单位所在地党组织或单位主管部门党组织、流动党员党组织提出入党申请
	注意	本人提出；书面申请
2. 党组织派人谈话	时间	收到入党申请书后一个月内
	主体	党支部书记、副书记或组织委员
	内容	了解入党申请人基本情况；介绍入党条件和程序；加强教育引导

第二阶段：入党积极分子的确定和培养教育（见表 11-2）。

表 11-2　入党积极分子的确定和培养教育阶段

步骤	类别	内容
3. 推荐和确定入党积极分子	范围	已递交入党申请书且党组织已经派人谈话的人员
	方式	党员推荐、群团组织推优等方式
	决定	支部委员会集体研究决定
	注意	综合运用推荐结果，防止简单以票取人
4. 上级党委备案	材料	入党申请人基本情况；推荐和推优情况；支部委员会意见等
	要求	了解入党积极分子是否具备条件；手续是否齐全
5. 指定培养联系人	数量	1—2 名正式党员
	任务	向入党积极分子介绍党的基本知识；了解入党积极分子的政治觉悟、道德品质、现实表现和家庭情况等做好培养教育工作，引导入党积极分子端正入党动机；及时向党支部汇报入党积极分子情况；向党支部提出能否将入党积极分子列为发展对象的意见
6. 培养教育考察	方法	吸收入党积极分子听党课、参加党内有关活动、分配一定的社会工作、集中培训等
	目的	使入党积极分子懂得党的性质、纲领、宗旨、组织原则、纪律、党员的义务和权利、帮助其端正入党动机，确立为共产主义事业奋斗终身的信念
	要求	党支部每半年对入党积极分子进行 1 次考察；基层党委每年对入党积极分子队伍状况作 1 次分析
	注意	入党积极分子工作、学习单位（居住地）发生变动应及时报告原单位（居住地）党组织；原单位（居住地）党组织应及时转交材料；接收单位党组织认真审查材料、做好接续培养，培养教育时间可连续计算

第三阶段：发展对象的确定和考察（见表 11-3）。

表 11-3　发展对象的确定和考察阶段

步骤	类别	内容
7. 确定发展对象	条件	经过 1 年以上培养教育和考察；基本具备党员条件
	要求	听取党小组、培养联系人、党员和群众意见
	确定	支部委员会讨论同意，确定发展对象人选
8. 报上级党委备案	要求	认真审查；提出意见
	注意	同意后列为发展对象
9. 确定入党介绍人	数量	2 名正式党员
	方式	一般由培养联系人担任，也可由党组织指定
	要求	入党介绍人认真完成培养、教育任务
	注意	受留党察看处分、尚未恢复党员权利的党员，不能作入党介绍人
10. 进行政治审查	内容	对党的理论和路线、方针、政策的态度；政治历史和在重大政治斗争中的表现；遵纪守法和遵守社会公德情况；直系亲属和与本人关系密切的主要社会关系的政治情况
	方法	同本人谈话、查阅档案资料、找有关单位和人员了解情况以及必要的函调或外调；对流动人员中的发展对象还应当征求户籍所在地和居住地基层党组织的意见
	要求	政治审查必须严肃认真、实事求是，注重本人的一贯表现；审查情况形成结论性材料
	注意	未经政治审查或政治审查不合格的，不能发展入党
11. 开展集中培训	主体	基层党委或县级党委组织部门
	时间	不少于 3 天或不少于 24 学时
	注意	未经培训的，除个别特殊情况外，不能发展入党

第四阶段：预备党员的接收（见表 11-4）。

表 11-4　预备党员的接收阶段

步骤	类别	内容
12. 支部委员会审查	要求	征求党员和群众的意见；对发展对象进行严格审查；集体讨论是否合格
13. 上级党委预审	方式	审查发展对象条件、培养教育情况等；根据需要，听取执纪执法等部门意见
	要求	审查结果书面通知党支部；向审查合格的发展对象发放《中国共产党入党志愿书》
	注意	发展对象未来 3 个月内将离开工作、学习单位的，一般不办理接收预备党员手续

表11-4(续)

步骤	类别	内容
14. 填写入党志愿书	要求	在入党介绍人指导下，由本人按照要求如实填写
15. 支部大会讨论	程序	①发展对象汇报个人情况； ②入党介绍人介绍发展对象有关情况、表明意见； ③支部委员会报告审查情况； ④与会党员充分讨论、投票表决
	注意	有表决权的到会人数必须超过应到会有表决权人数的半数，才能开会；赞成人数超过应到会有表决权的正式党员的半数，方可通过；讨论两个以上发展对象入党时，要逐个讨论和表决
16. 上级党委派人谈话	时间	党委审批前
	人员	党委委员或组织员
	目的	做进一步了解，并帮助发展对象提高对党的认识
	要求	谈话人应当将谈话情况和自己对发展对象能否入党的意见，如实填写在《中国共产党入党志愿书》上，并向党委汇报
17. 上级党委审批	内容	是否具备党员条件、入党手续是否完备
	要求	集体讨论和表决；两个以上发展对象应逐个审议和表决
	时间	3 个月内，特殊情况不超过 6 个月
	注意	党总支、乡镇（街道）所属的基层党委以及党组不能审批预备党员；除另有规定外，临时党组织不能接收、审批预备党员
18.再上一级党委组织部门备案	目的	掌握预备党员结构、分布、质量等情况；发现问题，及时解决

第五阶段：预备党员的教育考察和转正（见表 11-5）。

表 11-5　预备党员的教育考察和转正阶段

步骤	类别	内容
19. 编入党支部和党小组	要求	及时编入；继续进行教育和考察
20. 入党宣誓	组织	基层党委或党支部（党总支）
	程序	①奏《国际歌》； ②党组织负责同志致辞； ③预备党员宣誓； ④参加宣誓的预备党员代表发言； ⑤党组织负责同志讲话、提出要求
	要求	在正式场合举行；严肃认真；庄重简朴；严密紧凑

表11-5（续）

步骤	类别	内容
21. 继续教育考察	方式	参加党的组织生活、听本人汇报、个别谈心、集中培训、实践锻炼等
	时间	预备期为 1 年
22. 提出转正申请	要求	预备期满，书面提出申请
23. 支部大会讨论	准备	党小组提出意见；党支部征求党员和群众的意见；支部委员会审查
	程序	参照接收预备党员的程序
	结果	认真履行党员义务、具备党员条件的，按期转为正式党员；需要继续考察和教育的，可以延长 1 次预备期，但延长时间不能少于半年，最长不超过 1 年；不履行党员义务、不具备党员条件的，取消预备党员资格
24. 上级党委审批	时间	3 个月内
	要求	审批结果及时通知党支部。党支部书记应当同本人谈话，并将审批结果在党员大会上宣布
	注意	党员的党龄从预备期满转为正式党员之日算起
25. 材料归档	内容	《中国共产党入党志愿书》、入党申请书、政治审查材料、转正申请书、培养教育考察材料
	要求	有人事档案的，存入本人人事档案；无人事档案的，建立党员档案，由所在党委或县级党委组织部门保存

（二）班会主题引领

近年来，高校每年发展大学生党员的数量超过了当年全国发展党员数量的三分之一，由此可见我们学生入党的积极性越来越高。作为一名辅导员，一定少不了会经常被学生问："老师，我怎么样才能入党呢？"对于学生迫切的入党愿望，我们要怎么回答呢？

我觉得要从三个方面入手：端正动机、明确程序、引领思想。

第一，循循善诱，帮助学生端正入党动机。当我们被问怎样才能入党的时候，我们应该反问一句："你为什么要入党呢？"然后我们就会得到繁杂不一的答案，大致可分为以下几种类型：

1. 政治成熟型

这类学生的入党动机纯粹，将加入党组织视为自己最高的政治追求，并始终不渝地为之努力。他们持有坚定的共产主义信仰，信仰马克思列宁主义、毛泽东思想，能够深入理解和把握邓小平理论以及"三个代表"重要思想、习近平新时代中国特色社会主义思想的科学内涵和精神内核。他们认同社会主义的核心价值观，清楚党员的权益与责任，遵守党的纪律，在学习和生活的各个方面都能充分体现党员的先进性，起到表率和引领作用。

2. 自我成才型

这类学生在政治信仰上不够明确，对党的知识了解不足，但他们怀有强烈的进取心，学习勤奋、成绩优异。他们将入党视为与获得优秀评价、奖学金同等重要的事情，热切希望成为党组织的一员。他们以追求先进为目标，将实现个人价值视为入党的动力。

3. 价值补偿型

这种动机在学生干部中较为普遍。他们将党员身份视为一种政治优势，认为入党能够提升自己的社会地位。他们认为自己在大学期间付出了许多努力，表现良好，入党是对他们工作的正面评价和认可。他们把入党看作对自己辛勤工作的"回报"，并认为在入党问题上应当优先考虑他们。

4. 实用价值型

这些学生的入党动机被归类为功利主义。他们将实用主义作为入党的价值导向，相信入党能够帮助他们在未来找到理想的工作，或在评优评奖中获得实际利益。因此，他们会不遗余力地追求入党，以实现其个人目标。

5. 从众心理型

这些学生对党的理解并不深入，他们的入党申请往往是在从众心理和外界压力的影响下进行的。一方面，他们观察到周围同学纷纷申请入党，于是也跟着潮流、追求时尚，向党组织提交了入党申请；另一方面，这些学生的思想尚未完全成熟，对于是否入党并未深思熟虑，然而来自家长、老师、朋友、同学的期望和推动形成了他们难以名状的压力，推动了他们向党组织递交入党申请。

为什么一个人入党动机的价值取向如此复杂呢？对此，刘少奇同志早在 20 世纪 30 年代就论述过："我想，原因很简单，就是我们的党不是从天上掉下来的，而是从中国社会中产生的。"当前的大学生大多在体制变革和各种价值观交锋的时代背景下成长，简单的生活经历和复杂的价值环境使得他们在入党问题上出现了认识与行为的不一致，价值取向出现了偏差。造成这种现象的原因是多方面的，所以我们首先要帮助学生端正入党动机，引导学生从这个政党的诞生之初和百年历程中去寻找答案，并建立起对党的感情和深情。之后，我们更要听学生说，可以多用开放式的提问，如：你身边的党员是什么样子的？你有什么感想？引导学生去思考他为什么要入党，入党到底意味着什么，等等。

第二，谆谆教诲，告知学生明确的入党流程。在党员发展的过程中，正确的入党动机是决定性的条件，之后学生需要知晓党员发展的 5 个阶段、25 个步骤的流程以及注意事项。比如：满 18 周岁才能递交入党申请书，在入党的整个过程当中，我们还应该保持学习成绩的稳定，社团、班级活动也不能够落下，努力取得一定的荣誉奖励，同时要有良好的群众基础等要求。尤其是成为预备党员身份之后，这期间应该多多团结同学、帮助室友，积极参加社会实践活动；还要注意自己的言行举止，尽量符合一个党员的身份，要以一个党员的身份来要求自己。

第三，引领学生完善思想认知。一切奋斗，一切牺牲，一切创造只为一个目标，我们要教育学生"入党仪式一生一次，思想入党一生一世"。当代大学生正处在实现中华民族伟大复兴的关键时期，承载着伟大的时代使命，我们要按照党员的标准来严格要求自己，坚持学习科学文化与加强思想修养相统一，坚持学习书本知识和投身社会实践相统一，坚持实现自身价值和服务祖国人民相统一，坚持树立远大理想和进行艰苦奋斗相统一，只有做到这四个统一，才能做好社会主义事业的建设者和接班人。

无论是深藏功名六十载、坚守初衷与本色不变的老英雄张富清，还是致力于教育扶贫、点亮山区女孩希望之光的张桂梅；无论是为祖国航空事业奉献三十年的"航空报国英模"罗阳，还是坚定不移传承雷锋精神的郭明义……他们始终将群众的福祉冷暖放在心头，把党和人民的使命视为至高无上的责任。通过奋斗、奉献乃至牺牲，他们完美展现了共产党人无怨无悔的初心。当代大学生要带着每个人的信念和希望，让我变成我们，把更多有坚定信仰的人汇聚在一起。

最后，作为辅导员，看到班级中想要入党的学生，我们要给予肯定和鼓励，最重要的是，帮助他们扫清思想进步发展的障碍，引领他们用实际行动、用青春奉献祖国。

（三）学生问题答疑

最后留一些时间给大家，进行问题解答，也可以利用这个时间，跟同学们多一点互动，加强交流，建立感情基础。以下是几个有关本次主题班会的提问，可供参考：

1. 交了入党申请书就是预备党员了吗？

2. 发展对象一定能成为预备党员吗？

3. 预备党员一定能按期转正吗？

4. 你为何要加入党组织？你入党的动机是什么？

5. 你为入党做了哪些努力？

6. 请你谈一谈对党员应尽义务的理解。

7. 请你谈一谈自己思想上学习上工作上的成长与不足。

8. 请你谈一谈对"中国共产党人的初心和使命"的理解。

9. 你对党章和党的纪律有何了解？对中国共产党的历史和发展有何了解？

10. 你如何理解党员的光荣与责任？

七、班会小结

党员是党的肌体的细胞和党的行为主体。吸纳新党员是党的建设中一项持续且关键的任务，它是党的建设工程的一项基础性工作，也是加强党员队伍建设的核心部分。开展好党员发展工作，对于维护党的先进性和纯洁性、贯彻全面从严治党要求、凝聚中国力量以实现"两个一百年"奋斗目标以及中华民族伟大复兴的中国梦，都具有迫切的现实意义。

辅导员需要定期对班级中的积极分子进行引导和教育，当这些积极分子表达入党意愿并满足党员标准时，应迅速吸纳这些新鲜血液进入党员队伍。这样，才能持续扩大党员队伍，优化党员队伍结构，提升党员队伍的整体素质，保持党员队伍的活力，并承担起新时代赋予的历史责任。

八、案例分享

张建：钻研绿色农药的"博士村主任"①（有删减）

中央宣传部、教育部联合发布 2021 年"最美大学生"先进事迹。刘宸、刘耀东、杨倩、宋哲、张建、阿卜拉江、周杰、周锦宇、黄君婷、梁荣浩等 10 名在校大学生被评为 2021 年"最美大学生"。第二批研究生党员标兵兰州大学周锦宇和贵州大学张建双双入选。

贵州大学 2019 级博士生张建在乡村振兴中发挥科技创新作用，创制出具有自主知识产权的绿色农药，用行动践行把论文写在祖国大地上的誓言。

贵州，长征精神浸润的土地，在这里，一种精神，一种信念，薪火相传。出生于贵州山村的张建，自小跟随着爷爷奶奶从事田间劳作，真切体验到农村的艰苦和乡邻的艰辛。好好学习、发奋图强，帮助农民、改变农村的想法就如同一颗信念的种子在他心中生根发芽。带着这颗信念的种子，他踏上了崎岖坎坷却充满希望的追梦长征路。

2014 年张建考取了贵州大学有机化学硕士研究生，回到家乡求学。2015 年，为确保中国十大知名品牌——都匀毛尖的产品质量安全，他跟随导师前往海拔 1 738 米的"都匀毛尖"主要种植基地螺丝壳山，开展茶树病虫害防治技术研究与推广应用示范，发展了"以虫治虫、以菌治虫、以菌治菌、以草治草"的绿色防控技术，为都匀毛尖产品质量安全和茶叶基地的生物多样性提供技术支撑。螺蛳壳山地处偏远、紫外线强，刚去第一周，他就被晒脱一层皮。但是从小吃惯了这种苦的他仍与组员坚持至茶叶采收结束。

2017 年 6 月硕士毕业后，张建与女友主动申请到贵州省贫困县松桃苗族自治县工作，成为一线科技工作者。

在基层脱贫攻坚工作中，张建发现蔬菜病毒病是困扰当地农民增收的痛点，加之菜农缺乏专业防治知识，乱用药剂十分普遍，成为制约贵州山地高效特色农业发展的瓶颈之一。张建明白，被称为植物"癌症"的病毒病一直缺乏高效防治药剂，现有药剂效果有限且价格昂贵，贫困户根本无力承担。为解决问题，他常私掏腰包为贫困菜农买药防治，但他深知，这并非长久之计，要从根本上解决蔬菜病毒病的防治难题，只能创新药剂。他想起了硕士期间导师说的："做有用、管用的科研，农药人的使命是创制高效安全价廉的新品种。"于是，他萌发了继续深造、创制绿色农药新品种，更好服务农业的想法。

2018 年 5 月，张建向导师宋宝安院士述说了自己的想法，宋院士非常赞同、支持他的选择。而这时，张建的妻子已怀孕一个月，胎位不稳，又需经常下村扶贫。一旦选择回校读博，他就无法在妻子身边照顾。妻子知道后却说："我支持你！有什么困

---

① 该案例来源于中国研究生《张建：钻研绿色农药的"博士村长"》一文，作者：贵州教育发布 贵州大学，发布时间：2021 年 12 月 8 日。

难，我自己想办法解决!"张建和妻子明白，在这里只能帮扶几户贫困户，解决不了根本问题，只有创制出高效生态新农药才能惠及更多农民。"我愿平东海，身沉心不改"，那一天张建在日记写下这么一句话。

2018 年 9 月，张建顶着心理和经济双重压力，毅然回到宋宝安院士课题组，边复习考博边开展新农药创制工作。后来，他成功考上了贵州大学农药学专业博士生，也在硕士期间的工作基础上创制出拥有自主知识产权的"香草硫缩病醚"和"氟苄硫缩诱醚"绿色农药新品种，并分别以 1 500 万元和 1 000 万元转让给国内骨干农药企业进行产业化开发，参与的项目获得 2018 年贵州省科技进步奖一等奖。

作为一名党员，张建一直思索如何发挥党员的先锋模范作用，引领身边的同学做出创新性研究，争取更大突破。在他的带领下，实验室掀起了"敢于开拓新领域、善于发现新结构"的绿色农药创新热潮，团队发现了 20 余个新先导、5 种候选药物，与农药企业合作实施农药登记，成功实现了农药产业化，在世界独创、中国品牌的农药创新等方面屡获重大突破。这期间，他发表高水平学术论文 30 余篇，授权发明专利 5 项。

向上的青春，要向下扎根。在宋宝安院士倡导的"博士村主任"计划号召下，张建刚入学就毫不犹豫加入了这个充满情怀和担当的团队，真正做到了"把论文写在中国大地上。"在"抗疫情保春耕"的关键时期，张建作为"博士村主任"的核心成员，深入贵州平塘、贞丰、沿河、纳雍、石阡等贫困县，通过与农户"攀亲戚""结对子"，做给农民看、带着农民干、帮着农民赚，建成茶叶病虫害绿色防控示范基地 1 000 余亩（1 亩≈667 平方米），示范带动 10 000 余亩，培训 500 多名茶农，带动茶农人均增收 2 000 元。张建也因此荣获"书记校长特别嘉奖"，其事迹被省级媒体报道两次。作为核心成员参与的"博士村主任"和"稻蛙香"项目，荣获第六届中国国际"互联网+"大学生创新创业大赛金奖、银奖和逐梦小康奖。参与的"博士村主任计划"被光明日报和中国教育报头版头条报道，荣获教育部第三届省属高校精准扶贫精准脱贫典型，所在团队获得"全国脱贫攻坚先进集体""全国专业技术人才先进集体""全国教育系统先进集体"、第 19 届"贵州青年五四奖章集体"等荣誉称号。

雄关漫道真如铁，而今迈步从头越。在获得清原绿色农药奖时，他说："这只能说明我们曾经努力过，但离我们所要达到的目标还很远。"站在新起点，张建将以更饱满的激情投入绿色农药的创制中，将带领更多的同学投入"博士村主任"助力乡村振兴中去，让青春之花在基层绽放。

第 12 次　大二上 • 12 月
——综合素质展风采，证书考取显实力

一、主题班会名称

综合素质展风采，证书考取显实力

二、策划主办

辅导员、老生代表

三、活动对象

全体同学

四、活动形式

主题宣讲、经验分享

五、活动目的

综合素质是学生全面发展的落脚点，是学生将来走向社会得以应对各种挑战的基本保障。综合素质的优劣，将直接影响学生能否成才、能否理想就业，进而影响学生能否实现自己的人生理想。学生在大学时期考取一些证书，不仅可以提升自己的专业知识水平、个人综合素质，还可能在求职时因此而脱颖而出。培养大学生尽早制订学习规划，不仅关系到学生在大学阶段的学习成绩，更关系到毕业后的走向、发展和未来在职场上的成就。引导和帮助学生确立和制订好学习计划，明确学习目标，使大学生进一步明确综合素质的基本内涵，以及综合素质对自己成才、发展的重要意义，达到学有所成的目标。

六、主要内容

（一）基础内容介绍

1. 综合素质包括哪些内容

现在关于综合素质的内涵有多种提法，但学界普遍认为综合素质是指一个人的知识水平、道德修养以及各种能力等方面的综合素养，它包括思想政治素质、道德素质、

科学文化素质、人格素质、专业素质、身体和心理素质、职业素质和能力素质等内容（见图 12-1）。

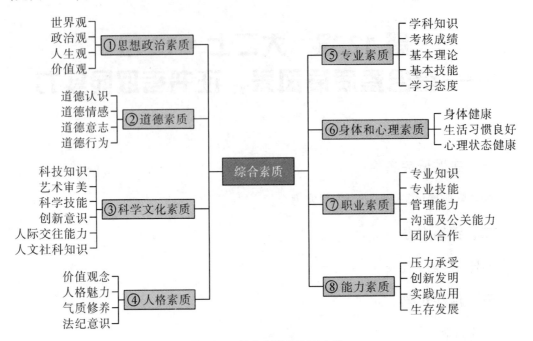

图 12-1　综合素质的主要内容

具备了上述综合素质的人也可以被称为全面发展的人才。

2. 为什么要培养综合素质

当今世界各国的经济发展和科技进步主要依靠高素质的人才，而我国正面临着前所未有的机遇和挑战，在这种大环境下，国家要赢得激烈的竞争就必须拥有大量具有创新性、团队意识等综合素质的专业人才。这是国家、社会对于当代大学生提出的迫切要求。可持续经济发展和全球现代化的趋势要求高等教育在培养科技人才的同时，也要致力于让学生掌握哲学、文学、历史、法律等人文社会科学知识。

在美国，许多大学的物理系规定，学生在学习物理专业课程之外，还需要将大约30% 的课程时间用于学习人文学科。例如，斯坦福大学的文科生需要从数学、统计学和电子计算机应用技术这三门课程中选修一门，而理科生则需学习经济学、社会学、历史学、法学和哲学等相关课程。

日本自 1985 年起开始筹备并实施培养"四合一"人才的计划。所谓"四合一"人才，指的是在忠诚服务于国家、保持健康体魄的基础上，具备科技、文学、经贸、外语等多方面能力的人才，他们既拥有科学技术素养，又具有文学艺术气质，既懂得经贸知识，又具备外语翻译技能。

目前，众多高校将一些看似与专业人才培养无关的课程纳入培养方案，并将其与学生能否毕业直接联系起来，这一做法在高校师生中引发了热议。有人提出："在就业竞争如此激烈的今天，大学教育应该专注于专业知识的学习，学习那么多与专业不相关的内容，未来是否派得上用场还是未知数。"其实大学生就业难的主要原因是其自身综合素质难以适应当前人才市场的需求变化。现在各用人单位招聘时几乎都会全面考察一个人的能力，因此，提升综合素质是大学生满足社会需求的必然选择。要解决大学生就业难题，就必须全方位地提升他们的技能、社会实践经验和就业价值观，以此来实现大学生毕业与就业的无缝衔接。

（二）班会主题引领

进入大学生活以后，有些同学还不能确定自己将来的工作意向，也不清楚未来的就业趋势，因此，还无法确定哪种素质、能力和证书是自己今后的工作中最为重要的。但是，无论将来的工作如何，培养综合素质都是势在必行的可用方案。

那么，如何制定学习规划和技能培训来培养我们的综合素质呢？大学学习规划是指大学生依据个人实际情况，考虑现有所处环境和限制因素，为自己设定整个大学阶段的学业目标，并为此决定具体的行动路径、时间安排以及实施计划，也就是大学生自己学什么、怎么学、什么时候学、达到什么学习目标、获得何种技能或证书的计划。大学阶段切忌"脚踩西瓜皮，滑到哪里算哪里"的状态，而有计划地学习才是优秀学生的共同特点。

1. 树立正确的学业观

大学生的学业不仅包括专业知识学习，还包括政治思想、道德、组织管理能力、科研及创新能力等的学习。想要更好地完成学业首先必须树立正确的学业观，端正对所学专业、课业的态度和认识，具有积极的学习动机。各教师应引导大学生正确认识以下四种关系：

一是学业与专业的关系。学生应积极培养自己对专业的热情，将个人的兴趣与国家的需求和社会发展的趋势紧密结合，学习专业知识、掌握专业技能、提升相关能力，从而提升自己的专业素养。

二是学业与职业的关系。学生应认真学习职业相关知识，培育职业操作技能，增强职业竞争力，以便未来在就业市场上占据有利地位。

三是学业与事业的关系。学生应将当前的学习、未来的职业规划与长远的事业发展相联结，深刻理解所学专业在国家建设和社会进步中的角色和前景，立志投身于此，通过工作实现个人价值。

四是学业与就业的关系。就业是学业成果的体现，学业成就直接影响就业结果。学生要想获得理想的工作，就必须培养强烈的事业心、深厚的专业知识、优秀的沟通与协调能力、健康的心理状态、强健的体魄以及蓬勃的创新精神，这些素质都应在大学学习过程中逐步形成。

2. 树立均衡发展的理念

大学生应当树立均衡发展的观念，全面提高自己的综合素质。在重视人文素养培育的基础上，也应强化自然科学知识的学习，确保课程安排上文科与理科的均衡，使之相互补充、共同进步。在道德品质方面，应当确立正确的生命观和价值观，抵制享乐主义、金钱至上、自私自利和个人主义，明辨是非，不断提升个人品格。在心理素质培养上，应塑造学生健康的人格和优秀的心理状态，培养他们坚定的意志力和不屈不挠的精神，以积极向上的心态，持续增强自我教育的能力。

3. 技能培训的重要性

（1）个人职业发展的需要。

首先是适应行业变化，随着科技发展和市场竞争加剧，个人职业发展需要不断更新知识和技能，以适应行业变化和职业需求；其次是提高职业竞争力，通过技能培训，个人可以获得更多专业知识和实践经验，提高自己在工作中的竞争力，获得更好的职业机会；最后是拓展职业发展空间，通过技能培训，个人可以拓展自己的职业发展空间，从单一岗位向多元化、复合型岗位发展。

（2）提高工作能力的需要。

首先是提高工作效率，通过技能培训，个人可以掌握更高效的工作方法和技巧，提高工作效率和生产力；其次是解决实际问题，技能培训可以帮助个人解决工作中遇到的实际问题，提高工作质量和效果；最后是创新工作思路，通过技能培训，个人可以获得新的工作思路和方法，推动工作改进和创新。

（3）增强竞争力的需要。

首先是获得市场认可，通过技能培训和证书考取，个人可以获得行业和市场的认可，提高自己的知名度和信誉度；其次是领先竞争对手，通过不断学习和技能提升，个人可以保持领先地位，在竞争中占据优势；最后是创造更多机会，技能培训和证书考取可以为个人创造更多机会，如晋升、加薪、跳槽等，实现个人职业价值的提升。

4. 确定大学阶段的学习目标

每个人都应尽快明确自己在大学阶段的学习目标。为了实现这一目标，需要将其细化为短期、中期和长期的具体学习目标。

（1）起始或短期目标。

起始或短期目标应是迅速适应并掌握大学的学习方法，包括理解每一堂课的内容，完成每一次作业，以及在每一次考试中取得好成绩等。

（2）中期目标。

中期目标应着眼于本学期内取得优异的学习成绩，争取本年度获得奖学金，或在某一学科学习中达到优秀水平，或成为杰出的学生干部等，同时提升问题解决、实践、组织和沟通等能力。

（3）长期目标。

长期目标是在毕业时争取获得免试攻读研究生的机会，或成功申请出国深造，或进入理想的单位工作，甚至尝试自主创业等。

需要注意的是，短期与长期是相对的。在大学学习的每一个阶段，大学生都需要明确自己想要学习的技能和考取的证书，合理分配学习时间，制订详细的学习计划。

5. 制订大学阶段科学的学习计划

（1）围绕学习目标制订学习计划。

缺乏计划性，目标便难以达成。学习计划应基于学习目标来制订。例如，如果本学期的学习目标是期末考试每门课程都能获得优秀成绩，那么在规划本学期的学习计划时，就应当将更多的时间和精力投入到各门课程的学习与掌握之中，上课要认真听讲、做好笔记，课后阅读老师提供的参考书，用心完成作业，及时复习和梳理知识点等。

（2）制订学习计划应当突出重点。

在大学学习过程中，涵盖了基础课程、专业课程、选修课程、社会实践以及毕业论文等多个环节，每一个环节都是积累理论知识和提升实践能力的重要学习阶段，各环节均存在关键点和难点。因此，制订学习计划的核心在于把握重点内容，识别并攻克难点。如何合理选课是学生综合素质培养的又一重要环节。合理选课可以有效帮助学生自主构建系统的知识体系。在选课时要做到文理、艺体、理论与实践课程兼顾，切忌只选本专业和感兴趣的课程。此外，对学习重点或比较薄弱学科要给予时间上的保证。

需要注意的是，制订学习计划需要一定的弹性，留出余地。不宜定得太死、太满和太紧，贪心的计划是难以完成的。

6. 争取在毕业前获得与职业发展规划相关的各种证书

这里的各种证书是指各种学习水平证书和资格证书，如机动车驾驶证、全国计算机等级证书、普通话等级证书、教师资格证书、律师资格证书、导游资格证书等。

证书考取的注意事项有以下三点：

（1）了解考试要求和报名条件。

大学生应该仔细阅读考试大纲，明确考试科目、考试形式、考试内容等具体要求。了解报名条件，确保自己符合报名资格，如年龄、学历、工作经验等方面的要求。提前了解报名时间和流程，确保及时完成报名手续。

（2）选择权威的考试机构和证书。

要对比不同考试机构的背景、声誉和权威性，选择具有良好口碑和广泛认可的机构。了解证书的颁发机构和证书级别，确保证书具有较高的社会价值和认可度。同时还需要考虑证书在实际工作中的实用性和应用范围，以便更好地发挥证书的作用。

（3）注意考试时间和地点安排。

通过报名之后，我们要留意考试时间和地点，确保按时到达考场，避免因迟到等原因影响考试成绩。还要提前规划好行程，预留足够的时间前往考场，避免因交通拥堵等原因耽误考试。如有特殊情况需要调整考试时间和地点，应及时与考试机构联系并按照相关规定办理手续。

大学生应根据所学专业特点、兴趣爱好，尽早制订个人职业发展规划，在大学期间有计划地安排学习和培训，在毕业前获得必要的从业资格证书，以提升自己的就业优势。

（三）学生问题答疑

最后留一些时间给大家，进行问题解答，也可以利用这个时间，跟同学们多一点互动，加强交流，建立感情基础。以下是几个有关本次主题班会的提问，可供参考：

1. 你对大学生考证的看法是什么？
2. 你主要通过哪些途径了解考证的相关信息？
3. 若你打算考某些证，你报考的原因是什么？
4. 若你打算考证，你是依据什么来选择你要考的证书？
5. 你是通过何种方式准备考证的？
6. 你认为大学生应该怎样对待考证问题？
7. 你对于证书越多，就业机会就越大这种观点的看法是什么？
8. 你对要考的证书的用途、价值、行业认可度及有效期等方面了解的程度怎样？
9. 你认为证书能否反映自身的真实能力水平？
10. 你所意识到周围的人考证的情况是什么？

七、班会小结

社会发展变化不断加快，要想跟上社会发展的步伐，实现自己的人生理想，大学生必须适应社会发展需要，全面提高自身的素质，只有具有较高的素质，才能不被这个竞争激烈的社会淘汰。每个大学生都应当从自身特点、职业发展倾向和社会需求出发，在大学四年的学习期间认真制订个人综合素质培养计划，确立阶段性奋斗目标，合理规划和分配时间，做到理性学习、有计划地学习，充分发挥学生自身学习的主动性和能动性，把自己塑造成为一个有思想、有能力、有理想、有价值、有前途的大学毕业生。国家现代化建设需要高素质的人才，只有培养出更多更好的、具有较高综合素质的大学生，才能使我们祖国的明天更加美好。

八、案例分享

含金量超高！那些在大学期间值得去考的证书！[①]（有删减）

以下为大家整理了一些，大学期间可以考的证书，一起来看看吧！

□不限专业可以考的证书

【英语四六级证书】英语四六级证书是在本科生参加并通过大学英语四六级考试后所获得的证书。部分院校，英语四级证还与毕业挂钩，并成为企业衡量毕业生英语水平的重要标准之一。

考试时间：笔试每年开考两次，分别于 6 月份和 12 月份举行，口试每年开考两次，分别于 5 月份和 11 月份举行。

【普通话水平测试等级证书】普通话水平测试是对应试人运用普通话的规范程度、

---

① 该案例来源于安徽共青团《含金量超高！那些在大学期间值得去考的证书!》一文，作者：学校共青团、四川省教育考试院、青春湖北，发布时间：2023 年 9 月 2 日。

熟练程度的口语考试。考试形式为口试。普通话水平等级分为三级六等，即一、二、三级，每个级别再分出甲、乙两个等次；一级甲等为最高，三级乙等为最低。

报名时间：全国普通话报名没有统一时间，且全年可以考取普通话的机会很多。

考试时间：各省市普通话考试报名时间详情还需关注各地语言文字水平测试中心（语言文字网），以当年公布的报名时间和考试时间为准。

【中小学教师资格证】教师资格证是教育行业从业教师的必备证书，作为具备国家认定的教师资格的法定凭证，由国务院教育行政部门统一印制。

报名时间：具体各省市中小学教师资格证报名时间以中国教育考试网最新公告为准。

考试时间：教师资格考试每年考试日期由教育部公布，请及时关注中国教育考试网的最新公告。

【计算机等级证书】全国计算机等级考试（National Computer Rank Examination，NCRE），是经教育部批准，由教育部考试中心主办，面向社会，用于考查应试人员计算机应用知识与技能的全国性计算机水平考试体系。NCRE 目前共设置了四个级别。从考试难度来看，二级比较适合大多数考生报考，计算机专业的考生如有兴趣可以挑战四级。

报名时间：每次考试具体报名时间由各省级承办机构规定，可登录各省级承办机构网站查询。

考试时间：NCRE 在全国范围内每年举办两次考试，考试时间一般安排在三月最后一个周六至下周周一、九月倒数第二个周六至下周周一。

□专业类证书

【翻译证】全国翻译专业资格（水平）考试是在全国实行统一的、面向社会的、国内最具权威的翻译专业资格（水平）认证；是对参试人员口译或笔译方面的双语互译能力和水平的认定。翻译资格考试作为一项国家级翻译人才评价体系，多次得到中华人民共和国人力资源和社会保障部及业内资深专家的好评。

报考条件：凡具有一定外语水平的人员，不分年龄、学历、资历和身份，均可以报名参加相应语种二、三级的考试。

报名时间：报名时间各个省份的开放日期不一样，具体时间请关注各地区官方网站的通知。

考试时间：一般是每年的 6 月和 11 月。

【护士资格证】国家护士执业资格考试是评价申请护士执业资格者是否具备执业条件所必需的护理专业知识与工作能力的考试。护士执业资格考试实行国家统一考试制度。统一考试大纲，统一命题，统一合格标准。护士执业资格考试是作为单位聘任相应技术职务的必要依据。考试通过后相关部门会下发护士资格证书。

报名时间：12 月份。

考试时间：护士执业资格考试原则上每年举行一次，具体考试日期在举行考试 3 个月前向社会公布。

【会计专业技术资格证书】由于中级、高级报考条件的限制无法报考，所以初级会计职称考试就成为在校生的首选。

初级会计专业技术资格考试，原则上每年举行一次。在国家机关、社会团体、企业、事业单位和其他组织中从事会计工作，并符合报名条件的人员，均可报考。会计专业技术初级资格考试合格者，颁发人力资源和社会保障部统一印制，人力资源和社会保障部、财政部用印的《会计专业技术资格证书》，该证书在全国范围内有效。

报名时间：11 月份。

考试时间：次年 5 月份考试。

【注册会计师证】注册会计师被认为是财会领域的"黄金职业"，该证也是会计行业内的顶尖证书。

报考条件：具有高等专科以上学校毕业学历，或具有会计或相关专业中级以上技术职称。

报名时间：一般是在每年 4 月。

考试时间：每年基本是在 8 月份考试。

【特许公认会计师（ACCA）】ACCA 是特许公认会计师，在我国也称为"国际注册会计师"。ACCA 适用的是国际会计准则，在经济全球化加速发展的今天，很多在中国的外企和走出去的国企都需要 ACCA 持证人，会计师事务所在对美股等上市企业进行审计时，也需要熟悉国际会计准则的 ACCA 持证人。

报考条件：年满 16 周岁即可注册。ACCA 是目前国内外高等资质中，少数大学可报考，在毕业前即可学完的证书。

报名时间：报考时段分为提前报名时段，常规报名时段和后期报名时段。

考试时间：每年的 3 月、6 月、9 月、12 月。

【法律执业资格证】法律执业资格证是证书持有人通过国家统一法律职业资格考试（原国家司法考试）并依法取得的证书，根据《国家统一法律职业资格考试实施办法》（司法部令第 140 号公布）第二条第二款规定，初任法官、初任检察官，申请律师执业、公证员执业和初次担任法律类仲裁员，以及行政机关中初次从事行政处罚决定审核、行政复议、行政裁决、法律顾问的公务员，应当通过国家统一法律职业资格考试，取得法律职业资格。

报名时间：客观题考试网上报名时间为 6 月 15 日至 6 月 30 日。

考试时间：客观题考试时间为 9 月 16 日、17 日；主观题考试时间为 10 月 15 日。

【英语专业八级证书】英语专业八级考试（Test for English Majors-Band 8，TEM-8），全称为全国高校英语专业八级考试。自 1991 年起由教育部实行，考察全国综合性大学英语专业学生。考试题型包括听力、阅读、改错、翻译和写作。考试内容涵盖英语听、读、写、译各方面，2005 年又加入人文常识。形式考核为笔试，口试另外考核。

报名时间：一般为每年的 11 月或 12 月，具体时间以各高校教务处的通知为准。

考试时间：一般在每年 3 月份。

对象是英语及相关专业大四学生。非英语及相关专业与非在校生无法参加考试。考试合格后颁发的证书终身有效。

□锦上添花类证书

【雅思】雅思考试全称为"国际英语语言测试系统"（International English Language Testing System，IELTS），由剑桥大学考试委员会外语考试部、英国文化协会及 IDP 教育集团共同管理，是一种英语能力，为打算到使用英语的国家学习、工作或定居的人们设置的英语水平考试。雅思考试分学术类和培训类两种，分别针对申请留学的学生和计划在英语语言国家参加工作或移民的人士。考试分听、说、读、写四个部分，总分为 9 分。

报名时间：全年开放。

考试时间：雅思根据考试类别的不同，在每一年中的 1—12 月在不同的考点都有安排考试。

【托福】托福考试全称为"检定非英语为母语者的英语能力考试"（The Test of English as a Foreign Language，TOFEL），由美国教育测验服务社（ETS）举办的英语能力考试。

TOEFL 有三种形式，分别是：纸考、机考、网考。考试分听、说、读、写四个部分，满分是 120 分。

报名时间：在距考试日 7 天前为常规报名，距考试日前第 7 天至考试日第 3 天前为逾期报名，报名要支付逾期报名附加费，考前 3 天停止报名。

考试时间：托福在每月都会安排考次，可通过 ETS 官网根据所在地的考点进行查询。

【导游证】导游证书简称"导游证"，是持证人已依法进行中华人民共和国导游注册、能够从事导游活动的法定证件。根据《导游人员管理条例》的规定：在中华人民共和国境内从事导游活动，必须取得导游证。旅游管理专业的考生可以考取导游证，其余有业余爱好的考生也可以报考。2016 年 1 月，文化和旅游部通知，导游资格证终身有效，导游证全国通用。

报名时间：一般在每年的 6—8 月。

考试时间：一般在 10—12 月。

笔试：为全国统考，在 11 月中上旬进行，采取机考的形式。

口试（面试）：在笔试之后择日进行，具体时间和地点由各省根据实际情况自主决定。

□考证温馨小贴士

【制订计划】大学生应在大学期间规划好自己的未来，明确自己所需要考哪些证书，根据自己所学的专业或者自己的兴趣爱好，去考取适合自己的证书，做好准备也可以有事半功倍的功效。

【了解所考的证书】在考证之前一定要去查清所考证书的类型、等级、有效期、作用等，知己知彼，才能百战不殆。

【摆正心态，客观对待考证】不要盲目跟风，把考证当成一种负担。考证应该是对自己未来的一种投资、对生活的热爱、对人生的认真负责。考证的目的不只是取得相应的资质和证明，更重要的是学习知识和技能，为未来工作求职锦上添花。

第 13 次　大二下 • 3 月
——逆水行舟用力撑，一篙松劲退千寻

一、主题班会名称

逆水行舟用力撑，一篙松劲退千寻

二、策划主办

辅导员

三、活动对象

全体同学

四、活动形式

主题宣讲、团体辅导、问卷调查

五、活动目的

随着春节假期的结束，重返校园的大学生们是否遭遇了"节后综合征"或"假日后遗症"的烦恼？所谓节后综合征，亦称假日后遗症，指的是人们在长假之后出现的各种生理及心理反应，如在假期结束后感到学习或工作倦怠，精神不振，以及学习和工作效率下降。对于大学生而言，假期综合征的具体表现可能包括焦虑、抑郁、愤怒等负面情绪，头痛、感冒、肠胃问题等身体状况，以及学习效率低、错误率高、学习动机下降等学业问题。这些问题的出现与大学生假期的度过方式密切相关。例如，假期中的不规律作息、对电子产品的过度依赖、注意力的分散等，希望通过开展本次主题班会，帮助大学生更好更快地调整自己，减轻假期综合征的影响，顺利过渡到新学期的学习生活中。

六、主要内容

（一）基础内容介绍

月亮不睡你不睡，狂刷抖音"修仙队"。

作息饮食不规律，熬夜追剧打游戏。

炸鸡烧烤大汉堡，冰镇饮料天天找。

假期计划定得好，开学发现都没搞。

别人开学很焦虑，你却表示不想去。

……

同学们，你们在美好的长假过后，会不会像我刚才描述的那样，出现了作息紊乱、焦虑不安、身体异样，无法进入学习状态等问题呢？如果出现了，那你们就要注意了，"节后综合征"很有可能已经悄悄地找上你了。回到校园后，每次说好只玩一盘游戏，只看一集电视剧，就刷一会儿短视频，可拿起手机之后，一天就这样过去了，心里又懊悔不已。作业还没写完呢，论文还没交稿呢，从明天开始，我一定要认真学习了！如果你也遇到这样的问题，不要慌，我们来共同解决它！

1. 大学生良好学习习惯和积极心态的培养

（1）接受现代学习理念，培养学习能力，采用多种学习形式。

学习是促进个人全面发展的手段，而不仅是为了应付升学考试及获得一种谋生的手段。在学习中，不仅要重视专业知识的学习，也要注重学习能力的培养和情感态度的学习。在学习方式上，自学、课外学习、实践性学习、计算机网络等都可以作为学习的方式。

（2）根据学习任务难度，恰当控制动机水平。

美国心理学家耶克斯和多德森认为，中等程度的动机水平最有利于学习效果的提高。对于为考试焦虑的学生来说，把注意力放在学习知识和考试本身，比要求自己一定要考个什么样的成绩更重要，也比不停地担心考不好会导致严重的后果要好。

（3）建立有效的学习方法。

用心理学的规律和方法，进行有效能的学习。例如，可进行自我强化：当学习取得一定成果时要给予自己鼓励和肯定，甚至可以奖赏自己；有意识地寻找学习的榜样，进行模仿；通过阅读相关书籍或者向学习成绩优秀的人讨教学习方法。

（4）培养良好的学习习惯。

学习习惯很影响学习效能。大学生在自己已有的学习习惯方面找出可以改善的地方，发挥主观能动性，扬长补短，有事半功倍之效（可通过下面活动中的测试，看看自己在哪些方面还需要进一步提高）。

（5）克服学习无助感，提高自我效能感。

有部分同学在学习过程中会产生学习无助感，比如有的同学觉得自己的口语较差，因为在众人面前读外语或者讲话会紧张，便放弃再练习的机会，绝不在众人面前说英语。其实在许多情况下可以做的事情，却因为学习有无助感而放弃了努力、失去了机会。此时，我们要对自己说：只要相信自己，努力去尝试和改变，就会有新的收获。

2. 活动一：学习习惯测试

活动目的：让学生更好地了解自己的学习习惯，改掉不合理的学习习惯，保留好的学习习惯，进一步提高学习效率。

活动步骤：给同学们分发《学习习惯测试表》，让同学们用是否符合自己的学习情况来回答每一个问题。请同学们数数自己回答"是"的题有多少，看看自己是否有好的学习习惯，并且在哪些方面做得好，哪些方面还有待改进。

活动点评：通过《学习习惯测试表》的应用，学生们可以更有针对性地调整自己的学习习惯，实际上也是向学生们提供了有效学习的方法，从而改善学生们的学习效果。

学习习惯测试表

你想知道自己的学习过程中，有哪些优点和缺点吗？尝试回答下列问题帮助你了解自己的学习习惯。

□阅读方面：

1. 阅读时，你会先确定阅读的目标，认清自己要从中学什么。

2. 在详细阅读课文之前，你会先将该文粗略地看一遍。

3. 你会用不同的阅读方法及速度来配合不同的读物与阅读目的。

4. 你会留意课文里的标题、分题与课文前后的问题。

5. 你会留意课文中的图表、地图和相片等。

6. 阅读时，你能分辨出哪些内容重要，哪些不重要。

7. 对所阅读的读物，你会努力尝试对它产生兴趣。

□记忆方面：

1. 对于必须牢记的内容，你会尝试先行了解、弄明白。

2. 你会将需要学习的东西组织起来，如写下大纲、分成类别等。

3. 对于刚学到的东西，你会尽快复习。

4. 你会将复习时间分成若干时段，并适当安排休息时间。

5. 在学习时，你能分辨出哪些资料重要、哪些不重要，并使注意力集中在重要的资料上。

6. 你会尽量将重要的内容牢牢地记住。

7. 你会将学过的知识融会贯通。

8. 你会将学过的内容经常复习。

9. 你会将学到的东西或知识加以应用。

□笔记方面：

1. 你会应用简写的方式如符号、图表等，使笔记看来更简洁易懂。

2. 你的笔记有较大的灵活性，以便随时插入、修改内容或重新编排次序。

3. 你的笔记中选用不同的组织方法如列序式、大网式、分类等，以配合不同形式的内容。

4. 你的笔记内容是经过自己的思考、过滤及重组后，用自己的语言写出来的。

5. 上课时，你能边听老师讲课边用笔记录内容。

6. 你摘出原文的精华而避免照抄，也避免将老师所讲的一字不漏地写下来。

如果你回答"是"的次数较多，则表示你有较佳的学习习惯；反之，你可能需要尽快改善学习的方法。

（选自《大学生心理素质教程》北京出版社）

---

3. 活动二：时间管理——撕纸人生

活动目的：让学生意识到学习时间的宝贵，产生学习的紧迫感。

活动步骤：活动前给班级的每一位学生准备一张长纸条，活动开始后分发到学生手中。让学生跟随着老师的指导语开始活动。

指导语：同学们，让我们做一个假设，假设你的生命年龄在 0 到 100 岁。现在，我们来玩一个游戏。请拿出长条纸，并用笔将其分成 10 等份，中间的每一等份代表你生命中的 10 年，分别标记上 10、20 等数字。在纸的最左侧空白处写上"你好，我来了"，在最右侧的空白处写上"再见了，世界"。

接下来，我会提出几个问题，请大家根据我的指示完成。

第一个问题：你目前多少岁？请将对应年龄的部分从前面撕掉。

第二个问题：你希望活到多少岁？如果你不打算活到 100 岁，请从后面撕掉超出你期望年龄的部分。

第三个问题：你打算多少岁退休？请将退休后剩余的部分从后面撕掉，不需要撕碎，只需放在桌子上。剩下的这部分，代表了你可用于工作和学习的时间。

第四个问题：在一天 24 小时中，你如何分配时间？通常情况下，人们睡觉 8 小时，占一天的 1/3，吃饭、休息、聊天、消遣、看电视、娱乐等又占去 1/3，实际上真正用于工作学习的时间只有 8 小时。请将剩余的部分折成 3 等份，并撕下其中的 2/3，放在桌子上。

第五个问题：我们来比较一下。请用左手拿起代表工作时间的 1/3 部分，然后用右手拿起代表其他时间的 2/3 部分以及退休后的生活时间，进行比较，并思考一下，你要如何用左手的 1/3 时间，去养活右手的 2/3 及退休以后的生活。

第六个问题：想一想。你要赚多少钱，存多少钱才能养活自己梦想中的未来，这还不包括给父母、子女和配偶的哦。

分享讨论：看着现在你手上的小纸片，你有怎样的感觉？刚才撕纸人生的游戏中，给你感触最深的是哪个环节？为什么？你觉得你的人生中，大学时代意味着什么？这段时光将在你的人生历程中扮演怎样的角色？请问你会如何看待你的未来？

活动点评：在这个活动中，学生感触最深的往往是从来不知道自己可用来学习的时间如此之少。这个活动能够让学生产生时间的紧迫感，促使他们把更多的时间投入学习中。

（二）班会主题引领

开学想"躺平"的原因，既有动力不足的不想学，还有能力不足的不会学，也有害怕失败的不敢学。如果在每一个长假过后，大家都不能很快调整好状态，进入良好的学习状态，就很容易增加学习的难度。这个时候，同学们就会有挫败感，接着会怀疑自己，认为是自己的学习能力不够，进而失去了学下去的信心。

现在已经开学了，我们应该如何快速恢复状态呢？这里向大家推荐四个方法，帮助大家摆脱"躺平"。

1. 情绪有出口

认识积极焦虑，合理转移情绪。什么是积极焦虑呢？积极焦虑就是我们对自己要求太多、想得太多，从而产生的一种焦虑情绪。如果出现这种情况应该怎么办呢？我们可以拿一个小本子，写下最近的各种想法，这样就可以将大脑中的这些想法转移到纸面上，为心灵减负了。情绪转移是一种有效的情绪管理技巧，通过将注意力从负面情绪转移到其他事物上，来调节和缓解情绪。通过专注于身体感受、参与有意义的活动、与他人交流和分享以及调整思维方式等方法，我们可以更好地进行情绪转移，维护情绪的平衡。

2. 学习有建构

这指的是要养成固定的习惯，形成正向强化。例如，你打算开始跑步，人人都说要坚持，那如何坚持呢？不如给自己一个正向强化。每次跑完步后做一件你觉得会开心且非常享受的事情，你就会记住这种感觉，然后就会忍不住想去多尝试。有一个同学想要培养跑步的习惯，每次跑完步口干舌燥的时候就吃一个苹果，然后他发现这苹果前所未有地好吃，那感觉好爽。所以他就把跑步和吃水果联系在一起，每次先准备好水果，然后去跑步，回来吃水果，就感觉特别幸福，跑步也没有那么难坚持了。这样就可以养成良好的执行习惯，形成自我效能感。

3. 心中有愿景

明确目标管理，制订合适的计划。比如，我们可以为自己制定一个新学期的作息时间表，借助手机 App 督促自己严格执行，给身体一个明确的叫醒信号。简单来说就是每天临睡前，把第二天的学习、工作和生活列出一个清单，完成一个，打钩一个，这样就可以轻松帮助我们获得充实感、目标感和满足感。

4. 手机有节制

要想摆脱长时间沉迷游戏和刷剧的问题，我这里有五种解决沉迷手机的方法，包括定量分析法、目标导航法、心理暗示法、物理隔绝法和化学阶段法。

（1）定量分析法。

如表 13-1 所示，我们先来测测你的"手机依赖症"到几级了吧！

表 13-1　"手机依赖症"等级检测

等级	内容
轻微依赖（1—3级）	除了打电话、发短信，基本不看手机
	有事从不发微信、聊 QQ，直接打电话，说完就挂，绝不废话
	平均每天玩手机累计时间不超过 3 小时，偶尔用手机拍拍照、看看新闻
	和朋友聚会聊天时，尽量不玩手机，没有吃饭之前要先自拍和拍食物的爱好
	除非一个人独处无聊时才会选择玩手机，很长时间不看手机也不会感到焦虑

表13-1（续）

等级	内容
中度依赖 （4—6级）	手机主要用于日常联络和工作，使用频率最高的手机软件是微信、QQ 和邮箱，80%的内容仅用于收发邮件、沟通工作
	白天使用手机时间较多，晚上基本不看手机
	每天只在固定时间浏览朋友圈消息、阅读新闻
	在时间管理上比较自律，不会浪费太多时间玩手机、看视频，不会频繁更新朋友圈，也不会在微信群里刷屏
	仅把手机作为必要的通信工具，没有了手机会感觉到不便，但也可以忍受
重度依赖 （7—8级）	每天起床和睡前都必须看看手机，每半个小时就忍不住去看一看手机有没有新消息
	手机电量低于30%就会惊慌失措，出门必带的三样东西是手机、耳机和移动电源
	每天使用手机累计超过8小时
	几乎大部分社交、学习和工作，都依赖手机
	习惯使用各种 App 软件来简化生活模式，饿了用手机叫外卖，累了用手机听音乐
	在手机上看书、看视频，用手机发邮件、聊工作，24小时从不关机
"手机癌"晚期 （9—10级）	随时随地都要带着手机在身边，否则就会浑身不自在
	走路、吃饭、坐车都要玩手机，曾经因低头玩手机撞到过前面的路人或是路边的柱子
	没有 Wi-Fi 就会烦躁不安、怒不可遏，手机没电了简直就像是世界末日
	每隔5分钟就要刷一遍 QQ、微信、朋友圈、微博，从不错过每一条群消息和朋友圈
	和身边的人交流越来越少，即使在同一个房间里也要用微信发消息

除了进行等级检测，你也可以这样做：第一步，点开手机里的设置按钮；第二步，查看屏幕管理时间。如果你每天使用手机超过 10 小时，那已经是重度沉迷手机的患者了。这个时候可以打开每日设备使用限制，定好每天 5 小时的使用时间，让你做到学习娱乐两不误。

（2）目标导航法。

沉迷游戏、看剧、看短视频最主要的原因就是这些活动能让我们感受到即时性的快乐，这种快乐在学习中是很难感受到的，因为学习获得幸福感的周期过长，当下的学习不能立即得到反馈。这个时候我们可以把目标做小做细，以每周、每月或每学期为单位，比如这周要完成英语作文的训练、这月要完成实验的基础数据、这学期成绩排名要达到班级前十或者考出四六级等专业证书之类的目标，这些目标如能得到及时性反馈，相信你的学习状态一定会更上一层楼。

（3）心理暗示法。

每天起床第一句，先给自己打个气。每次多看一集剧，都要说声对不起。积极的心理暗示能够不断给自己打气，每天都对自己说我要学习！我要学习！我要学习！重要的事情说三遍，以这样的方式不断给自己正强化的反馈，使得内心更加喜欢学习，向着自己的目标前进。

（4）物理隔绝法。

顾名思义，这个方式就是从物理上隔绝手机。每天去图书馆或自习室的时候，就把手机放在寝室里，相信大家的学习效率也会直线上升。可能也会有同学提出疑问，万一同学找我有事怎么办呢？我们可以每天统一一个时间，比如中午、晚上或者定个其他的时间统一进行回复，这样学习能完成，事情也不会被耽误，两全其美。

（5）化学戒断法。

这样的方式是手机可以随身携带，但是可以使用一些 App，把手机暂时变成板砖，点开设置，进入手机中的专注模式，设置专注时间，那么在专注时间内，你的手机什么也干不了，你就会无聊到只能去学习了。

总而言之，"躺平"不可取，"躺赢"不可能，人生如逆水行舟，不进则退。

（三）学生问题答疑

最后留一些时间给大家，进行问题解答，也可以利用这个时间，跟同学们多一点互动，加强交流，建立感情基础。以下是几个有关本次主题班会的提问，可供参考：

1. 为什么你会感觉精力分散？
2. 你有没有养成良好的生活学习作息习惯？
3. 什么是"节后综合征"？
4. "节后综合征"的常见表现是什么？
5. 如何应对"节后综合征"？
6. "节后综合征"的持续时间是多久？
7. 运动可以缓解"节后综合征"吗？
8. 怎么规避可能出现的"节后综合征"？
9. 你有"节后综合征"的症状吗？
10. 你有什么好办法度过下一个节日？

七、班会小结

当代大学生普遍存在"社恐"这一特征，只在手机中自由自在地展现自我，"社恐"俨然成为大学生社交的惯用名词，而一个长长的假期就给了"社恐"学生们蜷缩在自己世界里的时间和空间，返校后就会出现种种不适应现象，如何有效改变呢？首先我们要悦纳每一种情绪，相信每一种情绪都有它的正面意义。其次是回忆美好时光，回忆和同伴共同经历的、难忘的点点滴滴，人际交往更多的是给我们带来相互陪伴的温暖，相信这些美好的瞬间会治愈我们。再次是思考背后的原因，试试通过不断地"封闭式提问"找到原因，找到问题的原因，问题就解决了一半。最后是调整认知、积极应对，以"头痛医头，脚痛医脚"的方式进行改善，相信大家都能够找到轻松应对"节后综合征"的办法。

八、案例分享

转需！8 个方法缓解节后综合征①

春节过后，不少人重回工作岗位，由假期的放松状态突然进入工作的紧张状态，有可能会出现各种不适，比如失眠、消化不好、心烦、眼干、又累又困没精神等。针对"节后综合征"，这 8 个缓解方法不妨一试！春节后出现各种不适？记住几个快速恢复方法！

一、节后睡眠不好：睡好"子午觉"

对于起床困难的人，建议恢复原来的生活规律，睡好"子午觉"——晚上 11 点前睡觉，中午午休 20 分钟，保证充足睡眠，睡前减少电子产品的使用。

有人会出现或轻或重的失眠症状，建议在过完春节后，调节生物钟，做到起居有序，重新恢复健康的睡眠规律。比如在下班后吃饭前先运动一会，慢跑、羽毛球、乒乓球、健身等，消耗一些能量，以达到晚上更好入睡的效果。

二、节后消化不好：按摩腹部

春节前后反常的饮食节奏，会使没有做好准备的消化器官进入异常状态，不但吸收不了，反而还会生毛病。

此时，要多吃蔬菜，少吃肉，每餐吃七分饱，且细嚼慢咽三餐时间固定。如果出现胃胀消化不良的症状，可以在腹部上下轻轻按摩，以减轻症状。

另外，保持谷物、豆类、蔬菜、水果的食用量。每天肉食不要超过 60 克，大概三块麻将那么大。多吃长纤维的食物，如芹菜、胡萝卜、苦瓜、青菜等。坚持锻炼。每日清晨空腹饮一杯水，可以帮助清洁肠道。

三、节后厌食解腻：喝一杯绿茶

空军特色医学中心营养科原主任刘东莉 2011 年在《健康时报》刊文表示，春节大鱼大肉吃得多，节后喝点绿茶，既解油腻又提神。

因为绿茶是生茶，没有经过炒制，其中的茶多酚、维生素、矿物质等保留最多，帮助脂肪代谢的能力最强，提神的能力也最强。喝绿茶，以上午一杯淡茶为宜，不要逢饮必茶。

四、节后出现焦虑：做个计划表

上海中医药大学附属曙光医院治未病中心主任医师张晓天 2011 年在《健康时报》刊文表示，此时的不适应状态只是一种情绪障碍，主要是过节期间不规律的生活导致，解决的办法是收心。"收"本身就是一种约束，所以节后回归工作可以适度自我增压，比如上班第一天可以从制订工作计划表开始进入工作状态。

放松心情，多开窗通风，呼吸新鲜空气，避免长久静坐，可坚持用热水泡脚 5—10 分钟，促进血液循环，增强新陈代谢。入睡前可以听舒缓音乐，提高睡眠效率。

---

① 该案例来源于人民日报《转需！8 个方法缓解节后综合征》一文，作者：佚名，发布时间：2023 年 1 月 28 日。

另外，为了身心愉悦地工作生活，可以安排轻度运动，如散步、慢跑、瑜伽等，多给予自我积极的心理暗示。

五、节后出现疲劳：按按手掌心

节日期间，打牌、玩麻将自然是少不了的活动。当感到疲倦时，可以顺手利用麻将牌的尖角来按压劳宫穴（即握拳时中指所指的位置，见图13-1）。按压劳宫穴，就像是向中枢神经系统发出提振精神的信号，促使它更加努力地工作，这样能够迅速缓解疲劳感。

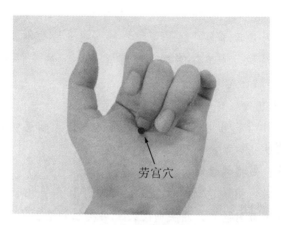

图13-1　劳宫穴位置示意

此外，听一些优雅欢快美妙的音乐也可缓解疲劳。增加户外活动的时间，不仅可加快血液循环，还有利肝脏气血运行。

六、节后眼睛干涩：敲敲"两明"穴

电视看久了，眼睛干涩，除了找睛明穴（两眼内眼角各有一小包与鼻梁相交的凹陷处见图13-2），还有个好穴，即光明穴（外踝尖向上5寸，即量四指再加两指靠近腿肚子的腓骨前见图13-3）。

图13-2　睛明穴位置示意

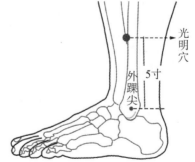

图13-3　光明穴位置示意

睛明穴可用手指腹轻轻按摩，光明穴最好用拳敲或用空心皮锤打，每次敲打50—100下即可。

七、节后吃胖了：晚餐吃粗粮

公共营养师王潍青 2015 年在《健康时报》刊文表示，节后如何减肥不减健康，试试这样做：

1. 晚餐吃薯类、玉米

一日三餐中，早中晚的食量应逐次降低，这样最利于减肥。晚餐可以用蒸土豆、红薯、玉米来代替主食，薯类食物膳食纤维含量丰富，能增强饱腹感，有利于清肠减肥。如果喜欢吃米饭，记得加入糙米。

2. 蔬菜多清炖水煮

蔬菜里的纤维和大量营养素可促进脂肪分解、减少脂肪堆积，有降脂功效。但要注意烹调方式，多用清炖、水煮、清蒸、凉拌等不加油的烹饪方法，时令蔬菜生吃也可。

3. 细嚼慢咽容易饱

吃饭的时候提醒自己多嚼几口，可以最大限度地让大脑感受到饱的信号。如果狼吞虎咽，只能让你在吃完后腹胀如鼓。

八、节后颈肩痛：做推墙运动

缓解颈部酸胀可做做推墙运动。这个运动类似于做俯卧撑，只不过是把地板换成了墙面。重点在于双手与肩同宽，指尖向上，鼻尖接触到墙面为一次。

脚与墙的距离越大，运动的强度越大，所以视个人情况而定，一般建议在 30 厘米左右比较合适。

第 14 次　大二下·4月
——同心共筑安全梦，国家强盛民安康

一、主题班会名称

同心共筑安全梦，国家强盛民安康

二、策划主办

辅导员、班级干部、保卫处

三、活动对象

全体同学

四、活动形式

主题宣讲、团体辅导、小组讨论

五、活动目的

当前，世界百年未有之大变局加速演进，中华民族伟大复兴进入关键时期，战略机遇和风险挑战并存，不确定、难预料因素增多，各种"黑天鹅""灰犀牛"事件随时可能发生，各类风险挑战前所未有。进入新时代，我国国家安全的内涵和外延比历史上任何时候都要丰富，时空领域比历史上任何时候都要宽广，内外因素比历史上任何时候都要复杂。开展本次主题班会，有利于提升大学生对国家和民族的认同感，自发保护我国安全，引导大学生们增强"安而不忘危"的忧患意识，培养和增强全民国家安全责任感、使命感，夯实和筑牢国家安全的群众基础，形成和汇聚维护国家安全的强大力量。

六、主要内容

（一）基础内容介绍

提到国家安全，相信很多同学对国家安全的传统理解，可能主要是反间防谍、国土安全、军事安全。那么，我们应如何理解"总体国家安全观"的内涵？在当前形势下，树立"总体国家安全观"的重要性又体现在哪些方面呢？

2014 年，习近平总书记在中央国家安全委员会第一次会议上，以卓越的政治家和战略家的宏大视野和战略思维，高瞻远瞩地提出了总体国家安全观的概念。2015 年，由中华人民共和国第十二届全国人民代表大会常务委员会第十五次会议通过了《中华人民共和国国家安全法》，明确每年的 4 月 15 日为全民国家安全教育日。

正确认识总体国家安全观，要从历史的、发展的角度来看。随着国家的不断发展，中国在很多领域已经实现了从跟跑到并跑，再到领跑，国家安全的范畴和领域也在不断扩大。比如，1987 年，中国的第一封电子邮件从北京发往了海外；1994 年，中国正式接入了国际互联网。正因如此，互联网的兴起使得网络安全和科技安全逐渐成为国家安全的关键部分。随着互联网和数字经济的进步，网络安全已变成国家安全不可或缺的一环，从民众的日常生活到国家关键基础设施的保护，都离不开互联网的存在。互联网已渗透到生活的方方面面，一个安全、稳定、繁荣的网络环境对国家的和平稳定乃至全球的和平稳定都具有深远的影响。网络安全是国家安全的基础，信息化是现代化的前提。如何有效管理互联网、充分利用互联网，已经成为各国不断加大投入、高度关注的重大课题和领域。网络安全与每个人都紧密相连，没有任何个人或国家可以置身事外。

当今世界正经历百年未有之大变局，我们要为世界贡献中国智慧、中国方案、中国力量。因为国家发展了，安全的领域也增加了：总体国家安全观从原来提出的 12 个领域，增加了深海、极地、太空、生物安全，现在是 16 个领域。

党的十八大以来，国家对安全问题是非常重视的，始终在加强国家安全战略谋划和顶层设计，国家安全得到了全面加强。党的十九届六中全会从 13 个方面总结了新时代中国特色社会主义的伟大成就，其中一个重要的方面就是维护国家安全。我们能不断取得成就和突破，是因为我们国家有制度的优势，是因为我们具备了捍卫国土安全、守护经济安全、保障生物安全的实力。航空母舰和东风导弹我们不一定用，但我们一定要有。有了安全，才能发展，有了发展，才更安全，安全是发展的前提，发展是安全的保障。

迈进新时代，我国已成为全球刑事犯罪率最低、命案发案率最低、枪爆案件最少的国家之一。官方统计数据与中国人民及在华外籍人士在居住、交通等日常生活中的安全体验相吻合——中国，被誉为世界上最安全的国家之一，"平安中国"正在成为一张耀眼的国家名片。

同学们，我们每天都为了不同的目的，或快或慢地走在路上，或者生活在校园里，也许大家已经习惯了每天这种理所应当的岁月静好，但是在世界的某些地方，这种美好可能已经成为一种奢望。其实哪里有什么岁月静好，只不过是因为有人替我们负重前行。我们安全幸福的背后，有太多人在默默地付出和奉献着，比如牺牲后没有墓碑的国安战士，他们战斗在没有硝烟的战场，用汗水、青春甚至是最宝贵的生命守卫着国家和人民的安全。虽然我们不知道他们的名字，也不清楚他们的样子，但是我们应当记住他们的付出和奉献。还有在冰天雪地里戍守边疆的战士、在国际舞台纵横捭阖的外交官、面对灾难奔跑驰援的逆行者、潜心钻研躬身力行的科技人员……他们的事迹和成就，国家不会忘记，人民不会忘记，历史不会忘记。

（二）班会主题引领

2018 年 6 月 12 日下午，习近平总书记登上刘公岛，来到甲午战争博物馆陈列馆，参观甲午战争史实展。习近平总书记语重心长地说，我一直想来这里看一看，受受教育。要警钟长鸣，铭记历史教训，13 亿多中国人要发愤图强，把我们的国家建设得更好更强大。

中国共产党诞生于近代中国内忧外患之时，民族生死存亡之际。在新民主主义革命时期，党团结带领广大人民群众，积极投身于争取民族独立和人民解放的艰苦斗争之中，对国家安全的重要性，有着刻骨铭心的认识，因而倍加珍视国家安全。新中国成立后，中国共产党一以贯之地把捍卫国家安全作为治国理政的头等大事和重要原则。

1. 什么是国家安全

国家安全是指国家政权、主权、统一和领土完整、人民福祉、经济社会可持续发展和国家其他重大利益相对处于没有危险和不受内外威胁的状态，以及保障维护和塑造持续安全状态的能力。

这里既强调了国家安全的"状态"，又强调了保持安全状态的"能力"。实现中华民族伟大复兴的中国梦，保证人民安居乐业，国家安全是头等大事。进入新时代，我国面临更为严峻的国家安全形势，传统和非传统安全威胁重叠交织，发展和安全利益面临重大挑战。

一方面，传统的国家、地区之间的军事冲突和战争带来的政治安全、国土安全和军事安全威胁并没有消除，在个别地区和领域还有加剧的趋势；另一方面，经济贫困、难民危机、恐怖主义、生态环境破坏、跨国犯罪等非传统安全领域问题逐渐成为全球普遍威胁，这些威胁及其风险外溢，直接或间接地危及我国国家主权、国家利益和人民福祉。

国际安全形势日趋复杂、严峻，不确定、不稳定、难预料因素增多的同时，我们也必须清醒地认识到，我国自身发展不平衡不充分问题仍然突出，推动高质量发展还有很多卡点和瓶颈，科技创新能力还有待进一步提高；确保粮食、能源、产业链供应链安全和防范金融风险还存在亟待解决的问题。从 2024 年的全球风险报告中我们能够看出，极端天气、网络安全、经济衰退、环境污染等安全问题已成为全球面临的重大风险挑战。

"总体国家安全观"是我们党历史上第一个被确立为国家安全工作指导思想的重大战略思想，是习近平新时代中国特色社会主义思想的重要组成部分，是当代中国对世界的重要思想和理论贡献，具有重大的时代意义、政治意义、理论意义和实践意义。

2. 为什么国家安全和我们每一个大学生都息息相关

近年来，无论是战乱引发的难民问题，还是核泄漏造成的环境污染……所有这一切都在告诉我们，没有国家安全，幸福生活、岁月静好都无从谈起。

当代大学生在日常生活中都离不开互联网，衣食住行都在使用互联网，咱们每个人的个人信息、电子设备也构成了整个互联网的基石。那么每个大学生的安全，也会决定着这个网络的安全。在国家安全面前，没有人是"局外人"或"旁观者"，我们以反间防谍为例，它从来就不只是电影中情报机关的精英过招，而是与我们每个人息息相关的悄悄渗透。境外网络攻击瞄准的不仅仅是国家的机密单位，还有网络科技公司和普通人的电子邮箱。在社交媒体上，还有来自敌对势力的偷偷潜入和煽风点火，可能你无意间发布的一张照片就会泄露国家秘密；可能你未经深思的一段话，就有可能成为别人断章取义、诋毁炒作的素材。这些关乎意识形态安全、关乎国家秘密的，都是国家安全。随着大学生的活动空间和交流领域不断扩展，如果缺乏必要的安全知识，就容易导致各种各样的问题。有这样一个咱们身边的经典案例，刚进入大学校门的小李在找兼职的时候，收到了一个来自陌生人的 QQ 好友邀请。这位"热心大哥"称，他叫陈辰（化名），来自浙江宁波，长期在海外生活。他所在的公司目前正对军民融合项目进行市场调研，期望小李能够提供一些军事刊物的照片，一旦任务完成，将会给予他丰厚的报酬。尽管小李对军事领域并不熟悉，但为了赚取这笔可观的酬劳，他利用闲暇时间特地前往学校图书馆，翻阅相关资料。起初，陈辰希望小李能够拍摄一本名为《航空及空军装备》的杂志，并承诺一旦照片到手，便立即支付 200 元，但小李翻遍校园图书馆也没找到。寒假期间，小李回到老家，最终在当地图书馆找到了 8 本军事杂志，用手机拍摄了 700 多张图片传递给对方，收到图片后，陈辰很快就将报酬支付给了小李。之后，对方又要求小李搜集一些关于我国海军成立 70 周年阅兵以及新中国成立 70 周年国庆阅兵的信息。后来，国家安全机关的工作人员找到了小李，原来这个所谓的"热心大哥"实际上是境外间谍，他实质上是在策反、利诱小李从事窃密活动。

3. 哪些行为可能会危害国家安全，但我们又容易忽视掉

危害国家安全的行为，离我们并不遥远，甚至很可能就在我们身边。比如，一些可疑人员未经批准到内部做调查，搜集政策、科技、经济等情况。又如，一些境外组织和人员出现在我们的军事保密单位周边，趁机盗取秘密情报和信息。再如，一些别有用心的组织或人员刻意借助一些偶发问题和热点事件，进行煽动炒作，甚至以造谣的方式去激化个别民众的不满情绪，诱导过激言行，这些都需要我们高度重视。

4. 作为新时代大学生，怎样维护国家安全，避免安全风险

我们必须意识到，国家安全与每个人都紧密相连，它并非一个模糊而遥远的理念，而是一个明确、具体的存在，且它已渗透到生活的方方面面。国家安全与我们的日常生活息息相关，它影响着每一个人，同时，每个人也都有能力为维护和塑造国家安全贡献自己的力量。

无论是在网络上旗帜鲜明地反对历史虚无主义，还是在学习实践中保护历史文化遗产，都是与我们密切相关的国家安全。我们要增强国家安全意识，坚持国家利益至上。

新时代大学生，要用习近平新时代中国特色社会主义思想武装头脑，不断激发强烈的爱国主义情怀，夯实增强国家安全意识和坚持国家利益至上的思想基础。我们要增强社会责任，形成维护国家安全合力。

第一，维护国家安全是全民的责任。青年人是一个民族最富有朝气、最有希望的力量，一个国家的国家安全意识和维护国家安全的能力，很大程度上要体现在新时代的青年身上，体现在新时代大学生对国家安全责任的认识和实践上。

第二，履行维护国家安全的法定义务。《中华人民共和国宪法》规定，中华人民共和国公民有维护祖国的安全、荣誉和利益的义务，不得有危害祖国的安全、荣誉和利益的行为。《中华人民共和国国家安全法》规定，任何个人和组织不得有危害国家安全的行为，不得向危害国家安全的个人或者组织提供任何资助或者协助。

第三，要积极参与国家安全教育。《中华人民共和国国家安全法》规定，每年 4 月15 日为全民国家安全教育日，大学生要认真学习总体国家安全观，增强自身的国家安全意识。要在维护涉及校园的国家安全工作中增强敏感性，从身边事做起，敢于斗争勇于斗争。广泛参与社会中的相关国家安全教育活动，积极传播普及总体国家安全观的理论知识，履行好党和国家赋予青年大学生的任务，努力推动全社会增强国家安全意识。

第四，要注意网络安全领域的防范。网上不要轻信陌生人，因为大则被坏人利用，小则容易上当受骗。不要随意点击网上的陌生文件，安装未知来源的软件，否则容易造成自己的手机、电脑、平板等设备被恶意软件控制，从而造成个人信息的泄露，甚至有可能导致工作文件内容的泄露。

第五，要做到日常生活的"六个不"。①照片不任意拍。在未经允许情况下，不要在军事基地、军用港口等地拍照，更不要在朋友圈分享部队训练、武器装备、军人军装相关的照片。②车队不随意插。驾车外出时，遇到军车车队驶过，不要穿插车队，更不要跟踪拍摄。③设备不随便用。不要在内网电脑上使用无线网卡、无线鼠标、无线键盘等无线设备以及外单位的存储介质。④行李不乱装。外出旅行时，不要带回国外的水果蔬菜、异国他乡的土壤，也不要带回动物标本……因为这些都有可能会对国家生态安全造成威胁。⑤信息不非法传。不参与传播非法出版物，不在网络上浏览、发布有损国家形象和利益的有害信息。⑥问卷不随便填。不随意帮助他人填写来路不明的调查问卷，提供我国政治、经济、文化、社会、环境、科技等方面的有关情况。

希望同学们能够牢固树立"总体国家安全观"，不能仅仅将安全意识停留在口头上、纸面上，更要在我们的心中真正树立起来，以实际行动维护和塑造国家安全。

（三）学生问题答疑

最后留一些时间给大家，进行问题解答，也可以利用这个时间，跟同学们多一点互动，加强交流，建立感情基础。以下是几个有关本次主题班会的提问，可供参考：

1. "全民国家安全教育日"的设立背景是什么？

2. 什么是"总体国家安全观"？

3. "总体国家安全观"有哪些重点领域？

4. 如何贯彻落实"总体国家安全观"？

5. 国家安全与我们息息相关。为了维护国家安全，作为普通公民和组织的我们应该怎么做？

6. 什么是国家安全？

7. 破坏国家安全的行为有哪些？

8. 什么是 12339？

9. 维护国家安全的义务有哪些？

10. 日常生活中应警惕哪些危害国家安全的活动？

七、班会小结

安而不忘危，存而不忘亡，治而不忘乱。放眼现实，和平与发展是当今世界的主题，追求和平、谋求发展、促进合作已经成为势不可挡的历史趋势。然而，无论时代如何演变、形势如何发展，在国家安全领域，所谓的绝对安全是不存在也不可能实现的。对于现代大学生来说，重要的是深刻理解和掌握总体国家安全观的核心内容和基本要求，自觉地成为国家安全的忠实崇尚者、自觉遵守者、坚定捍卫者。不仅要确保自己的所有言行都符合法律法规、有利于国家和人民，还要对一切破坏和损害国家安全的行为和现象给予明确无误的反对和坚决的抵制。如果每个人都能积极参与，我们就一定能构建起坚不可摧的国家安全防线。

八、案例分享

（一）重磅！《创新引领·国安砺剑》："十大反间谍案例"专题展播①

今天，国家安全部官方微信公众号推出 4·15 全民国家安全教育日重磅专题《创新引领·国安砺剑》上集，总结回顾总体国家安全观提出十年来，特别是党的二十大以来国家安全机关破获的十个重大间谍案件。通过这十大典型案例，起底境外间谍情报机关渗透、窃密、策反的各式卑劣手法，树牢人民群众的反间防谍意识，让间谍"无处遁形"。

案例一：反华活动的幕后"金主"——李亨利案

政治安全是国家安全的根本，必须把维护国家政治安全特别是政权安全、制度安全放在第一位。2019 年，国家安全机关破获了李亨利资助危害国家安全犯罪活动案。李亨利甘当"内奸"，一方面享受着国家红利，另一方面却不遗余力支持反华活动，尤其是充当反华活动幕后"金主"，从事反中乱港等危害国家安全的活动。本案也入选了平安中国建设第一批案例。

---

① 该案例来源于国家安全部微信公众号《重磅！〈创新引领·国安砺剑〉："十大反间谍案例"专题展播》一文，作者：佚名，发布时间：2024 年 4 月 15 日。

案例二：加国双谍——康明凯、迈克尔案

近年来，随着我国综合国力不断提升，境外个别国家高度关注，一些境外间谍情报机关人员潜入我国境内，想方设法打探情报、企图窃取我国家秘密。2018 年 12 月，国家安全机关侦破康明凯、迈克尔为境外刺探、非法提供国家秘密、情报案，严厉打击了境外间谍危害我国家安全的犯罪行为。

我党政军机关、军工企业、科研院所等核心岗位涉密人员及高校师生是境外间谍情报机关开展情报搜集、渗透窃密的重点目标。他们通过情感拉拢、诱蚀腐化、金钱收买、提供帮助等多种手段，千方百计拉拢策反我机关干部、科研人员、赴境外工作人员甚至是华人华侨，对我国家安全构成严重威胁。

案例三：落网的"功勋"间谍——梁某某案

案例四：可耻的叛国者——黄某案

案例五：迷途不返——侯某某案

案例六：虚伪的教授——郑某某案

案例七：温柔的陷阱——张某某案

案例八：无处可逃——王某、赵某某案

中华人民共和国公民有维护国家安全的义务，不得有危害国家安全的行为。2017 年，国家安全机关针对叛逃人员部署了专项打击行动，王某某、赵某某叛逃案就是其中的典型。叛逃罪是危害国家安全的罪名之一，这起案件也是 2012 年以来我国首起以"叛逃罪"定罪的危害国家安全案件。

案例九：为爱好筑起防火墙——个别军迷非法获取国家秘密案

国家安全机关工作发现，一些人员国家安全意识淡薄，被别有用心人士利用，有意或无意间泄露国家秘密，危害国家安全。

案例十：别有用心的"咨询"——国家安全机关对某公司开展公开执法

当前，信息科技迅猛发展，信息数据等已成为重要的战略资源。与此同时，一些背景复杂的境外机构，为规避我国法律法规和重点敏感行业监管，通过各种方式掩饰弱化其境外背景，借助国内咨询公司等行业，窃取我重点领域国家秘密和情报。

国家安全工作坚持一切为了人民、一切依靠人民。维护国家安全，不仅需要国家安全机关发挥专门机关作用，更需要广大人民群众广泛参与，打好维护国家安全的人民战争。

（二）重磅！《创新引领·国安砺剑》："十大公民举报案例"专题展播①（有改动）

今天，国家安全部官方微信公众号推出 4·15 全民国家安全教育日重磅专题《创新引领·国安砺剑》下集，再现总体国家安全观提出十年来，国安干警与人民群众携手捍卫国家安全的重要时刻。

---

① 该案例来源于国家安全部微信公众号《重磅！〈创新引领·国安砺剑〉》一文，作者：佚名，发布时间：2024 年 4 月 16 日。

广大人民群众牢固树立国家安全意识，心怀"国之大者"、心存国家大义、心系国家安全，以舍我其谁的勇毅果决举报"身边"间谍，无惧威胁恐吓；以明辨是非的"火眼金睛"发现识别间谍行为，阻断现实危害，他们的行为应当受到表彰，更应被广为传颂。

案例一：义不容情——陈某不惧威胁举报间谍行为获评见义勇为

案例二："兼职"诱惑——龚先生规劝 2 名朋友主动投案自首

军事安全既是国家安全体系的重要领域，也是国家其他安全的重要保障。随着我国军事实力的不断提升，境外间谍情报机关的疯狂窃密活动也在不断加剧，严重威胁我军事安全。但无论他们如何狡猾狡诈，都逃不过我国人民群众维护国家安全的敏锐感知。

案例三：可疑"游客"——马某举报可疑人员偷拍军事目标

案例四：海上"谍鱼"——江苏渔民老杨捕获海上窃密装置

近年来，越来越多人民群众及时通过各种方式，积极反映危害国家安全的可疑情况，为国家安全机关依法发现、防范、制止和惩治各类危害国家安全活动提供了有力支持。

案例五："咨询"陷阱——群众举报境外咨询机构搜集敏感信息

案例六：丛林"偷盗者"——杨某举报外籍人员深入某自然保护区盗采动物样本

案例七：种子"窃贼"——田某某举报境外某公司大肆搜集我粮食种质资源

案例八：街头"谍影"——张某举报街头遭遇攀拉

案例九：境外迷途——赵某主动报告境外被胁迫参谍

国家安全无小事。公民发现危害国家安全的可疑情况，应当主动向国家安全机关报告，但是万万不能把举报当成儿戏。

案例十：谎言的代价——恶意拨打 12339 电话被依法处理

国家安全一切为了人民、一切依靠人民，每个人都是国家安全的守护者。让我们携起手来，齐心协力、并肩战斗，共筑维护国家安全的钢铁长城！

第15次　大二下•5月
——学生干部责任重，甘于奉献显担当

一、主题班会名称

学生干部责任重，甘于奉献显担当

二、策划主办

辅导员

三、活动对象

学生干部或全体同学

四、活动形式

主题宣讲

五、活动目的

在高校中，学生管理很重要，尤其是对学生干部的管理更是核心。火车跑得快，全靠车头带，学生干部就如同班级的火车头，是学生中具有显著的组织和领导才能的个体。他们是学生群体的领导者和引导者，是班级有效管理的中坚力量，是同学们在学业、生活和工作中追随的标杆，在校园生活中扮演着极其重要的角色，同时也是辅导员的可靠帮手，是辅导员管理学生工作的最佳辅助力量。学生干部的表现直接影响到班级管理的成效。因此，对于辅导员来说，如何选拔、培养以及与学生干部进行有效沟通是确保学生管理工作顺利进行的关键因素。

六、主要内容

（一）基础内容介绍

1. 学生干部的选拔

辅导员在学生干部的选拔中，起着重要的作用，对学生干部的选拔应讲究"知人善任""唯才是用"的原则。

第一要看班级同学的经历和意愿。如果要求一条鱼去爬树，它一定会崩溃的，所

125

以向同学们宣布岗位职能之后，可以通过收报名表的方式，看相关经历和个人意愿是否人职匹配。此外，填表的过程也是必不可缺的仪式感，学生会有一个心理暗示——我愿意当学生干部，我会当好学生干部。

第二要看班级同学的性格特点。作为学生干部，首先要具备自信心、责任感、亲和力。这段时间，MBTI 性格测试在网络上非常火爆，很多同学都在积极探索自我性格和未来职业选择的关系。在班级工作中，个性特点也是辅导员选人很好的参考，比如，学生 A 个性内敛沉稳，适合做班级统计工作；学生 B 个性热情开朗，适合组织班级活动；学生 C 幽默风趣，适合帮助辅导员解决一些学生的小矛盾、小摩擦；学生 D 情商在线，适合做朋辈心理联络员……

第三要看班级同学的群众基础。想做好群众工作，群众基础是前提。我们可以多倾听同学们对参选同学的综合评价，首选责任心强、热心为同学服务的学生干部，再通过竞职、全体投票的方式产生。若辅导员和同学们能共同选出的一呼百应的领头雁，学生的自我管理、自我服务、自我监督和自我教育工作就前进了一大步。

第四要和班级同学明确选拔的注意事项。首先，在选拔学生干部时，应力求过程的透明性、公正性和公平性。其次，对学生干部的职责和权限必须界定清晰，防止责任推诿的情况发生。最后，要坚决避免选用那些只做表面文章、不实干的口头主义者，坚持"有为当有位，无为须让位"的选拔原则，持续选拔有潜力的新秀，以增强班级管理团队的力量。但同时也需注意，学生干部的更替不宜过于频繁，这不利于班级的稳定管理，特别是对于班长、团支书等关键职位。

2. 学生干部的培养

尽管通过严谨的选拔流程挑选出了优秀的学生干部，但这并不意味着他们就能立即完全胜任自己的岗位。作为辅导员，有责任和义务提升学生干部的整体素质，帮助他们迅速适应自己的职责。关于学生干部的培养，建议从以下五个方面着手：

（1）指导工作，传授方法。

学生干部在同学中享有一定的威望，能受到大家的尊重，所以教师可以将一些学生日常管理任务交给他们，以此培养他们的自我管理、自我服务、自我成长的能力。例如，学生会的日常任务安排、纪律维护、活动策划等工作可以由学生干部负责或主导，发挥他们在学生自我管理中的核心作用。老师的工作则主要放在了解情况、点拨和指导上，工作完全可由学生自己去开展。

（2）敢于放手，鼓励创新。

在许多情况下，仅凭辅导员一人的思考，可能无法做到面面俱到，观察到的问题也可能不够全面。此时，我们可以发挥学生干部的作用，让他们参与到策划和决策中来；同时，也可以对现有的规章制度进行一些改进，鼓励他们勤于思考、敢于行动、勇于管理。教师应当允许他们在工作中犯错误。在学生管理方面，教师应当知道何时该旁观，何时该介入，不必对所有事情都亲力亲为，不必担心一切事情非得自己亲手处理不可。

（3）公平公正，一视同仁。

首先，对于学生干部，尤其是那些能力强且表现突出的，更应实行严格的要求。学生非常敏感的一个问题就是教师是否能够做到公平公正。如果他们察觉到教师的"偏袒"，那么学生干部以及教师自身的威望都会受到影响。其次，教师对学生干部的严格应当建立在信任和尊重之上，始终注意保护他们在同学中的威望，即便是对犯错误的学生干部，也要热情地引导他们认识到错误并加以改正。最后，对学生干部的严格要求不应只是空泛的号召，而应结合每个人的实际情况，提出具体且明确的要求。

（4）了解自我，认识工作。

学生干部要清晰地认识到自己的能力，明确自己的长处和短处，以及是否适合目前的工作岗位。只有给自己一个准确的定位，才能清醒地认识自己、理解工作，并洞察周围的环境。这样，学生干部才能理清工作思路，以清醒的头脑投入到工作中。在进行批评教育时，要先让学生干部正确摆放自己的位置，给自己一个恰当的定位。同时，保持良好的心态也至关重要，学生干部的优越性可能超过其他学生，但正是这种优越性可能导致他们迷失方向。学生干部首先是学生，然后才是干部，他们不应沾染社会上的不良风气，更不能成为脱离学生群体、高高在上、只对老师负责而不对学生负责的"官僚"。

首先，学生干部需要提升自己的全面素质和能力，不仅包括组织协调能力，还要培养认真工作、乐于奉献的精神，并在工作过程中学会做事、学会做人、学会做干部。在学习和生活的各个方面，以及在学生管理中，学生干部应不断提升自己，为学校做出贡献。这样的学生干部才是学校、老师和同学们所喜爱和认可的品学兼优的干部。其次，要增强学生干部的使命感，有效激发他们的工作积极性，树立主人翁意识。不能让学生干部仅仅为了个人利益而服务学生，满足自己的虚荣心，甚至仅仅是为了综合测评的加分，这样的学生干部是为大家所不齿的。学生干部一旦成为班级大家庭的一员，就应始终以集体利益为重。那些不关心、不考虑、不维护同学们利益，只顾自己小算盘的学生干部，不能算作合格的学生干部。因此，学生干部应坚定地树立全心全意为同学服务的理念，不计较个人得失，正确处理个人利益和集体利益的关系，并具备奉献精神。

（5）团队协作，承压抗压。

团队精神和抗压能力是确保工作顺利进行的关键要素，因此，我们必须重视对学生干部这两种素质的培养。要高效且迅速地推进工作，就必须凝聚一切可团结的力量。只有当团队中的每个成员都履行自己的职责、发挥自己的能力，工作才能有效且高质量地进行。一旦工作的和谐氛围受损，就会影响整个团队的进展，而学生干部的价值只有在团队中才能得到体现。他们应具备协作意识，只有从整体出发，才能在竞争激烈的时代实现更多目标。

至于抗压能力，现在的招生单位越来越看重大学生的情商，情商涵盖广泛，其中处理情绪和承受压力的能力尤为重要。作为学生干部，应在日常工作中妥善处理自己的情绪，避免将负面情绪带入工作。众所周知，不良情绪会传染，影响周围的氛围，进而影响所有人的工作态度，对于学生干部来说，情绪管理不当的负面影响是极大的。

学生干部在工作和学习的过程中，遇到阻碍和挫折是不可避免的，毕竟不可能一切都那么顺利。学生干部应具备面对失败的勇气和重新站起来的魄力，工作中不怕犯错，怕的是犯了错却不能吸取教训及时改正。只有对自己有所要求，生活才会不断带来惊喜。想要有所成就，就必须有勇气面对压力。

（二）班会主题引领

学生干部是班级学院的骨干力量，是辅导员开展思想政治教育的重要帮手。辅导员除了要锻炼学生干部的任务处理能力、创新开拓能力、心理承受能力以及交流沟通能力，还要勤与学生干部沟通，以下列举几个常见的问题：

1. 辅导员只是将学生干部作为"打工人"，而非培养他们的能力

普遍来看，大学生们认为在校期间，一方面是在为将来的职业生涯积累和准备专业科学文化知识；另一方面，他们更希望通过班级活动和社会实践、集体讨论和个别交流，体验大学辅导员的博学多识，欣赏他们的独到见解和深刻分析，感受他们的严谨思维和耐心引导，从而获得学习、整合、创造知识的方法论指导，最终成长为具有个性的成功学习者和创业者。然而，现实情况是，学生们常常觉得部分辅导员只是将大量工作推卸给他们，辅导员自己却不过问，不管学生干部是否能完成任务，也不关心他们如何完成，只关注结果，完全不体谅学生的想法和遇到的困难。如果大学生的这些学习期望和成长需求得不到满足，就会形成主观愿望与客观现实之间的差距、理想与现实的矛盾。这将会阻碍良好师生关系的建立。

2. 选拔学生干部时不要太看重学习成绩，应该重视学生干部的学习态度

许多辅导员在选拔学生干部时，始终坚持一个原则：学习成绩必须优秀。实际上，学习上的佼佼者未必都适合担任学生干部，而学习成绩一般的学生中未必没有适合担任学生干部的人才。而且，学习成绩优异的学生，由于整日埋头于书籍和资料、沉浸在知识的海洋中、专注于兴趣爱好，往往无暇顾及班级事务，有时参与班级工作也是出于责任感或是对工作的敷衍。相反，那些学习成绩一般、在许多活动中被忽视的学生，一旦成为学生干部，他们会表现出极大的工作热情，竭尽全力提升工作成效。

3. 相信学生干部，敢于授权，让学生干部在实践中提升能力

许多辅导员在管理班级时，过于担心学生无法做好工作或出差错，影响班级成绩。然而，任何人一开始都不可能完美地完成所有任务，如果不给予他们机会，又怎能评价他们的表现呢？诸葛亮虽然才智过人，但他事必躬亲，不敢放手让将领根据实际情况做出决策，导致街亭失守、马谡被斩，最终导致无人敢自行其是。教育的成效是通过学生体现出来的，如果辅导员不重视培养学生的实践能力，是无法带出一个优秀的班级的。因此，大胆放手让学生干部去锻炼，让助理辅导员实践自己的工作思路，对辅导员、学生和助手都有益处，何乐而不为？

4. 加强对学生干部的指导和引导

无论是尖子生还是普通学生担任班干部，他们在书本上都是学不到如何担任班干

部的，班级也没有现成的路径可以遵循。辅导员既不能像操纵算盘珠子一样随意指挥他们，也不能完全放手，任由他们自由发挥，应该在亲自考察和广泛征求意见的基础上，定期或不定期地对他们进行工作指导，让他们不仅知道要做什么，还懂得如何去做，培养他们"团结、教育、服务"的工作作风，从而增强他们的战斗力和号召力。因此，我们应该及时与学生干部分享自己的想法和经验，也许你的想法更成熟、全面，而他们的思路可能更先进、创新。通过交流，可以形成切实可行的方案，极大地提高工作效率。

5. 学生干部不被班级同学理解，来找辅导员诉苦

在日常班级管理中，学生干部诉苦可以归结为以下五点：

（1）任务重了。

老师布置的工作任务过重，短时间内完成不了，工作压力太大，甚至影响到了学生的学业。这时候辅导员应该加强工作方法指导，提高工作效率，使他们的工作能够事半功倍，并且辅导员也要更加合理地分配任务，一定要考虑到他们学习生活的时间，不能把工作排得满满当当的。

（2）没思路了。

学生接到一件新任务，毫无头绪，不知道该怎么去推动工作。例如学院开展迎新工作，学生干部本身就是新生，自己都没有迎过新，这可怎么办呢？首先，辅导员需要向学生干部介绍往年的迎新流程，确保他们做到心中有数；其次，安排前任学生干部或者是学生会主席进行"学长学姐传帮带"，使学生干部的成长有一个"助推器"。

（3）受委屈了。

付出了很大的心血，但精心策划的活动并没有达到自己的预期。学生干部工作中经常会出现"十分耕耘，一分收获"的现象，这时候，学生就会产生自我否定、自我怀疑，是不是自己的能力不够呢？是不是自己哪一方面没有做好呢？这个时候，辅导员一定要引导学生分析原因，进行复盘，为什么都这么用心了，还是没有人参加？是活动不对同学们的口味？还是活动环节不够有趣呢？可以发放问卷进行进一步调研，找出问题进行总结，确保下一次活动能够有所进步。

（4）闹矛盾了。

学生干部的工作很难做到让全体同学都满意，工作过程中难免会和其他同学产生冲突。辅导员在这个时候就要发挥好中间人的作用，让同学们能够理解学生干部并支持他们的工作。此外，还要经常引导学生干部自查自省，从而更好地提升自己，为同学服务。

（5）当"逃兵"了。

一个具备人格吸引力的现代人，定是那些勇于面对现实、敢于挑战问题的负责任者。他们更应展现青年特有的气质与胆识，体现奋斗的意志和冒险的胆量。对于那些大众认为难以实现的目标，他们应努力去达成；对于那些大众认为难以做好的事情，他们应努力做到最好。唯有如此，才能使他人认识到自己的能力和价值，赢得同学们

的认可和尊重。班干部必须强化自己的责任心，敢于负责、勇于负责。

（三）学生问题答疑

最后留一些时间给大家，进行问题解答，也可以利用这个时间，跟同学们多一点互动，加强交流，建立感情基础。以下是几个有关本次主题班会的提问，可供参考：

1. 你认为一个优秀的学生干部应该具备哪些品质和能力？
2. 你在过去的任职经验中，如何展现自己的领导才能？
3. 你是如何与同学们建立良好的沟通和合作关系的？
4. 你在组织班级活动时，是如何分工和协作的？
5. 你在遇到班级问题或困难时，是如何处理和解决的？
6. 你如何管理自己的时间，保证学业和班级工作的平衡？
7. 你有什么想为班级做的具体计划或改进方案？
8. 你在推动班级凝聚力和团队合作方面有什么想法和方法？
9. 你认为作为学生干部，最重要的责任是什么？
10. 你如何处理与老师和班级同学之间的关系，以促进班级的发展和进步？

七、班会小结

要想把一个班级管理好，确实不是一件容易的事，技术过硬的高素质学生干部队伍对于高校的学生管理工作顺畅进行至关重要。因此，辅导员除了及时地组建一个行之有效的班级干部集体外，在对学生干部的培养过程中，还要肯下功夫、下对功夫。此外，一个班级学风、班风形成的好坏与班级干部的作风好坏息息相关，只要班级干部以身作则，树立起榜样，带好头，就一定能创造一个具有良好的学风和班风的优秀班集体。学生干部自身也一定要在积极配合学校相关培养工作的基础上，努力地自我培养、自我成才，提高综合素质，最大限度地发挥自己的才能。

八、案例分享

新时代高校"双带头"学生干部应具备的六种能力①（有删减）

学生干部是高校学生的代表，他们既是新时代的追梦人，也是新时代的圆梦人。学生干部是助力高校完成立德树人根本任务的重要依靠力量。学生干部既要在政治上带头，又要在学业上带头。为此，需要通过提升个人能力以适应新时代新要求。当前亟须提高高校"双带头"学生干部的政治鉴别能力、思想引领能力、学业示范能力、自我反省能力、主动学习能力和管理协调能力。

一、政治鉴别能力

高校"双带头"学生干部的政治鉴别能力是指高校学生干部坚持党的领导，具有

---

① 张丹. 新时代高校"双带头"学生干部应具备的六种能力 [J]. 高校辅导员，2023 (3)：71-75.

正确政治判断力、政治领悟力、政治执行力等方面的能力。

一是政治判断力。高校学生干部敏锐的政治判断力是其工作的首要前提和根本保证，关乎政治定力、政治站位和政治方向的把握，也是紧扣"双带头"学生干部建设的要义所在。

二是政治领悟力。高校学生干部的政治领悟力从来都不是抽象的，而是具体的、实际的。学校党委决策和部署的落地落实，离不开学生干部对决策意图的把握和指示精神的贯彻。

三是政治执行力。新时代中国青年要听党话、跟党走，具备强有力的政治执行力。新时代的高校学生组织不是单纯的行为执行者和兴趣爱好者集合体，而是符合时代发展要求的价值选择集合体和责任担当者。

二、思想引领能力

高校"双带头"学生干部的思想引领能力是指高校学生干部应具有较高的思想道德水平，在政治引领、价值引领和道德引领上具备的能力。

一是政治引领能力。政治引领是"双带头"学生干部开展活动的重要任务，能够彰显青年本色、青年亮色、青年底色和青年特色，是青年人正确认识世界和中国发展大势、正确认识中国特色和国际比较、正确认识时代责任和历史使命、正确认识远大抱负和脚踏实地的基础。

二是价值引领能力。新时代立德树人根本任务的完成要求凝聚发展共识，汇聚最大公约数，坚持价值引领，并从知识传授的广度和价值引领的深度评判引领的效果。

三是道德引领能力。建设具备道德引领能力的学生干部队伍是高校"双带头"学生干部队伍建设的现实诉求，可以增强高校学生自我管理的组织力量，进一步提升大学生思想政治教育观念，实现学生干部道德素质过硬和学生团体共同发展的同频共振效应。

三、学业示范能力

高校"双带头"学生干部的学业示范能力是指高校学生干部提升学业水平、进行学业帮扶、建设良好学风的能力。

一是学业提升能力。抓实高校"双带头"学生干部建设的本真要义首先在于提高学生干部自身的学习能力和成效。学生干部的角色定位本质上仍是学生。学生干部工作期间出现成绩下滑，辅导员要重视与其班级任课教师进行沟通，及时予以提醒和纠正，加以教育和引导，弄清楚是学习态度还是学习能力的问题，帮助其制订学习计划。

二是学业帮扶能力。高等学校学生干部和普通同学一样是同窗学习知识的平等个体。高校"双带头"学生干部应该在学业优良、学有余力，无课业不及格，且综合成绩排名在本专业靠前的学生中培育和选拔，才能为培育良好学风起到模范带头作用。

三是学风建设能力。学生干部是高校校园文化的建设者和营造者，是优良学风营造的践行者。作为学风最直观的感受者，学生干部在学风建设上应大有作为。

四、自我反省能力

高校"双带头"学生干部的自我反省能力是指学生干部通过在思想、学业和工作中自我反省，不断改进自我、提升自我的能力。

一是思想反省能力。学生干部在朋辈中具有较高的影响力和号召力，要在思想反省中不断领航。

二是学业反省能力。作为学生，学习是天职；作为学生干部，优异的学习成绩让学生干部自信，更具示范效应和榜样效能，在学习反省中启航。

三是工作反省能力。辅导员要把学生干部作为一支重要的依靠力量，压担子、出题目、教方法，合理分配每个学生干部相应工作任务，增强其工作自觉意识，让学生干部因为锻炼获得成就感。

五、主动学习能力

高校"双带头"学生干部的主动学习能力是指学生干部自主深化政治理论学习，持续夯实实践学习，不断充实新媒体新技术学习的现代化学习能力。

一是自主深化政治理论学习能力。理论学习和积累能够让学生干部增加自身积淀和魅力，在有限的学生工作中少走弯路。理论学习要贯穿全过程，学出新成效。

二是持续夯实实践学习能力。学生干部要保持发展进步的不竭动力需要不断夯实实践学习能力。

三是不断充实新媒体新技术学习能力。高校"双带头"学生干部的培养，既要借助传统媒体久久为功，也要创新方式方法润物无声，注重利用新媒体新技术、采用大数据分析方法提升工作针对性。

六、管理协调能力

高校"双带头"学生干部的管理协调能力是指学生干部加强学生工作事务管理，强化团队协作，提升服务师生的能力。

一是事务管理能力。学生干部事务管理能力是发挥学生自治效能的破题之为，是学生工作效能和群团改革成效的检验石。

二是团队协作能力。建立组织间协作，可以强化团队精神，充实组织间活力。

三是服务师生能力。学生干部是学校和同学之间的桥梁，不仅承担着上传下达和下情上达的职责，还承担着日常联系、代表、服务同学和维护同学权益的任务。

第 16 次　大二下·6 月
——不奢不侈以修身，克勤克俭以养德

一、主题班会名称

不奢不侈以修身，克勤克俭以养德

二、策划主办

辅导员、班级干部

三、活动对象

全体同学

四、活动形式

主题宣讲、集体讨论

五、活动目的

通过这么多年的带班经验，我发现，大学生群体受家庭条件的限制，往往有不同的消费观念。有的大学生属于家庭娇生惯养，习惯于"饭来张口、衣来伸手"，在学校不顾家庭实际，不愿过艰苦的校园生活，出现盲目跟风、肆意攀比、挥霍无度的情况。有的大学生则属于超前消费，甚至无节制地消费，他们的消费欲望极度膨胀，负债累累，为了满足私欲和还款，胆大妄为，甚至违法乱纪。大学生这种超前消费、过度消费甚至负债消费观念必须予以纠正。这就需要辅导员正确引导，进一步加强消费观念的教育，帮助学生端正消费观念，自觉抵制不良诱惑，追求积极、健康、向上、适度的消费习惯，特别是对于那些家庭经济相对困难的大学生来说，坚持艰苦朴素的生活习惯，厉行节约、合理消费、奋发向上，就显得尤为关键。

希望通过这次主题班会，帮助大学生走出消费的误区，引导大学生树立正确的消费观，提高大学生合理消费的能力，并初步树立理财的意识，在实际生活中掌握管理财富的技能。

六、主要内容

（一）基础内容介绍

大学生消费不合理状况存在已久，在脱离了父母的大学生活中，大多数大学生的衣食住行都极其依赖父母给予的生活费，除此之外，娱乐、人情往来等方面也占据了支出的很大一部分。在大众媒体日益发达的现代社会，消费者易受心理暗示的特点常常会被利用，大学生对时尚敏感、渴望被接纳的特点和心理使得这一群体更可能落入消费陷阱、丧失应有的判断力。由于大学生缺乏系统的理财知识和经验，在面对各种理财选择时往往感到迷茫和困惑，容易出现盲目消费、过度借贷等问题。因此，强化大学生理性消费的教育刻不容缓。

在现实生活中，人们的消费心理主要有从众心理、求实心理、攀比心理和求异心理（见表 16-1）。

表 16-1　理解和评价四种消费心理

消费心理的表现	从众心理	求实心理	攀比心理	求异心理
特点	仿效性 盲目性 重复性	立足实际 讲究实用 追求实惠	炫耀性 盲目性 嫉妒性	与众不同 标新立异 追求个性
有利	健康合理的从众心理可带动某一产业的发展	有利的、理性的，对个人社会都有利	—	能展示个性，也可推动新工艺和新产品的出现
有弊	不健康、不合理的从众心理对个人的生活不利	—	不实用、不健康，且对个人和社会生活不利	代价大且社会接纳度相对较低
态度	具体问题具体分析，盲目从众不可取	值得提倡，大力发扬	不值得提倡，应该杜绝	具体问题具体分析，过分标新立异不可取

根据艾媒咨询的《2024 中国大学生消费行为调查研究报告》，中国大学生的消费和理财现状有几个显著特点：

1. 消费行为和观念

中国在校大学生数量逐年增长。数据显示，中国在校大学生数量呈增长趋势，2023 年中国高等教育在学总规模达到 4 763 万人。41.1% 的大学生月均收入在 1 501—2 000 元，34.3% 的大学生月均收入在 1 000—1 500 元，预计 2024 年中国在校大学生的年度消费规模约为 8 500 亿元，消费潜力大。

数据显示，近五成受访大学生购物时主要考虑质量。在促销活动中，打折、满减或赠券等能够直接降低购物成本的促销活动更能吸引大学生群体。艾媒咨询分析师认为，中国大学生更加追求长期消费，高质量且设计感强的商品能够带来长期的使用价值和更好的使用体验。

数据显示，超七成的大学生赞成超前消费。在有超前消费行为的大学生中，近四成的大学生超前消费金额在 501—1 000 元。艾媒咨询分析师认为，大学生超前消费的行为日益普遍和流行。超前消费虽然可以在一定程度上缓解当前的资金压力，但也容易陷入消费陷阱，因而大学生群体应当树立正确消费观，避免因攀比、从众等情感动机带来的超前消费。

2. 消费产品偏好

在兴趣爱好消费中，男女生消费习惯差别不大。在饮食及日用品、服饰、学习类消费中，女生群体的消费率要高于男生；在社交娱乐类、数码产品类及保健品消费中，男生消费率要高于女生。在化妆品消费中，男女生消费差异很大，女生消费率几乎是男生的两倍。艾媒咨询分析师认为，性别差异较大的化妆品类应更加注重性别细分。53.7% 的大学生平均每个月在饮食及日用品上的消费支出为 500—800 元，801—1 000 元的占比为 25.7%，而在 1 000 元以上的占比仅为 6.1%。21.6% 的大学生每学期在社交娱乐类上的消费金额在 1 000 元以内，51.4% 的大学生消费金额在 1 000—2 000 元。看电影（46.0%）、聚餐（44.3%）是大学生群体中最常见的社交娱乐方式。

此外，数据还显示，父母给的生活费仍然是多数大学生的收入来源，占比 55.8%；其次是兼职或实习及奖学金，分别占比 37.4% 和 30.3%。艾媒咨询分析师认为，大学生群体在经济上并未完全独立，他们在消费时普遍会面临预算限制。对于高额或长期的非必需品消费，他们往往会持较为谨慎的态度。

（二）班会主题引领

现实生活中经常可以看到这样的例子：

一位大学生每个月生活费在 900 元左右，每到月末就负债累累，自己也懊恼地抱怨每次逛街都管不住自己：有时候在商家打折宣传的诱惑下大量购物，甚至购买了许多价格不菲却并不实用的东西，结果直接影响到自己生活费用的支出。尤其是对于很多男同学而言，由于其性格上的"大方"和"不拘小节"，出现"财政赤字"的情况会比较多。这些现象的存在，反映了大学生消费结构不合理，缺乏消费理性的现实状况。

大学生在消费与理财方面存在的主要问题包括：

1. 消费观念问题

部分大学生可能存在盲目消费、攀比消费、奢侈消费等问题，这些不健康的消费观念可能导致不合理消费行为，增加经济负担。错误的消费观念可能会影响他们的理财决策，例如，追求即时满足和奢侈品消费会减少可用于理财的资金。充满个性的大学生们对新事物有较高的接受度，更注重消费产品的文化表达和精神价值，他们也是智能化、高端化消费产品的主要消费群体。

2. 网络消费诱惑

网络购物、直播带货等新型消费模式对大学生具有很大吸引力，通过网络不仅仅是购物，也是一种娱乐消遣的方式。一些直播带货活动融入了娱乐元素，如明星嘉宾、才艺表演等，为消费者提供了情绪上的满足。此外，直播带货的实时互动功能，如弹幕评论、即时问答，也增加了购物的趣味性和社交性；个别大学生还会因为对主播的支持和喜爱而进行购买。在这种情况下，作为主播粉丝的大学生，其购买行为更多地受到了对主播的情感认同的影响，而不仅仅是商品本身的吸引力，容易引发冲动消费。

3. 理财知识不足

许多大学生缺乏基本的金融和理财知识，理财经验相对有限，他们对理财信息不敏感，能够将理论知识或咨询转化为理财行动的同学更少，这就限制了他们在理财方面的判断和选择能力。由于理财知识和理财经验不足，大学生往往难以正确评估理财产品的风险，并且对风险的承受能力相对较低。

4. 资金来源单一

大多数大学生的经济来源主要依赖父母，这使得他们的理财资金有限，选择范围受限。除基本生活消费外，绝大部分资金去向以及超支部分是娱乐与商品消费，大多数大学生无剩余钱财用于理财或投资。

5. 缺乏长期理财规划

很多大学生缺乏明确的长期理财规划，更多的是短期或即兴的理财行为，这可能导致不合理的消费和投资决策。绝大部分大学生对于所持生活费没有具体计划和目的，同时还不记账；有一部分大学生有消费记账的习惯，但能保持长期有记账习惯的年轻人少之又少。

那么，大学生该如何进行合理消费和理财呢？

消费和理财绝不是简单的经济行为，它在一定程度上体现着个体的价值观和人生价值追求。盲目消费、过度消费等不合理的消费行为，不懂理财、胡乱理财在大学生中并不鲜见。那么，怎样摆脱这些不合理的消费？什么样的消费才是合理、积极的？如何进行合理的理财？如何提高开源的能力呢？

1. 合理消费的基本原则

（1）健康消费。

消费行为与健康密切相关，这是显而易见的，所以合理消费的第一条原则便是要有利于身心健康。其中，身体健康又是最基本的，如饮食上切忌不卫生、贪便宜，使用化妆品也要注意是否具有国家认证资质等。同时，消费与心理健康也密不可分。对那些有益于我们心理发展、有益于我们未来成长的消费，可合理选择，但对我们身心无益的消费则该摒弃。

（2）文明消费。

文明消费倡导的是一种积极向上的消费理念，抵制那些不健康或有害的精神文化消费；推崇绿色环保的消费方式，反对任何对生态环境造成损害的消费行为；强调消费应具有智力性和发展性，反对单一的娱乐性和享乐性消费；提升消费结构中的文化和教育价值，以实现消费的最大效益。

（3）诚信消费。

所谓的诚信，是指大学生应当根据自家的经济状况，与自己的经济支持者（特别是家长）进行真实且有效的沟通。对家人保持诚信，也是自我负责的表现。无节制的消费不仅会浪费家庭资源，还会损害与家人的信任关系和合作基础，这对家庭其他成员是不公平的，也可以被视为一种欺骗行为。建立在诚信而非欲望之上的消费，可以帮助大学生避免盲目消费和攀比消费。

（4）节约消费。

勤俭节约是中华民族的传统美德。所谓的"俭"，是指在消费时注重节约、适度消费，反对无节制的浪费。提倡节约消费，并非要抑制人的基本消费需求，也不是建议该消费时不消费，因为这会限制人的基本生活乐趣，不利于个人成长，也可能对社会经济发展产生不利影响。提倡节约消费，是鼓励人们培养健康的生活情趣，将节约视为人生美德，自觉抵制享乐主义和拜金主义的腐蚀，使消费行为与经济能力相匹配，从而真正树立勤俭节约为荣、奢侈浪费为耻的价值观。

（5）合理消费。

现代社会为人们提供了丰富的生存资源，这些资源为消费选择提供了广阔的空间和极大的自由，使得生存需求的满足在一定程度上取决于个人的主观意愿。对于尚未完全具备经济能力的大学生来说，在这种情况下有必要约束自己不合理的消费欲望，将消费控制在合理范围内，进行适度且理性的消费。

2. 合理消费的技巧和方法

要做到合理消费，说难也难，说容易也容易，最重要的取决于是否有决心和毅力并最终形成习惯。这里简要介绍几种简便易行、具有可操作性的小窍门，作为抛砖引玉，以帮助大学生形成良好的消费习惯。

（1）学会记账和设置预算。

这是管理消费的有效手段之一。实际上，记账并非复杂之事，只需保留所有收支凭证，制作一个简单的 T 型账本，定期进行整理，就能清晰地了解自己的财务状况，分辨出哪些开销是不必要的、哪些是可以节制的、哪些是可选的消费，从而有针对性地调整，对未来的支出进行必要的修正，以实现控制消费的目的。大学生们应当为自己制定一份月度现金流量表，检视每月的支出与收入是否平衡。支出部分主要包括餐费、通信费、交通费、服饰等费用；而收入部分则主要涵盖父母的经济支持、兼职所得等。

（2）养成计划性购物的习惯。

建议大家在购物之前先列出购物清单，把不必要的物品除去，以便节省开支，这样也可以避免盲目消费、冲动消费。

（3）遵守一定的生活消费原则。

在学生时期，饮食应注重营养均衡，着装应追求耐穿且美观，住宿应简单而实用，出行则应经济便捷。例如，有些大学生可能对食堂的餐饮不感兴趣，更倾向于光顾小餐馆或外卖。如果这种消费在个人经济能力范围内，倒也无可非议。但考虑到许多学校周边都有众多风格各异的小餐馆，不妨进行比较选择，找出那些卫生条件较好且价格合理的餐馆，这样既能确保饮食质量，又不会增加经济负担。

3. 合理理财的基本原则

合理理财的基本原则包括风险与收益相匹配、分散投资、长期持有，避免盲目跟风和短期投机。大学生需要根据自身的风险承受能力和投资目标，选择适合自己的投资产品。有能力的大学生可以将资金投入不同的投资品种，包括股票、基金、债券、期货等，避免将所有的资金集中于某一种投资品种。好的理财观念往往需要大学生们具备足够的耐心和长远眼光，而不是盲目跟风或者进行短期投机。

4. 如何提高开源的能力

合理消费和理财只是大学生经济生活中节流的重要方面，随着现代社会机遇的增多，勤工助学、课外兼职等不仅是大学生初探社会、认识社会的一种积极方式，也成为大学生开源、获得一定经济收入的重要机会。有关调查显示，大学生所选择的打工种类分别是：22%的大学生选择服务行业；12%的大学生选择家教；32%的大学生选择市场调研员；13%的大学生选择推销员；12%的大学生选择做导游；9%的大学生选择做校园代理。不论何种兼职，相信每个学生都能够从中得到收获，使自己得到锻炼。

需要特别注意的是，勤工助学、课外兼职时一定要谨防骗局。大学生思想相对单纯，对社会认识不深，给少数不法分子可乘之机。寻找勤工助学、兼职机会的时候，一定要对中介机构进行详细了解，签订合同时要注意维护自身的合法权益，并且兼职不能影响正常的学习。

（三）学生问题答疑

最后留一些时间给大家，进行问题解答，也可以利用这个时间，跟同学们多一点互动，加强交流，建立感情基础。以下是几个有关本次主题班会的提问，可供参考：

1. 你认为大学生的消费观有哪些特点和变化？

2. 大学生在消费选择上更注重哪些因素？是价格、品牌、质量还是其他因素？

3. 你如何平衡自己的收入和消费需求？

4. 你对于消费的目标和理念有哪些？例如，你更倾向于满足即时的需求还是注重长远的理财规划？

5. 大学生在购买决策中是否考虑到环境和社会责任？比如是否倾向于购买可持续发展的产品或支持社会公益活动？

6. 你是否有一些消费习惯或原则？比如在购物前进行比较、控制消费欲望等。

7. 大学生在消费时是否受到同龄人或社交媒体的影响？是否会因为别人的消费行为而产生跟随或攀比的想法？

8. 你如何管理个人财务和预算？是否有一些理财规划或储蓄计划？

9. 你对于未来的消费观有哪些规划或目标？

10. 你是否觉得目前的消费观存在一些问题或挑战？你认为大学生应该如何提高自

身的消费观念和能力？

七、班会小结

勤俭节约、勤俭持家历来是中华民族的传统美德。作为一种值得弘扬的精神，它永远不会过时，在任何时代都值得坚守。希望通过本次主题班会，能让同学们做一个理性的消费者，对自己负责，也对家庭和社会负责。当父母将生活费打过来时，学生应该提前做好规划，分清哪些是必需花销，哪些是可买可不买的；大学生要有攒钱的习惯，哪怕攒得很少，也要知道"积少成多"的道理。另外，可以通过努力学习，利用空闲时间勤工俭学，做一些有意义的兼职等方式，丰富自己的"小金库"。此外，还可以合理地进行一定的低风险理财，初步树立理财的意识。相信大学生们都能够树立正确的消费观，养成健康的生活习惯，使他们能更加重视脚踏实地奋斗的重要性，激励着他们在未来的大学生涯中不断努力前行，书写别样的青春篇章。

八、案例分享

网贷、透支、分期付款——大学生为何要"超前消费"？①

日前，教育部办公厅下发通知，要求各地各高校引导学生树立金融理财和金融安全观念，及时纠正学生超前消费、过度消费和从众消费等错误观念，引导学生培养勤俭节约意识。

大学生们的"超前消费"如何呈现？到底是什么在影响他们的消费观念？名目繁多的"校园贷"为何成了"校园害"？

阔绰的生活如毒品，一开始就停不下来

如今，曹峰（化名）的衣柜里添了很多新衣服，那些动辄上千元的服饰鞋帽，若是在一年前，他是不会买的。

曹峰是一名在校大学生，进入大学的第二年后，喜欢交际的他饭局也逐步多起来，三天一趟 KTV，五天一桌下酒菜，这样的生活，对曹峰来说已是家常便饭。

尚未踏足社会的他，每月赖以生存的资金，也不过是父母补贴的 1 000 元生活费，平日的交际和吃穿消费让曹峰每个月都处在"透支"的状态。

"读到大二，班级聚会、学生会聚餐越来越多，想多交朋友当然要多和大家吃饭。"而变得注重衣着打扮，曹峰说，寝室里大家都穿名牌，自己不穿感觉会"掉价"。

尽管时常收支不平，但曹峰仍没有停下"挥金如土"的脚步。

曹峰的故事在当前的大学校园里并不少见。中国青年报一项覆盖 2 000 名大学生的调查显示，77.8%的受访大学生认为身边的超前消费现象很普遍。"月光族"已在校园中弥漫开来。

---

① 该案例来源于中国新闻网《网贷、透支、分期付款 大学生为何要"超前消费"？》一文，作者：杨雨奇，发布时间：2018 年 9 月 8 日。

低门槛校园贷：借了 2 万，还了 6 万

面对陡增的日常开销，曹峰并没有选择放弃当下的"透支"状态，而是把眼光转移到了借贷平台之上。

2017 年 4 月的一天，曹峰在电脑上看到一则贷款广告。那是某网贷平台广告，大概写着 10 分钟轻松贷款，低利息之类的标语。也正是这条广告，曹峰开始接触网贷。

记者在网页搜索该网贷 App，发现简介的确写着"借款额度 1 万—10 万、放款时间快至 10 分钟。凭信用卡账单，10 分钟轻松贷 10 万。"

正如广告宣传的低门槛，曹峰借款的过程十分快捷。登记身份证，填写个人及亲属联系方式和家庭住址信息，不到半小时，1 000 元就到手了。按照协商，这 1 000 元借贷期为半年，最后连本带息只用还款 1 400 元。

过程如此简单？记者在与某网贷平台沟通后获得了类似回答。记者表示，自己想在该机构借款 5 000 元，半年还清。

该平台人表示，只需查看花呗信用分及芝麻信用分即可，并称到期连本带息还款，只需 5 100 元。平摊下来，每天的利息只有几毛钱。

事实真的如此吗？据曹峰回忆，自己去年前后总共借贷的资金不超过 2 万元，但还出去的钱总共超过了 6 万元。

他回忆起自己曾被暴力催收的经历。去年，他向某平台借了 1 000 元，逾期催款时，对方告诉他连本带息要归还 5 000 元。第二天，催款人上门，表示除了 5 000 元的还款外，还得再支付其 2 000 元的跑腿费。

就这样，1 000 元的本金，还了 7 000 元。

为了能及时还上借贷资金，曹峰不得不"拆了东墙补西墙"。他同时在多个平台进行借贷，用以周转还款资金，就这样，"雪球"越滚越大。

"花呗式青年"：这个月潇洒，下个月紧巴

与曹峰相比，何锐的情况好了很多，他没有接触网贷，而是置身在花呗、借呗和分期付款的环境当中。

从去年 2 月起，何锐就开通了花呗。他告诉记者："我的支付宝页面，上面写着可用额度 1 500 块，再看下面的商品，还有各种分期免息和分期租赁业务。"何锐觉得，免息值得一试。

就这样，何锐开启了借贷人生。到现在为止，他的手机上还保留着花呗、借呗等 App，而他的花呗额度，也从刚开始的 1 500 元增长到了现在的 9 000 元。

通过各类借款平台，何锐买回家的高价品越来越多。"只要想到能分期付，我就觉得自己不奢侈。"何锐说。

然而，好景不长。接踵而至的还款日把何锐的优越生活打回原形。"我先用花呗还借呗，再用百度有钱还花呗，周而复始。"何锐说。

"过去我觉得这样的消费方式很好，能为我提供更宽裕的流动资金。但久了就会发

现，其实手头的资金并没有变得充裕，这个月好过了，就意味着下个月要紧巴。"何锐解释。

实际上，类似的信用贷现象已在年轻人群体中形成趋势。据蚂蚁花呗发布的《2017年轻人消费生活报告》，在中国近1.7亿"90后"群体中，开通花呗的人数超过4 500万。即平均每4个"90后"就有1个使用花呗；而在购买手机时，76%的年轻用户会选择分期付款。

针对这一情况，中国财政科学研究院应用经济学博士后盘和林分析，所谓分期付款划算是一个伪概念。羊毛出在羊身上，商家不是活雷锋，即便是低利率或者无息的分期付款，在产品实际价格中，也已经包含了这部分定价。

过度超前消费＝透支未来

花呗、借呗、校园贷等消费方式刺激着年轻人不断买买买。

在9月6日举行的教育部新闻发布会上，全国学生资助管理中心主任田祖荫提到，在开展学生资助工作过程中，发现有些大学生过于热衷消费，"开学季"成了"烧钱季"。

"无论是国家资助、社会捐助还是父母给的'血汗钱'，都是来之不易的，花这些钱都要知道心疼。"田祖荫说，广大学生应当树立理性消费观念，不盲目攀比，不贪图享乐，不追求奢侈消费，"量入为出"地安排好自己的生活支出，做到勤俭节约、理性消费、科学消费。

谈到"校园贷"，全国学生资助管理中心副主任马建斌表示，这两年媒体报道的，由于"校园贷"引发的恶性事件，没有一例是因为在校交不起学费、没有生活费去贷款的，更多是因为盲目的超前消费。

如何才能让校园远离各种不必要贷款，杜绝奢侈享乐之风？

日前，教育部办公厅下发通知，要求各地各高校集中开展校园不良网贷风险警示教育工作，开设金融安全相关课程，引导学生树立金融理财观念和金融安全观念。

教育部要求，高校及时纠正学生超前消费、过度消费和从众消费等错误观念，引导学生培养勤俭节约意识。

在盘和林看来，过度超前消费等于透支未来。只有理性的超前消费才是社会合意的消费。"我们需要对消费预期进行引导，对引发杠杆率、诱发犯罪的消费贷，必须以经济（信贷政策）和法律手段加以规制。"

第三部分　大学三年级

第 17 次 大三上 • 9 月
——班级和睦齐奋进，同窗互助一家亲

一、主题班会名称

班级和睦齐奋进，同窗互助一家亲

二、策划主办

辅导员

三、活动对象

全体同学

四、活动形式

主题宣讲、集体讨论

五、活动目的

班集体是大学生日常学习、生活的重要载体，良好和谐的班集体对学生的全面发展至关重要。进入新时代，大学生思想政治教育的内外环境发生了变化，对班集体的建设提出了更高标准和更高要求。来到大三，同学们的大学生涯就走过了一半的旅程，对学校、学院、班级、老师及同学都已经熟悉了，最初的那份热情、好奇和新鲜感开始慢慢消退，刚进入大学的种种向往、希望和决心也开始降温，缺点也逐渐显露出来：如同学之间出现摩擦，互不谅解；课堂纪律有些松散，学习出勤率降低；不愿意参与班级活动；等等。针对这些现象，辅导员有必要通过本次主题班会来调动学生的积极性、加强班级凝聚力、提高团队协作效率、培养积极向上的团队氛围，使同学们更好地融入班级大家庭，共同为班级的发展和进步贡献力量。

六、主要内容

（一）基础内容介绍

当一个班级凝聚力差，可能会出现什么情况呢？

A. 动力差。参加活动不积极，事不关己高高挂起。

B. 学风差。上课缺勤，迟到早退是家常便饭。

C. 氛围冷。同学关系冷漠，矛盾四起。

D. 问题多。违纪问题、情绪问题、人际关系问题比例直线攀升。

要想解决这道多选题，从"亲、勤、寝、庆"四个关键词入手就能破解凝聚力差这一难题。

1. 亲——发挥辅导员的亲和力

一要谈心谈话。谈心谈话工作是辅导员常用的工作方法之一，也是思想政治教育的基本方式之一，好的谈心谈话能尽可能地帮助辅导员了解学生情况，沟通感情，答疑解惑，解决问题。辅导员谈心谈话的目的是建立良好信任关系和解决存在问题，要用必要的谈话技巧和手段进行有效沟通，避免单纯的发泄情绪。辅导员应以尊重和理解学生为前提，以关心和爱护学生为基础，以帮助学生解决问题为目的，设身处地为学生着想，以实际行动真正成为学生成长成才的人生导师和健康生活的知心朋友。

二要走寝串门。寝室是同学们的休闲生活场所，每天有超过一半的时间在寝室度过。辅导员通过走访寝室，主动融入学生群体中，认识每一位学生。辅导员在串门过程中应该用心观察，善用中医四诊"望闻问切"——望学生气色、闻学生声息、问学生近况、切学生所急，观察同学们的精神面貌、健康状况、人际关系，从一寝一室的方寸之间，便可窥见整个班级的整体风貌，从而及时调整工作方向。

2. 勤——发挥班干部的勤动力

在班级管理中，及时发现、教育和培养好班干部，是管好班级的重要一步，班干部与同学相处的时间比与辅导员多得多，他们更了解班级的情况，能更及时发现班级存在的问题，也能拿出行之有效的解决方案。在班级管理中应注重培养班干部的管理能力，充分发挥班干部的"领头羊"作用。班干部团队既要做好班级殷勤的管理员，也要做好班级热情的服务员。做强学风建设、做严纪律管理、做优活动组织、做好服务同学，成为沟通老师联系同学的坚韧桥梁。这样一来既培养了学生的管理能力，又能让辅导员在以后的工作中省心、省力。

在班级管理工作中，辅导员要做好随时出马的准备，为班干部搭桥铺路、消除矛盾，既要树立班干部的威信，也要让班干部认识到自己工作方法的利与弊，以及今后该如何改正。辅导员应该给班干部提供大胆说话的机会，让他们在实践中锻炼，并且要以一颗包容的心去引导他们提高自我的口头表达能力。还应该对所有班干部充分信任，大胆放权给他们，耐心听取他们在班级管理方面的合理建议并予以采纳，给他们充足的信心和成就感，调动他们的工作积极性，使班干部真正成为辅导员的左膀右臂，这样才能把班级建立得更好！

3. 寝——发挥寝室长的"家和力"

以寝室为班级网格点，建立和谐的寝室关系。寝室长作为沟通者，需要具备良好的倾听技巧，能够耐心倾听每位成员的意见和反馈；同时，寝室长还需要具备清晰、准确、有条理的表达能力，以确保信息在传递过程中不失真、不遗漏。寝室长作为协调者，需要在寝室内部成员之间发生矛盾或冲突时，发挥关键的调解作用。寝室长作为寝室内部的表率，其言行举止对寝室成员具有潜移默化的影响。寝室长需要以身作则，通过自身的行为来影响和带动寝室成员，树立正面的榜样。寝室长作为寝室内部的核心成员，对寝室的氛围和团队精神的塑造起着至关重要的作用。寝室长需要通过自身的言行举止来影响和带动寝室成员，激发他们的积极性和创造力。比如建立寝室公约、开展寝室卧谈会、确立每周"逛吃日"……实现小家内部的和谐友爱。

4. 庆——让庆祝活动成为常态

氛围良好的集体活动可以让班级情感迅速升温，班会、晚会、春游等都可以成为庆祝的形式。班级活动也可以这样构思：首先，应该结合专业导向，与专业相结合，提升科研能力。比如设计类专业可以举办二十四节气传统文化设计活动；影视传媒类专业可举办公益短视频展演活动；语言类专业可举办双语大赛活动；计算机应用类专业可举办科研创新大赛；等等。其次，应该结合兴趣导向，与兴趣相结合，激发发现潜能。比如结合有歌唱表演专业的同学举办十佳歌手大赛和校园模仿秀大赛；结合有体育运动兴趣的学生举办体育运动达人趣味挑战赛活动；结合有书画兴趣的同学举办书画摄影大赛；等等。最后，应该结合热点导向，与热点相结合，紧扣时代脉搏。比如在各省市开展的大运会、全运会、马拉松等活动时举办喜迎运动会的系列活动；恰逢校庆日可举办校友返校日打卡活动；七夕节可举办见字如面三行情诗比赛；等等。

以上提供的多种办法要结合学生能够接受并喜爱的方式来开展，才能起到事半功倍的效果，所有方案策划设计的目标都是要以学生为中心，想学生所想、爱学生所爱，让学生在参与后更有成就感、获得感，最终形成班级凝聚力。良好的班级凝聚力不仅可以给个人带来归属感，还可以带动班级氛围更加和谐融洽，让同学之间产生潜移默化的影响，从而形成良好的朋辈效应，促进大学生在自我管理的过程中成长成才。

（二）班会主题引领

红杉的高度一般为90米，相当于30层楼。木秀于林，风必摧之。一般来说，越是高大的植物，要想站得更稳，它的根系就必须扎得更深，但是红杉并非如此，它的根很浅，在人们的想象中，只要一阵大风，它就会倒下。但是，拥有如此高大的树身和极不相称深度的根，红杉树仍无惧风雨、巍然屹立。它们到底是如何做到的呢？

原来，红杉树不是单独生长的，它们只要长，就是一大片，一棵接着一棵、一行连着一行，它们紧紧依靠着，它们的根系彼此盘绕在一起。因此，即使是很猛烈的狂风，也无法撼动成千上万棵根部紧密相连的红杉树。每一棵树的树根力量并不大，但是它们都分享给了其他树，同时也分享了其他树的根系。如此一来，每一次狂风到来，它们都是以一个整体在对抗，这是一股无法战胜的力量，红杉树是自然界孕育的奇迹。

1. 认识团队

管理学家斯蒂芬·P. 罗宾斯认为：团队就是由两个或者两个以上的，相互作用、相互依赖的个体，为了特定目标而按照一定规则结合在一起的组织。

2. 团队特点

（1）团队以目标为导向。

（2）团队以协作为基础。

（3）团队需要共同的规范和方法。

（4）团队成员在技术或技能上形成互补。

3. 感受团队

我们向大家介绍一支耳熟能详的团队——"唐僧团队"：

唐僧团队最初是指《西游记》中的唐僧及其弟子们组成的团队，该团队最显著的特点在于成员之间的互补性。团队领导唐僧具有权威性和明确的目标，且拥有坚定不移的意志。尽管这个团队经历了八十一难的重重考验，但最终实现了他们的目标。后来，这个概念被进一步拓展，阿里巴巴集团的创始人马云就非常推崇唐僧团队，他认为一个完美的团队应当包含四种不同角色的成员：德者、能者、智者、劳者，其中，德者负责引领团队、能者负责解决难题、智者负责制定策略、劳者负责有效执行。

"共和国勋章"获得者屠呦呦在诺奖报告演讲中说："团队精神，无私合作加速科学发现转化成有效药物……今天，我再次衷心感谢当年从事 523 抗疟研究的中医科学院团队全体成员，铭记他们在青蒿素研究、发现与应用中的积极投入与突出贡献……对于全国 523 办公室在组织抗疟项目中的不懈努力，在此表示诚挚的敬意。没有大公无私合作的团队精神，我们不可能在短期内将青蒿素贡献给世界。"

4. 关键要素

请大家思考这样一个问题：你认为，要把我们的班级打造一个优秀的团队，每个团队成员，应该怎样做呢？

（1）尊重。

尊重是人际关系中最基本的原则，包括尊重他人的观点、信仰、文化、背景和权利。在班级中，每个学生都应该得到其他人的尊重。此外，每个人都有自己的特点和优势，班级和谐并不意味着消除个性和差异，而是要尊重和欣赏这些差异。

（2）包容。

班级中存在各种不同的背景、兴趣、才能和观念。每个人都有自己的特点和优点，我们应该发掘并欣赏他们的特长。我们要在尊重这些差异的基础上，充分认识到这些差异对班级的丰富性和多样性的贡献。无论是学习上的差异还是兴趣爱好上的差异，我们都应该相互支持和鼓励，共同成长。

（3）团队合作。

在大学生活中，团队合作是非常常见的。班级是一个集体，我们要明白只有通过合作才能实现共同的目标。在班级活动中，我们应该培养合作精神，鼓励同学们互相帮助。通过互相支持和共同合作，取得更好的成绩。

（4）领导力。

良好的领导力可以引导班级朝着共同的目标前进，同时也能促进班级的和谐。领导者应该是公正、有远见和有责任心的。

（5）创新。

创新思维可以推动班级活动的发展，使班级生活更加丰富多彩。

（6）沟通。

良好的沟通是解决班级内部矛盾和问题的基础。有效地沟通可以增进理解和信任。班级成员应该学会管理自己的情绪，并和周围的人勤沟通，避免因个人不良情绪持续积淀形成压抑情绪。

（7）民主。

班级决策应该民主化，让每个成员都有机会表达自己的意见和参与决策。辅导员和班干部要摆正自己的位置，不要凌驾于学生之上，颐指气使。

（8）积极心态。

保持积极乐观的心态，对班级的和谐有积极的影响。

（9）健康生活。

健康的身体是学习和生活的基础。班级应该鼓励健康的生活方式，如规律作息、适量运动和合理饮食。

（10）社会责任。

班级应该有社会责任感，参与公益活动、关心社会问题，这不仅可以提高班级的凝聚力，也能使学生成为有社会责任感的人。

（11）共同目标和价值观。

班级成员应该有共同的目标和价值观，这是班级团结和协作的基础。

（12）公平正义。

在班级中，应该保证每个人都受到公平地对待，正义的执行可以使每个人都能感到公正和安心。

5. 活动设计

在我们身边，就在我们这个班集体中，大家经历了两年多的相处，一定也有某个人或者某些人，在某个时刻让你感受到他在为我们这个团队贡献着自己的力量，请在纸上写出他或者他们的名字，记录下他们为团队做贡献的具体事情。格式参考：我要为_____点赞，感谢你曾经_____。

6. 活动寄语

（1）如果把一个人比作一滴水，那么团队就是一条河。

（2）所谓团队就是指一些才能互补、团结和谐并为负有共同责任的统一目标和标准而奉献的一群人。

（3）一起经历过风雨洗礼、跌宕起伏、浴血奋战、荣辱与共、艰难困境，依然迎难而上，创造奇迹，那才叫团队！

（三）学生问题答疑

最后留一些时间给大家，进行问题解答，也可以利用这个时间，跟同学们多一点互动，加强交流，建立感情基础。以下是几个有关本次主题班会的提问，可供参考：

1. 你觉得我们班级的凝聚力如何？请在 1 到 10 分给出你的评分，并解释你的理由。

2. 你认为哪些活动或事件最有助于增强我们班级的凝聚力？

3. 当班级成员遇到困难或问题时，你通常会如何反应？

4. 你觉得班级中的沟通渠道是否畅通？如果有改进的空间，你认为应该如何改变？

5. 你认为班级中的规则和制度对于凝聚力的影响是积极的还是消极的？请举例说明。

6. 你认为班级的凝聚力如何影响我们的学习和成长？

7. 你是否愿意为班级的活动或目标付出额外的时间和努力？为什么？

8. 你认为班级的凝聚力对我们的心理健康和幸福感有影响吗？

9. 你在班级中是否感到被尊重和理解？

10. 你认为班级中的规则和制度对于凝聚力的影响是积极的还是消极的？

七、班会小结

班集体建设是全面贯彻党的教育方针和落实立德树人根本任务的重要举措，关系到学生的成长成才，关系到高校人才培养的质量。一个和谐的集体应具备积极向上的氛围，成员之间相互尊重、关心、支持，共同追求目标。一个班其实就是一个大家庭，如果这个大家庭中的每一个同学都如兄弟姐妹般互相关心着、帮助着、照顾着、鼓励着，那么这个集体便是温馨的、温暖的。班级和谐关系建设是一项系统工程，需要辅导员、学生、学院和学校共同努力。只有通过各方面的合力，才能够有效推进班级和谐关系建设，并为学生提供一个良好的学习与成长环境。相信通过大家的共同努力，班级和谐关系一定会不断提升。

八、案例分享

生命之星——记全国先进班集体哈工大理学院 966401 班[①]（有删减）

在哈尔滨工业大学 15 000 余名学子中，有 16 名这样的同学——他们永远充满着对新知识的渴望、他们对学业的追求永无止境，他们立志攀登世界科技高峰。

在全校 400 多个小班中，有这样一个班级——他们团结奋进，他们生机勃勃，他们充满希望。

这就是哈工大理学院生命科学与工程系 966401 班。

在采访 966401 班的过程中，随着对他们了解的加深和采访的深入，我多次被他们的故事所感动，以至禁不住从心底为他们喝彩……

---

① 理学文，朱贵才. 生命之星：记全国先进班集体哈工大理学院 966401 班 [J]. 中国大学生就业，2000，3：34-37.

学习与实践

刚踏进哈工大校门的时候，他们和别人一样……

当他们怀着美好的憧憬步入大学校门的时候，并不知道自己已经成了哈工大生命科学与工程系的第一批学生，他们并不知道选择一个新建专业意味着什么，他们更没有想到会有那么多荣誉的光环落在他们的头上……他们和别人一样，一入学就被那夜晚宁静的校园、座无虚席的自习室、灯火通明的图书馆推进了一种竞争氛围。一股无形的力量促使他们来不及思索什么，就已经迈出了学习的脚步。这，就是他们的开始，普通得让人找不出更多的语言去形容。

鲁迅说，什么是路？就是从没有路的地方走出来的，从只有荆棘的地方开辟出来的。

作为哈工大生命科学与工程系的第一批学生，他们没有想到会遇到那么多困难。实验大楼尚未竣工，实验设备还没有到位，图书资料不多……全班沉默了，迷惘的浓云越积越多。团支部、班委会看到这种情况，就班级今后的发展进行了分析和规划，确定了近期目标和长远发展方向。一股力量在与院长、系主任、专业老师的座谈中，在班委会组织的活动中不断地升腾——干，我们要做创业中的一员。于是，全班不约而同地喜欢上了鲁迅的这句话，喜欢上了毛泽东的那句诗："雄关漫道真如铁，而今迈步从头越。"此时，他们想得最多的是怎样为自己的系开个头，开个好头。

全面发展的 966401 班

如果你认为 966401 班的同学全是书呆子，那就大错特错了——他们的思维是那样的活跃，他们的兴趣是那样的广泛，以至于无论如何也不能把"两耳不闻窗外事"与他们联系起来。在 966401 班，有校电影协会的主席，有院学生会主席，有校《教与学》杂志的编辑，也有生活的强者……他们自编自演的小品《风波》和《假如你是一棵树》分别在校第十、第十一届航天海鹰艺术节的小品比赛中获奖。家住湖南省沅江市的戴光辉，家境十分贫寒，学费靠贷款、生活靠勤工助学，是院里重点扶持的特困生，曾得到老校长李昌的关心与资助。几年来，他边学习边工作，学习成绩优良。他说："虽然我经济上贫困，但精神不能贫困，我要做生活上的强者。"

966401 班从江泽民在北大百年校庆的讲话中悟出了"实践出真知"的道理，先后多次自发组织全班的集体实践。1998 年暑假，他们经过精心策划和准备，成为学校派出的"科技、文化、卫生三下乡"社会实践小分队之一。实践期间，他们对齐齐哈尔扎龙自然保护区的生态环境进行了认真的考察，每位同学都写了心得体会，班级被学院评为社会实践先进集体。就在 1998 年特大洪水过后，他们来到呼兰县沿江小学搞灾后重建工作，不仅为小学生们带去了捐款和文具，还成为沿江小学的第一批校外辅导员。在班会和团会上，他们谈论的热门话题总是邓小平的"科教兴国"战略。因此，院党委副书记王建文老师一提起 966401 班，频率最高的一个用词就是"全面发展"。

无法"克隆"的 966401 班

这是一个不可思议、难以想象的班集体，每个人都会惊诧于他们的成绩：一个学期考试下来，全班同学平均分高达 85.5 分，只有平均分超过 90 分的同学才能拿到奖学金；

在许多人很不喜欢的哲学考试中，该班有六成学生成绩优秀，因为他们"固执"地认为：哲学与科学是分不开的；

1997 年，966401 班被评为"校三好班级"；

1998 年，966401 班被评为"校优秀团支部标兵"；

同年，966401 班被评为"黑龙江省优秀团支部标兵"和"黑龙江省三好班级"。

尽管 966401 班的同学彼此比时间、比成绩、争名次，可他们又出奇地团结。一位同学住院做手术，全班同学竟然都没去上晚自习，而是在手术室外陪了四个多小时。手术后，全班轮流照顾这位同学，不仅陪床，还为他端屎端尿……

怪不得外班同学这样评价 966401 班：这是谜一样的班级；有人还甚至这样幽默地说这是：无法"克隆"的 966401 班。

我们要做课题

一天，生命科学与工程系习惯了按部就班授课的老师们被 966401 班的一个要求搞蒙了，"我们要做课题！""可是，你们才上二年级呀！""我们能行！"老师们在惊诧之余，喜悦与欣赏之情溢于言表。"那就来吧。"于是，966401 班的大部分同学就成了以下课题的攻关成员：航天工业总公司预研专项基金、国家自然科学基金项目——空间辐射对植物种子诱变机理及航天诱变育种机理的研究；航天工业总公司预研专项基金、国家自然科学基金项目——空间辐射对植物种子诱变的遗传学和分子生物学机理的研究；与泰国国际合作研究项目——环境微生物菌群的建立及其大规模液体培养工艺的工程研究、植物病原菌对杀菌剂抗性基因及其转化的研究。微生物学博士杨谦教授这样评价道："他们很有探索精神，他们主动要求参与课题研究，假期也不休息，在很短的时间内写出了五篇有关生物处理垃圾的综述文章。我想，在他们之中肯定会产生新一代学科带头人。"一年下来，一位生命科学与工程系的老师说："实际上 966401 班的同学已经接近毕业水平了。"

从 966401 班的豪情万丈，我们发现了青年人特有的爱国主义精神和脚踏实地的科学素养。由此，我们有理由相信：他们一定能够担负起实现中华民族伟大复兴的历史使命。

当我的采访结束时，966401 班所有同学都在准备"考研"，在紧张的备考中，他们还向全校同学发出倡议，要搞一个"创建绿色校园"的活动。他们认为：绿色，代表生机；绿色，代表希望……是的，966401 班正是一个充满生机和希望的集体。

他们是 21 世纪中国生命科学的希望之星。

他们是生命之星。

第 18 次　大三上●10 月
——网络传递真感情，指尖播撒正能量

一、主题班会名称

网络传递真感情，指尖播撒正能量

二、策划主办

辅导员

三、活动对象

全体同学

四、活动形式

主题宣讲、集体讨论、调查问卷

五、活动目的

习近平总书记在全国高校思想政治工作会议上强调："要运用新媒体新技术使工作活起来，推动思想政治工作传统优势同信息技术高度融合，增强时代感和吸引力。"当前微信朋友圈已经成为信息、思想和舆论的重要集散地，因此本次班会以学生最喜爱的朋友圈为载体，以学生使用朋友圈的现状为抓手，从个人到家庭、家乡、家国，三个"家"层层递进，启发学生如何用好朋友圈，引导学生实现自我教育、自我提高和相互带动，使学生成为自媒体时代积极向上的传播者，教育学生在时代进步和祖国发展中担负时代责任，发挥青年力量。

六、主要内容

（一）基础内容介绍

本次班会开始前，老师先问大家一个问题："大家都有没有微信朋友圈？大家有没有对它上瘾？谁能告诉我到底是哪些信息让你上瘾呢？"有的同学说："我对朋友圈里发状态、传照片、点赞、跟朋友交流感兴趣。"有的同学说："我会看公众号文章，也会看朋友分享的信息。遇到好的文章时，我甚至会主动打赏。"多名同学说了自己的想

法后，我们可以得出现阶段大学生们对朋友圈确实挺上瘾的。

微信是腾讯公司于 2011 年 1 月 21 日推出的一个为智能终端提供即时通信服务的免费应用程序。我们今天就一起来说一说微信朋友圈的那点事。

首先，请同学们参与一组调查问卷（可自制）。

有关微信朋友圈的调查问卷

1. 您的性别：A. 男；B. 女

2. 您的年龄：A. 18 岁及以下；B. 19—25 岁；C. 26—35 岁；D. 36—45 岁；E. 46 岁及以上

3. 您使用微信朋友圈的频率是多少？

A. 每天多次；B. 每天一次；C. 每周几次；D. 每月几次；E. 很少使用

4. 您主要在微信朋友圈中发布什么类型的内容？

A. 个人生活动态；B. 工作相关；C. 娱乐搞笑；D. 教育学术；E. 社会热点

5. 您在微信朋友圈中关注的类型主要是？

A. 亲朋好友；B. 同事同学；C. 公众人物；D. 兴趣爱好；E. 广告推广

6. 您是否在微信朋友圈中进行互动（点赞、评论、转发等）？

A. 经常互动；B. 偶尔互动；C. 很少互动；D. 从不互动

7. 您认为微信朋友圈对您的生活影响如何？

A. 很大；B. 较大；C. 一般；D. 较小；E. 几乎没有影响

8. 您是否会在微信朋友圈中发表自己的观点和看法？

A. 经常；B. 偶尔；C. 很少；D. 从不

9. 您是否会在微信朋友圈中分享一些有价值的信息（如科普、教育等)？

A. 经常；B. 偶尔；C. 很少；D. 从不

10. 您对微信朋友圈的广告推广是否感到厌烦？

A. 非常厌烦；B. 较厌烦；C. 一般；D. 不太厌烦；E. 不厌烦

11. 您认为微信朋友圈中的谣言和虚假信息多吗？

A. 非常多；B. 较多；C. 一般；D. 较少；E. 非常少

12. 您对微信朋友圈的隐私保护满意吗？

A. 非常满意；B. 较满意；C. 一般；D. 不满意；E. 非常不满意

13. 您通常在什么时间浏览微信朋友圈？

A. 早晨起床后；B. 午休时间；C. 晚上下班后；D. 深夜睡前；E. 任何空闲时间

14. 您通常浏览微信朋友圈的时长是多少？

A. 少于 10 分钟；B. 10—29 分钟；C. 30 分钟—59 分钟；D. 60 分钟—119 分钟；E. 120 分钟及以上

15. 您在微信朋友圈中是否经常浏览他人的动态？

A. 是的，经常浏览；B. 偶尔浏览；C. 很少浏览；D. 从不浏览

16. 您是否会在微信朋友圈中花费大量时间观看视频或浏览图片？

A. 是的，经常会；B. 偶尔会；C. 很少会；D. 从不会

---

17. 您是否会在微信朋友圈中进行购物？
A. 是的，经常购物；B. 偶尔购物；C. 很少购物；D. 从不购物
18. 您是否会在微信朋友圈中参与互动活动（如抽奖、游戏等)？
A. 是的，经常参与；B. 偶尔参与；C. 很少参与；D. 从不参与
19. 您是否会在微信朋友圈中发布自己的原创内容？
A. 是的，经常发布；B. 偶尔发布；C. 很少发布；D. 从不发布
20. 您是否会在微信朋友圈中分享您的生活点滴、感悟或心情？
A. 是的，经常分享；B. 偶尔分享；C. 很少分享；D. 从不分享
21. 您是否会在微信朋友圈中关注和参与公益活动？
A. 是的，经常关注和参与；B. 偶尔关注和参与；C. 很少关注和参与；D. 从不关注和参与
22. 您认为微信朋友圈中的广告是否影响了您的浏览体验？
A. 非常大的影响；B. 较大的影响；C. 一般的影响；D. 较小的影响；E. 几乎没有影响
23. 您是否会因为朋友圈的广告而购买产品或服务？
A. 经常因为广告而购买；B. 偶尔因为广告而购买；C. 很少因为广告而购买；
D. 从不因为广告而购买
24. 您对微信朋友圈的界面设计和功能使用是否感到满意？
A. 非常满意；B. 较满意；C. 一般；D. 不满意；E. 非常不满意

接下来，根据即时生成的问卷结果，我们可以看出：我们班所有同学都会使用微信，有一些会不断地刷朋友圈，有一些会不定期发送状态，大家在使用微信的同时都有各自喜好的功能。

作为辅导员，我也喜欢刷朋友圈，不过，不知道大家有时候是否觉得，对朋友圈里面的一些信息，感到不堪其扰。比如：花式秀恩爱的、炫富无底线的、给咱大侄女拉票的、刷屏卖面膜的……请问大家，这样的朋友圈是不是让人很反感？此外，大家在使用微信的时候，有没有遇到过什么困扰呢？有的同学说："我发现朋友圈有很多的信息会利用浮夸的语言、不实的言论、耸人听闻的标题，但其实都是虚假的。"有的说："我曾经看到一条几小时就刷爆朋友圈的募捐——罗一笑，你给我站住！我当时还捐了钱，在随后的爆料中，作者的财产及发文目的都被曝光，这让许多网友的愤怒之情瞬间被点燃，我的心里也感觉很受伤。"

看来，我们不仅要晒朋友圈、刷朋友圈、看朋友圈，还得辨朋友圈，真是一个技术活啊！

（二）班会主题引领

问题来了，这个让我们喜欢又让我们担忧的朋友圈，到底能不能晒？应该晒什么、不该晒什么呢？

1. 到底能不能晒

当然可以晒啦，传播心理学认为，网络上各种各样的晒，其本质是一种信息分享

行为。它具有满足我们社交互动、塑造形象、获得认同和传播信息的功能。社交媒体为我们提供了一个展示自我、建立社交认同的平台。我们可以在社交媒体上分享自己的生活点滴、心情感悟，以此吸引关注和认同。这种认同感让我们感到被接纳、被理解，从而增强了自信和自尊。但也要冷静地看待其他人的"完美形象"，因为这很可能是他人精心筛选和加工后的生活片段，但很容易让我们误以为别人的生活比自己更美好。这种对比会使我们对自己的生活产生不满，进而影响心理健康。我们要认识到社交媒体上的认同和评价并非真实生活的全部，不必过分追求。同时，要学会在现实生活中与他人建立真诚、稳定的社交关系，以增强心理素质和应对社交焦虑。

2. 应该晒什么

（1）分享学习经验。

可以分享自己的学习心得、读书笔记、科研活动等，体现追求知识、勤奋好学的精神。

（2）宣传正能量。

转发中央及地方媒体的正面新闻，宣传国家的成就和进步，弘扬正能量。

（3）文化娱乐活动。

分享参加的文艺演出、体育比赛、志愿服务等照片或体会，展示丰富多彩的大学生活和积极向上的精神状态。

（4）科技创新成果。

若参与科研项目或科技创新活动，可以分享科研进展或创新成果，体现创新精神和科学探索精神，但注意不要晒涉密信息。

（5）关注社会热点。

对时事进行健康理性的评论，关注社会热点，体现社会责任感。

（6）生活点滴。

分享一些健康积极的生活点滴，如运动照片、健康饮食、日常学习等，体现良好的生活习惯。

（7）家庭温暖。

对于每一个在外求学的人来说，不管我们走多远，总有一个地方让我们牵挂，那就是家。我们可以晒出父母的关爱，家乡的变化，传递温暖、传递感动。

3. 不该晒什么

（1）负能量内容。

朋友圈是一个分享生活和心情的平台，但是有些人喜欢在朋友圈中抱怨、发牢骚，传递负能量。这种行为不仅会影响自己的情绪，还可能影响到其他人的心情。

（2）广告和推销。

虽然朋友圈是一个相对私密的社交空间，但是有些人喜欢在朋友圈中发布广告和推销信息。这种行为可能会引起其他人的反感，而且有时候会被视为垃圾信息。

（3）低俗、色情内容。

朋友圈是一个公共平台，所有人都可以看到发布的内容。因此，发布低俗、色情内容不仅会违反社交媒体的使用规定，还会引起其他人的反感和不适。

（4）政治、宗教言论。

在朋友圈中发布政治、宗教言论可能会引起争议和不必要的矛盾。因此，建议大家不要在朋友圈中谈论政治、宗教问题，避免引起不必要的纷争和误解。

（5）未经证实的消息。

朋友圈是一个信息传递的平台，但是有些人喜欢传播未经证实的消息和谣言。这种行为可能会对其他人造成误导和恐慌，而且也可能会引起麻烦。

（6）侵犯他人隐私的内容。

在朋友圈中发布侵犯他人隐私的内容可能会引起法律纠纷和道德谴责。因此，建议大家不要在朋友圈中谈论他人的隐私和敏感信息。

（7）大量重复内容。

在朋友圈中发布大量重复内容可能会让人感到厌烦和无聊。因此，建议大家不要在短时间内发布大量重复的内容。

4. 朋友圈及类似网络应用的使用注意事项

（1）提高自身道德水平，培养文明上网意识。

杜绝浏览黄色、暴力、恐怖、赌博和迷信网站。对网络上宣扬意识形态领域的内容，要取其精华、去其糟粕，树立安全意识防线，防止被别有用心之人利用。

（2）防止个人信息泄露。

在上网过程中，如果遇到需要填写个人信息时，一定要慎重，不要随意填写个人详细资料，防止被骗和泄露隐私。

（3）发言要文明规范。

在网上发表言论时，一定要遵守文明规范，不说污蔑他人的言论，不对别人进行人身攻击，尤其是不要发表可能有损国家利益、影响民族团结、破坏社会稳定的言论。

（4）遵守道德规范。

在网聊过程中，一定要遵守道德规范，同时增强防范意识，防止被骗。

（5）要了解计算机法律法规。

不要自认为电脑水平高或者出于好玩、好奇心理而对他人的电脑、手机或者网站进行攻击。

（6）增强防范网络入侵的意识。

在安装系统和某些软件时一定要设置自己的用户名和密码，并且密码应该尽量复杂、难于破解。

朋友圈很小，小到它只属于我们每一个人；但是，朋友圈也可以很大，大到装得下家、国、天下。大家一定要记住："兼听则明，偏信则暗。"特别是在遇到一些网络谣言、网络思潮的时候，大家一定要能够明辨是非、独立思考，做到不造谣、不传谣。同学们，互联网作为 20 世纪最伟大的发明之一，已深刻地改变了我们的生活方式。习近平总书记曾说："网络空间不是'法外之地'。空间是虚拟的，但运用网络空间的主体是现实的，大家都应该遵守法律，明确各方权利义务。"

我们要用自己的智慧去甄别信息，独立思考，树立自己正确的世界观、人生观、价值观。让我们在清朗的网络空间里，秀得有理想、有追求，晒得有责任、有担当，让我们晒出使命、传递真感情，播撒正能量。

（三）学生问题答疑

最后留一些时间给大家，进行问题解答，也可以利用这个时间，跟同学们多一点互动，加强交流，建立感情基础。以下是几个有关本次主题班会的提问，可供参考：

1. 你在遇到朋友圈好友发布不明来源的募捐信息时，该怎样核实信息真实性，以防爱心被滥用？

2. 你在朋友圈分享生活时，怎样把握尺度，避免过度暴露个人信息带来安全隐患？

3. 你在网上看到的各类测试链接，声称能测试性格、运势等，能随意点击吗？

4. 你在朋友圈分享旅游计划时，怎样既能表达喜悦，又不会给不法分子提供可乘之机？

5. 你在朋友圈转发内容时，难以判断信息真假，有哪些权威渠道可以帮助验证，确保不传播谣言？

6. 如果你发现朋友圈有人长期发布低俗、不良内容，该采取何种有效方式制止，维护朋友圈的健康环境？

7. 你在安装新的 App 时，有些软件要求获取朋友圈权限，这些权限可能带来哪些危害？怎样拒绝不合理的权限申请？

8. 如果你发现朋友圈有人发布诋毁、辱骂他人的言论，作为旁观者，应该采取怎样的正确做法？

9. 当你看到长辈在朋友圈转发没有科学依据的养生文章时，怎样以合适的方式告知他们信息有误，避免误导更多人？

10. 当你看到有些网红为了流量在朋友圈发布博眼球内容，而且这些内容可能会影响价值观时，我们该如何抵制这种不良风气？

七、班会小结

在信息技术的飞速进步下，互联网已成为绝大多数人工作和生活中不可或缺的一部分。网络世界的虚拟性、网络行为的独特性以及网络空间的国际性，都对传统道德观念提出了新的考验。大学生作为朋友圈的主要使用群体，正处于从青涩到成熟的转变阶段，这也是人生中最易受伤害和风险最高的时期。由于心理和价值观尚未成熟，他们往往难以抵御朋友圈的诱惑，也无法对朋友圈中的是非曲直做出准确判断。这正是许多大学生沉迷于网络，进而导致网络不良行为频发的一个重要因素。本次班会上，辅导员在宣传网络安全、提醒学生注意保护个人隐私的同时，要坚持大力倡导社会主流文化，帮助大学生树立正确的人生观和价值观，自觉规范个人行为。

八、案例分享

"造热点""蹭热点""带节奏"——谁是网络谣言的幕后推手？①

编造传播虚假信息"造热点""蹭热点""带节奏"，炒作敏感事件进行引流牟利；开设假冒媒体网站和自媒体账号，打着"舆论监督"等旗号，实施敲诈勒索……这些行为被公安机关严厉打击。

公安部 21 日在京召开新闻发布会，通报开展网络谣言打击整治专项行动 100 天举措成效。行动期间，全国公安机关共侦办案件 2 300 余起，整治互联网平台企业近 8 000 家（次），依法关停违法违规账号 2.1 万余个，清理网络谣言信息 70.5 万余条，有效净化网络生态。

热点事件伴生谣言：严重扰乱社会秩序、影响社会稳定

近年来，一些社会热点事件中网络谣言乱象频出，严重扰乱社会秩序、影响社会稳定，人民群众反映强烈。自今年 4 月 10 日开始，公安部开展为期 100 天的网络谣言打击整治专项行动。公安部网络安全保卫局政委孙劲峰表示，行动期间，全国公安机关以强有力的实际行动整治网络谣言问题乱象，积极营造清朗有序的网络环境。

此次发布会公布了 10 起网络谣言典型案例，包括四川公安机关依法查处齐某某编造发布"武汉小学生校内被碾压身亡其母已收 260 万"网络谣言案。2023 年 5 月，"湖北武汉一小学生在校内被老师驾车撞倒后二次碾压身亡"事件发生后，四川齐某某在未经核实的情况下，编造"小孩妈妈哭得伤心都是演戏，一共赔偿了 260 万"等谣言信息，给当事人造成严重伤害，造成恶劣的社会影响。目前，公安机关已依法对齐某某处以行政拘留的处罚，对其网络账号采取关停措施。

"热点事件发生后，往往带有巨大网络流量，一些人员借机编造发布涉事网络谣言，以达到蹭流量、博取关注的目的。"公安部网络安全保卫局二级巡视员张俊兵分析，在信息不对称的客观因素影响下，一些网民极易被谣言信息带偏认知，客观上助推谣言的传播扩散。

专项行动中，公安机关分类分级、依法严厉打击了一批借热点事件有组织编造传播谣言的策划者、组织者和主要实施者，共侦办此类案件 500 余起，约占案件总数的 21%。其中，云南公安机关对编造发布"云南某学院有女生遭 3 名黑人性侵"网络谣言的李某某依法处以行政拘留 5 日的处罚；四川公安机关对编造发布"大学生涉嫌卖淫 800 余次，赚 120 余万元"网络谣言的唐某依法采取刑事强制措施。

"网络水军"：网络谣言滋生扩散的幕后推手

"网络水军"为牟取暴利恶意炒作相关事件，成为网络谣言滋生扩散的幕后推手。

在安徽公安机关依法查处的一起"网络水军"案件中，犯罪嫌疑人刘某某组织人员开设多个自媒体账号，大量编发相关企业虚假文章，以负面炒作等方式相要挟，实

---

① 该案例来源于新华社新媒体《新华视点 | "造热点""蹭热点""带节奏"——谁是网络谣言的幕后推手？》一文，作者：任沁沁、熊丰，发布时间：2023 年 7 月 21 日。

施敲诈勒索，共作案100余起。目前，安徽公安机关已对涉案犯罪嫌疑人全部依法采取刑事强制措施，涉案账号均已关停。

部分"网络水军"团伙公司化运作，运营大量自媒体账号，通过批量编造发布各类虚假文章、视频吸引眼球、引流牟利；部分"网络水军"团伙在热点舆情事件中，编造传播虚假信息"蹭热点"收割流量，甚至"造热点"，裹挟舆论、误导公众；一些不法分子开设假冒媒体网站和自媒体账号，打着"舆论监督"等旗号，以编发炒作虚假的负面信息相要挟，实施敲诈勒索，严重扰乱社会秩序，侵犯人民群众合法权益。

公安机关对编造传播虚假信息"造热点""蹭热点""带节奏"，利用热点话题炒作实施敲诈勒索，通过炒作热点事件引流牟利，以及为虚假信息有偿代刷"转评赞"的"网络水军"团伙扩线深挖，依法开展侦查调查和打击处置。专项行动中，依法侦办"网络水军"案件130余起，抓获犯罪嫌疑人620余人。

"公安部将持续分类实施集群打击，严厉打击'网络水军'团伙，全力挤压其违法犯罪活动空间，切实维护网络公共秩序。"孙劲峰说。

"流量经济"驱动：依托谣言博取关注、吸粉引流

当前，一些自媒体人员在"流量经济"的驱动下，为了在短时间内获得巨大流量，不惜以身试法。

"一些人利用公众焦虑、宣泄情绪、同情弱者、围观猎奇等心理，搬运加工、二次创作、东拼西凑、张冠李戴甚至直接造谣，挑动网民情绪、撕裂社会共识、污染网络生态，对此必须坚决依法打击。"公安部网络安全保卫局副局长李彤说。

在一起案件中，陈某某为吸引流量、让自己的网络视频账号迅速涨粉，遂在广东深圳某地自编、自导、自演了"自己被绑架"的剧情，并配发"索要50万元赎金"的文字，相关视频发布后迅速引发大范围传播扩散，严重扰乱公共秩序。目前，深圳公安机关已依法对陈某某采取刑事强制措施，对其造谣网络账号采取禁言措施。

专项行动开展以来，全国公安机关共侦办以博取关注、吸粉引流为目的编造网络谣言案件1 000余起，关停或禁言造谣传谣网络账号1万余个。

下一步，公安机关将坚决打击整治依托谣言博取关注、吸粉引流、增加广告收入、赚取平台补贴、直播带货等违法犯罪行为。

平台监管不严：谣言滋生的土壤

一些网站平台对网络谣言信息缺乏有效管控，甚至为了流量和热度，纵容网络谣言的传播，对网络生态环境造成恶劣影响。

专项行动中，公安机关督导网站平台完善信息发布审核、用户实名管理等制度，从源头堵塞网络谣言传播风险，累计组织签订责任书2 180份，开展网站平台监督检查5 896家（次），约谈企业652家，责令限期整改323家（次）。

在湖南公安机关办理的一起案件中，一段已被官方辟谣过的谣言信息在属地某短视频平台大量传播扩散，累计播放200余万次，转发分享8.3万余次。

经属地公安机关依法调查，该短视频平台网络安全管理制度不健全，导致相关谣言视频在该平台大量传播扩散。目前，湖南长沙公安机关根据网络安全法有关规定，对该短视频平台依法做出责令整改、行政罚款 10 万元的行政处罚。

"依法依规铲除谣言滋生的土壤，切断谣言传播链条。"李彤表示，公安机关将下大力气加强网站平台监管，不断健全完善自媒体行业准入、内容审查、责任追究等机制，完善监测、发现、辟谣、处置全流程工作规范，严厉整治编造传播网络谣言的平台和账号，严肃追究网络谣言发布传播的相关方责任。

目前，网络谣言打击整治专项行动即将结束，为了持续保持高压严打态势，公安机关已将包括网络谣言、"网络水军"、网络暴力等网络乱象整治纳入夏季治安打击整治行动中，继续开展重点打击治理。

公安部提醒广大网民朋友"不造谣、不传谣、不信谣"，提高对网络信息的鉴别、识别能力，不转发任何未经证实的信息，避免成为网络谣言传播的"二传手"。

公民发现个人合法权益因网络谣言受到不法侵害时，要及时运用法律武器维护自身合法权益；发现网络谣言违法犯罪线索时，要及时向公安机关举报。

第 19 次　大三上·11月
——生命安全重于山，消防意识记心间

一、主题班会名称

生命安全重于山，消防意识记心间

二、策划主办

辅导员、保卫处

三、活动对象

全体同学

四、活动形式

主题宣讲、集体讨论、团体辅导、实地参观

五、活动目的

以消防教育为主题的班会是学校开展火灾防治教育的重要形式之一，旨在增强学生的消防安全意识、培养自我保护的能力，使学生能够正确应对火灾事故，保护自己和他人的生命财产安全。辅导员通过举办消防教育主题班会，让学生了解火灾的危害性和常见的火灾原因，增强学生对火灾安全的认识和关注，增强学生的火灾防范意识；同时，向学生传授正确的火灾逃生技巧和自救互救知识，让学生掌握火灾发生时应该采取的行动和应急措施，培养学生在火灾现场自救的能力。此外，还可以鼓励学生进行小组活动，让学生互相协助、合作，培养学生的互助精神和团队意识，为火灾发生时的自救互救提供基础。

六、主要内容

（一）基础内容介绍

火灾是威胁公共安全和社会发展的主要灾害之一。火灾不仅涂炭生灵，夺去许多人的生命和健康，造成难以消除的身心痛苦，同时还将人们辛勤劳动创造的财富化为灰烬，造成惨痛的危害和严重的后果。

用火用电不慎、设备故障等，都可能导致火灾；青少年贪玩好奇玩火也容易引发火灾；大学校园里，学生人数多、居住密度大，同学们的警惕意识不强，部分师生消防安全意识淡薄，甚至违反学校管理规定，又缺乏基本的消防安全常识，一旦发生火灾，极易造成重大伤亡。因此，同学们必须充分认识火灾的危害，增强安全防范意识，加强消防知识学习，提高自防自救能力，有效地预防和减少火灾危害。

校园里常见的火灾类型有以下四种：

（1）日常生活火灾类。

日常生活中的用火通常涉及烹饪、取暖、点燃蚊香和吸烟等活动。随着社会的进步，烹饪和取暖的能源类型更加多样化，包括燃气、燃煤、燃油和电力等。学生在生活中使用火源导致的事故并不罕见，其原因多种多样，主要包括在宿舍非法安装燃气、燃油和电器火源；火源过于靠近易燃物品；随意拉接电源线，电线穿过易燃物质；使用高功率照明设备等。

（2）电气火灾类。

目前，学生普遍拥有众多电器设备，如电脑、台灯、充电器，以及违规使用的电热毯、快速加热器等电热器具。由于宿舍电源插座不足，学生常常违规拉接电源线，这种不符合安全规范的安装和操作增加了电源短路、过载等引发电气火灾的风险。使用不合格的电器设备也是引发火灾的一个因素。特别是大量不规范使用的电热器具，极易造成火灾。

（3）自然现象引发的火灾类。

由自然现象引起的火灾虽不常见，但主要有两种类型：一种是雷电引发的火灾，另一种是物质自燃。雷电是一种常见的自然现象，由大气层运动产生的高压静电放电，电压有时高达数万伏，会释放出巨大的能量。当这些能量作用于地球表面时，具有极大的破坏力。雷电产生的电弧可直接成为火灾的火源，破坏建筑物或引发其他设备火灾。例如，未干的柴草、煤泥、沾有油的化纤、棉纱等物质大量堆积，通过生物作用或氧化作用积聚热量，达到自燃点而自发燃烧引发火灾。对于自燃物品，必须采取科学的态度和手段加强日常管理。同时，为了预防雷电引发的火灾，必须合理安装避雷设施。

（4）实验火灾类。

学校的实验教学也存在一定的火灾危险性，有些房屋建筑的耐火等级低、电气线路老化等都是危险的火灾隐患。化学实验室特别是有机化学实验室较易发生火灾事故，多数着火事故是由加热或处理低沸点有机溶剂时操作不当引起的，因此需要谨记常见的易燃易爆物。在进行化学或物理等实验时，同学们一定要按照实验室规则和老师的要求做，不要随意自行配置药品和随意违反操作规程，避免化学药品着火或爆炸，电器设备或线路超负荷引发火灾。

（二）班会主题引领

1. 校园内

学校作为人员密集场所，可燃易燃物多，火灾隐患突出，一旦发生火情，危害十分严重。校园有五大"惹火"区域，它们分别是：

（1）宿舍区域。

①学校宿舍严禁违规使用大功率电器，如热得快、电热棒、电吹风、电炉等，要避免电路超负荷引起火灾。

②在宿舍内严禁私自接拉电线、网线；不可在宿舍卧床吸烟或随手将未熄灭的烟头、火柴等燃烧物乱扔。

③在宿舍不得使用明火、焚烧杂物、信件、书本等物品。一旦燃烧的碎屑没有彻底熄灭，很可能引燃其他可燃物，造成火灾。

④严禁在宿舍存放易燃易爆物品。花露水、杀虫剂等常见的驱蚊虫用品中含有易燃气体，存放及使用时应注意远离火源。

⑤如果在宿舍使用白炽灯时，不要在白炽灯附近放置易燃物，禁止用易燃物遮挡灯具，以免灯具温度较高，导致易燃物发生自燃；严禁使用灯泡烘烤衣物或者取暖。

⑥人员离开宿舍时要切断所有电源，包括充电器、电脑、灯具等，养成出门随手关电的良好习惯。

⑦留意宿舍楼内的消防器材放置地点和使用方式，熟悉宿舍楼内的安全通道，以防万一。

（2）教室区域。

①不携带火种、易燃易爆物品进入教室。修正液中含有的甲基环己烷具有高度易燃性，存放及使用时应注意远离明火和高温热源。

②上课期间教室门不上锁，以便发生意外时快速疏散。教室无人时，电器、照明开关要保持关闭状态。

③教室内不准擅自使用大功率电器设备，禁止私拉乱接电线，禁止将易燃物靠近暖气片。

④发现教室中的设备出现异常，及时向老师或保卫处工作人员报告。

⑤爱护消防设施器材，比如走廊上的灭火器、疏散指示标志等，确保其完好无损。

（3）食堂区域。

①学生进入食堂就餐时，不得携带易燃易爆物品，不得私自进入后厨，后厨煤气等易燃易爆物品较多，稍不注意就会造成事故的发生。

②严禁把水洒在电气设备或电源设备上，防止触电事故发生。

③消防器材要配备齐全，并放在醒目、好拿的位置。

④学校应定期对水、电、气进行隐患排查，非专业人员不得擅自接、拆管道、电气线路。

⑤禁止私自安装电路保险丝，电路出现问题时应向楼栋管理员及时反映并由专业人士维修。

（4）实验室区域。

①严格遵守实验室安全管理规定和操作规范。

②使用仪器设备前，应认真检查电源、管线、火源、辅助仪器等情况。

③使用电路、高温加热设备前应确定位置、定点使用，周围严禁放置可燃物。

④长时间或不确定时间离开工作区域，应关闭用电设备，应完全切断电源。

⑤按规定配置消防器材，掌握一定的消防自救知识。

⑥禁止私自安装电路保险丝，电路出现问题时应向楼栋管理员及时反映并由专业人士维修。

（5）充电区域。

禁止电动自行车在有人员居住活动的室内、楼道、门厅停放充电。

2. 校园外

我们除了在学校要注意消防安全，在学校之外的地方也要注意。比如商场、影剧院、公共汽车站、地铁等公共场所也是同学们经常会去的地方，这些地方火灾隐患较多、人员较为密集，一旦发生火灾，很容易被困其中，公共场所引发火灾的原因有：

①一些公共场所的电路缺乏维护和检修导致漏电、短路而引起火灾；

②公共场所的人流量大，一些人缺乏安全意识，吸完烟后，随意乱扔烟头或火柴，无意识的小动作就可能引发大灾难；

③公共场合燃放鞭炮、焰火引发火灾；

④违章使用电、气焊而没有采取安全措施，使火花落在可燃物上引起火灾；

⑤公共场所停电时点燃蜡烛照明，也易引发火灾。

3. 预防火灾危害

为了有效预防火灾事故的发生，同学们要树立消防安全意识，出入公共场所要遵守消防安全管理规定，不携带易燃易爆危险物品，自觉爱护公共的消防器材设备，不乱动不玩火。同时，进入公共场所时，一定要注意留心观察环境，记住疏散通道、安全出口和楼梯方位，以便在火灾发生时，能够尽快逃离现场。

我们应牢记这些有可能引发火灾的原因，从而有效地避免灾难的发生。无论是在家中、学校、还是在其他公共区域，同学们要有意识地了解逃生知识，掌握消防技能：

①熟悉环境，了解"逃生路线图"；

②留意逃生绿色应急照明指示牌；

③参加消防演习，牢记逃生流程；

④准备火灾个人逃生与自救小设备，如强力手电筒、防火面具、小型灭火器等。

一旦发生火灾，同学们要保持清醒的头脑，不要贸然救火，应先判断火势大小，如果火势不大，可以利用手边的灭火工具进行扑救；如果火势较大，则要争分夺秒快速离开，在逃到安全地方后，迅速拨打 119 火警电话报警，沉着冷静回答通话人员的提问，清楚讲明着火地址（包括路名、街道、巷名、门牌号），也尽可能讲清是什么物质着火以及火灾的范围、被困人数等情况。电话挂断后，协助安排人员在路口迎接消防车。决不能因为只顾抢救财物而延误逃生和报警。

万一被火围困，更要随机应变、设法脱险，此时要注意以下几点：

①在房屋建筑遭遇火灾时，切勿轻易打开房门，以防火焰蹿入室内。

②面对火势逼近，应当机立断，穿上浸湿的衣裳或被褥等，朝安全出口方向迅速撤离。

③切勿盲目跳楼，应利用疏散楼梯、阳台、排水管等设施进行逃生自救。

④当烟雾刺鼻时，应用湿毛巾或浸湿的衣物捂住口鼻，并保持呼吸平稳，避免大声呼救，以防烟雾中毒。

⑤不论是从起火房间还是未起火房间逃至室外，都应随手关闭通道上的门窗，以减缓烟雾在逃生路径上的扩散。

⑥若在浓烟中窒息而失去自救能力，应尽力滚至墙边，便于消防人员发现和施救。

⑦当所在区域被大火封锁时，可暂时退至房间内，关闭所有通往火场的门窗，并用浸湿的被褥衣物堵住缝隙，泼水降温。同时，应积极寻求外部救援，通过打手电筒、挥动鲜艳衣物等方式，向窗外发出求救信号，吸引救援人员的注意，等待救援。

⑧火场上不要乘坐电梯。

4. 灭火工具的使用方法

最后，我们需要熟悉掌握灭火工具的使用方法，避免在紧急时刻慌乱。

（1）消防栓。

在生活中，消防栓随处可见，它是一种固定消防工具。在使用消防栓前，如果是用电引发的火灾，应当先确定切断电源后再使用。其使用方法也很简单：首先，打开消防栓箱门，并按下内部的报警按钮；接着，一名人员应迅速连接水枪头和水带，并跑向火灾现场，同时另一名人员负责连接水带和阀门；最后，逆时针旋转开启阀门，开始喷水灭火。我们应当熟知消防栓的具体位置，室外消防栓通常位于街道的交叉口附近，且不会妨碍行人和车辆通行；室内消防栓不应安装在房间或包厢内，这样的安装既不安全也不符合消防标准，同时也不便于消防人员迅速进行救援。为了预防意外，消防栓应安装在走廊或大厅等公共区域的墙壁内，其表面不应有任何装饰。消防栓的外表应有清晰的标识，并且在其前方不得摆放任何障碍物，以确保消防栓门的顺畅开启。

（2）灭火器。

一般我们都配备 ABC 干粉灭火器，可用于灭固体、液体和气体火灾。使用灭火器要牢记四字口诀"提拔握压"：

提：提起灭火器；

拔：拔掉保险销；

握：握住软管顶部喷嘴；

压：对准火源根部压下把手。

它的具体操作如下：

①打开铝封，拔掉保险销：使用时拧开鸭嘴握把旁的铅封，迅速拔掉保险销，保证灭火器可正常使用，未开封的灭火器处于保护状态，无法正常使用。

②双手左右分工，相互合作：右手握住开启压把，左手握住喷射喇叭筒，保证灭火器竖直，对准火源底部在上风口处灭火。

③准确瞄准，切入部位：喷射时，要准确瞄准火苗"根"部，站在上风向距离火焰根部 3 米左右切入扫射，扑灭火焰。

④左右移动，均匀扫射：喷射时，采取由近及远、由外至里的方法。左右移动，均匀扫射，扫灭火焰部位。

需要强调的一点，如果是电器起火，切记要先切断电源再灭火。

火灾是社会、学校和家庭的重要安全隐患。生命只有一次，希望各位同学们对生命负责、对家人负责，必须提高消防安全素质，消除火灾隐患，自觉参加消防演练，掌握消防灭火和逃生知识，从根本上减少和避免火灾事故的发生，营造一个安全的学习和生活环境。

（三）学生问题答疑

最后留一些时间给大家，进行问题解答，也可以利用这个时间，跟同学们多一点互动，加强交流，建立感情基础。以下是几个有关本次主题班会的提问，可供参考：

1. 119、12119、96119 分别是什么电话？怎样正确使用"119"电话或校内报警电话？

2. 燃烧的必备条件有哪些？引发火灾的原因有哪些？

3. 什么是火灾？火灾分为哪几类？各适用哪种灭火剂扑灭？

4. 预防火灾的基本措施有哪些？发生火灾之后该怎么办？

5. 远离火灾现场时，如果楼梯、走廊内烟雾多，呛人怎么办？

6. 如何使用干粉灭火器？灭火器压力表如何辨认？

7. 遭遇火灾时如何自救？自救过程中，人身上的衣服着火怎么办？

8. 发生火灾时，为什么不能乘坐电梯？火场逃生通过浓烟区时，为什么要弯腰或爬行？

9. 学生宿舍为什么不能使用大功率电器？为什么不能乱拉乱接电线？

10. 我国的消防日是每年的哪一天？

七、班会小结

消防教育主题班会是学校开展火灾防治教育的重要形式，通过该活动，学生能够增加对火灾的认识和理解，增强防范火灾的意识和自救互救的能力。辅导员在开展消防教育主题班会时，需要制订详细的教育方案，选择合适的主题、设计多样化的教育形式，鼓励学生参与互动，邀请专业人士举办讲座，安排消防实践活动，让学生亲自上手使用消防器材，并建立长效机制，确保教育活动的有效性和持续性。希望通过各方的努力，能够培养出一代又一代具有消防安全意识和能力的优秀青年。

八、案例分享

高校火灾频发，发人深省——各地高校火灾案例汇总①（有删减）

近年来，各地高校火灾频发，由此所带来的后果十分严重，伤亡人数多、财产损失大。花季年龄，丧生于火灾，令人痛心。现对近年来全国各地高校及部分国外高校火灾进行简要汇总，望各位师生提高安全意识，注意日常防火。

1. 上海某高校——4 人死

2008 年 11 月 14 日早晨 6 时 10 分左右，上海某高校一学生宿舍楼发生火灾，火势迅速蔓延导致烟火过大，4 名女生在消防队员赶到之前从 6 楼宿舍阳台跳楼逃生，不幸全部遇难。火灾事故初步判断原因是，寝室里使用"热得快"引发电器故障并将周围可燃物引燃所致。

2. 北京某大学——上千女生疏散

2008 年 5 月 5 日，北京某大学女生宿舍发生火灾，着火后楼内到处弥漫着浓烟，该楼层的能见度更是不足 10 米。着火的宿舍楼可容纳学生 3 000 余人。火灾发生时大部分学生都在楼内，所幸消防员及时赶到将学生紧急疏散，事故才没有造成人员伤亡。宿舍最初起火部位为物品摆放架上的接线板部位，当时该接线板插着两台可充电台灯，以及引出的另一接线板。该接线板部位因用电器插头连接不规范，且长时间充电造成电器线路发生短路，火花引燃该接线板附近的布帘等可燃物蔓延向上造成火灾。事发后校方在该宿舍楼进行检查，发现 1 300 余件违规使用的电器，其中最易引发火灾的"热得快"有 30 件。

3. 长春某大学——500 学生被困

2007 年 1 月 11 日，长春某大学研究生宿舍一楼发生火灾，浓烟将十一层高的整个宿舍笼罩，楼上百余个寝室的 500 余名学生被困。在浓烟的威胁下，大部分学生采取用湿毛巾捂住口鼻、弯腰逃生等方式自救，但仍有个别学生因受不了浓烟的熏呛做出将要跳楼的举动。危急时刻，在消防队员制止下，这几名学生最终被送至安全地带，消防人员救人与灭火同步进行。大火被扑灭，被困的 500 余名学生被成功疏散到安全地带。确定起火的是该宿舍楼一楼的干洗店干洗机旁边的一堆衣物，火势很快蔓延，并迅速产生很大的浓烟。

4. 马尼拉大学——8 人死、3 人伤

2006 年 1 月 8 日，菲律宾马尼拉市北部大学区的一个学生宿舍楼当天凌晨发生火灾，至少 8 人被烧死、3 人烧伤。大火是从宿舍楼底层的一间厨房开始蔓延的，宿舍里的一些学生在 7 日晚聚在一起喝酒，可能是酒后不慎在厨房引着了火。由于楼里住了许多人，过道和紧急出口又堆放了许多杂物，加之不少人当时已经喝醉，火灾造成的伤亡人数较多。

---

① 该案例来源于江西服装学院保卫处《高校火灾频发，发人深省——各地高校火灾案例汇总》一文，作者：佚名，发布时间：2012 年 8 月 22 日。

5. 俄罗斯人民友谊大学——41 名外国留学生死亡，近 200 人受伤

2003 年 11 月 24 日凌晨，位于莫斯科城区西南部的俄罗斯人民友谊大学 6 号学生宿舍楼发生火灾，造成 41 名外国留学生死亡，近 200 人受伤。其中有中国留学生 46 人烧伤，11 人死亡。有几个中国学生就是在火灾时想乘电梯下楼逃生，结果被困在内活活呛死。真是血的教训！在火灾时是不能使用电梯的。如果在入口处有这样的显著标志，他们是不是就可以避免一死呢？一般来说，在各个国家都会见到有这样的标志。因此，该校代校长比利宾 27 日宣布对火灾事故负有个人责任引咎辞职。

此次失火原因是电线短路。检察机关调查人员在调查中发现，俄罗斯人民友谊大学在管理上存在违反消防安全规定的许多问题。他同时还指出，消防部门的工作也存在很多不足。俄罗斯消防部门这几年来多次发现该校有许多违反消防安全规定的地方，但这些火灾隐患问题一直没有得到很好解决。

第 20 次　大三上・12 月
——苦尽甘来终有时，一路向阳待花期

一、主题班会名称

苦尽甘来终有时，一路向阳待花期

二、策划主办

辅导员、学生处

三、活动对象

全体同学

四、活动形式

主题宣讲、集体讨论、团体辅导、个别谈话

五、活动目的

"人生逆境，十有八九。"在人的一生中，只要有追求、有欲望、有需求就会有失败、有失望、有失落。在大学生活中也是如此，无论是在人际交往、恋爱关系还是专业学习上所出现的各种问题，都会导致情绪问题。到了高年级，更是学习问题、感情问题、人际问题的交汇期，大学生情绪会出现较大波动。本次主题班会以大学生常见的适应问题和挫折事件为切入点，目的是给同学们提供一些具有普适性的简单易行的方法，让学生明白挫折与成功一样，是一个人成长与发展中不可缺少的一部分，帮助同学们学会控制情绪，并适当地提高大学生的挫折承受力，掌握具体的应对技巧。

六、主要内容

（一）基础内容介绍

心理健康是指人的心理活动和社会适应良好的一种状态，是人基本心理活动协调一致的过程，即认识、情感、意志、行为和人格完整协调，能顺应社会，与社会同步的过程。世卫组织关于心理健康的标准是智力正常（智商在 70 分以上）、情绪健康、意志健全、人格完整、自我评价正确、人际关系和谐、社会适应正常、心理行为符合

年龄特征。

人们所有的心理活动，都伴随着一定的情绪状态。我们在生活、学习、恋爱及人际交往等过程中，会受到情绪的影响，而这些活动本身又在不断地影响我们的情绪。好的情绪能让事情顺利进行，而坏的情绪则会给事情的发展带来一些阻碍，因此，认识情绪并有效管理情绪十分重要。

1. 大学生常见的情绪问题

通常情况下，大学生在校期间受学业压力、人际关系、就业、未来规划等问题的影响，情绪问题相对较为常见。具体如下：

（1）易怒。

愤怒是人的基本情绪反应之一，大学生情绪反应较为强烈，容易产生波动，会经常因为人际冲突或行为受挫而被激怒。大学生情绪容易愤怒与他们具有强烈的自尊感有关，也与他们不正确的自我认知和自我评价有关。例如，有的大学生总感到别人看不起自己，认为别人的任何小声议论都是在说自己的坏话，从而产生愤怒的情绪，并影响了正常的人际交往。此外，大学生的易怒也与其气质有关，胆汁质类型的学生较易冲动，也较易怒。

（2）焦虑。

焦虑是个体预期将会有某种不良后果产生或有某种威胁出现，而在主观上表现出来的一种不安的情绪，常伴有忧虑、烦恼、害怕、紧张等情绪体验，它会影响一个人的认知、行为、身体状况和精神状态。被焦虑困扰的人常表现出烦躁不安、失眠、食欲不振、身体不适等状况。焦虑对大学生的影响主要表现在学习和人际交往中。在学习焦虑中，考试焦虑最为突出，大学生可能因为目标不合理、自信心不足、对结果过于担忧、认知错误等而产生考试焦虑。在人际交往中，大学生的焦虑主要与其缺乏自信、担心自己没有吸引力、自尊心过强有关。

（3）抑郁。

抑郁是人感到无力应对外界压力而产生的消极情绪，常伴有厌恶、痛苦、羞愧、自卑等情绪体验。抑郁是一种情绪低落的情绪状态，抑郁的人具有缺乏激情、忧心忡忡、长吁短叹、话语减少、食欲不振等生理和心理反应。每个人都体验过抑郁的情绪，大多数人只是偶尔地出现且很快地消失，属于正常的现象。但如果一个人的抑郁状态持续存在，则可能发展成病态的抑郁情绪。一般地说，性格内向孤僻、多疑多虑、不善交际的个体更容易产生抑郁的情绪。受抑郁情绪困扰的大学生应多开放自己，调整错误认知，积极与他人交往，参与活动，建立良好的人际关系，使自我摆脱抑郁。但是，如果抑郁情绪严重，则需要寻求专业心理帮助。

（4）自卑。

自卑会对大学生的心理健康产生消极影响，使他们容易陷入自我贬低、自我否定的情绪中，影响自尊心和自信心。自卑还可能导致大学生在人际交往中过于敏感、多疑，难以建立良好的人际关系。在面对挑战和压力时，自卑可能会削弱大学生的应对能力，使他们更容易产生焦虑、抑郁等负面情绪。长期自卑还会影响大学生的学业和发展，使他们容易放弃努力，无法充分发挥自身潜力。同时，自卑可能使大学生在生活品质上受到影响，比如产生生活无意义感、变得懒散等。

（5）孤独。

孤独会对大学生的心理健康产生显著的负面影响，使他们容易感受到悲伤、无助等负面情绪，影响自尊心和自我认同。同时，孤独感可能导致社交障碍，使他们在人际交往中产生隔阂，难以建立良好的人际关系。长期孤独感还可能削弱大学生的心理弹性，使他们在面对压力和挫折时难以应对。此外，孤独感对大学生的学业和生活品质也有不良影响，可能导致学习动力不足、生活懒散等。如果得不到及时干预，孤独感还可能增加大学生患上心理疾病的风险，对他们的身心健康造成长期损害。

2. 情绪问题对大学生产生的影响

情绪问题对大学生产生的影响既有积极的一面，也有消极的一面。

（1）积极影响。

①情绪智力提升。面对情绪问题，大学生可以通过自我反思和心理辅导提升情绪智力，学会更好地理解和管理自己的情绪。

②成长机会。情绪问题可以视为个人成长的机会，通过克服困难，大学生可以学会适应环境，增强心理韧性。

③人际交往能力。在解决情绪问题的过程中，大学生可以学习如何与他人有效沟通，寻求支持和帮助，从而提升人际交往能力。

（2）消极影响。

①心理健康风险：长期的负面情绪可能导致心理健康问题，如焦虑、抑郁等。

②学业影响：情绪问题可能分散学生的注意力，影响学习效率和成绩。

③人际关系障碍：情绪问题可能使学生在人际交往中产生隔阂，难以建立和维持健康的人际关系。

④生活质量受限：情绪问题可能会使大学生对生活失去兴趣，导致生活质量下降。

⑤未来规划受阻：情绪问题可能会使大学生在职业规划和人生道路上产生迷茫，影响他们的未来发展。

（二）班会主题引领

1. 大学生情绪的行为调适

大学生在遇到各种各样的问题后，心理上处于焦虑、愤怒、冲动的情绪状态，如果得不到合理宣泄，心中淤积的消极情绪就会对身心造成极大的伤害。因此，采取适合的自我调适方法将其释放出来，是一种自我保健的有效措施。自我调适方式通常有以下几种：

（1）肌肉放松法。

人的生理活动与心理活动密切相连，可以通过肌肉松弛的练习来达到心理紧张的缓解，身体放松了，心情也会自然好起来。此时可以选择安静而不受干扰的地方，或躺或坐，双眼微闭，注意力从一块肌肉转移到另一块肌肉，体会肌肉紧张、再松弛的感觉，自然而然地放松，减少意志活动。每天练习 1—2 次，每次 20 分钟左右，每块肌肉先收缩 5—8 秒，然后放松 20—30 秒。

（2）呼吸放松法。

深呼吸具有解除精神紧张、压抑、焦虑和疲劳的作用。第一个是腹式呼吸法。首先，请大家把双手放在腹部，用鼻子吸气，吸气的同时肚子膨隆起来，坚持几秒；然后慢慢地吐气，用嘴呼气，呼气的过程中收回腹部。这就是一个循环。当你每次做呼吸放松的时候，重复 10—15 组，就会有轻松舒畅的感觉。把注意力放在一呼一吸之间，也是练习专注力的非常好的办法。第二个是把深呼吸跟肌肉的放松连在一起。请大家深吸气，吸气的过程，握紧双手，双手握得越紧越好。吸气时要吸到不能再吸为止，然后屏住呼吸 5—10 秒钟再慢慢地呼气，呼气的过程越慢越好，在呼气的过程中慢慢地放松双手。这个方法可以一天做三次，每次十分钟。长期坚持下来，会起到很好的放松作用。

（3）合理宣泄法。

合理宣泄指的是通过利用或创造特定的条件或情境，以适当的方法将内心压抑的情绪表达和倾诉出来，以此来减轻或消除心理压力，稳定情绪。情感释放是一种解放，它的作用是将内心积压的愤怒、憎恶、忧郁、悲伤、焦虑、痛苦和烦恼等负面情绪进行疏导，以消除不良心理状态，实现精神上的解脱。因此，情感释放是摆脱不良情绪状态的必要途径，它能够增强人们面对困难时的信心和勇气。对于那些在特定场合难以启齿但实际上并不影响大局的感受，通过表达或行动来释放，实际上是对影响身心健康的情绪状态进行自我调节，因此，情感释放的过程也是个人进行自我调节的过程。这种方法包括"出气室"宣泄、书写宣泄、向他人倾诉宣泄三种。

（4）想象放松法。

这种技巧涉及在脑海中构建现实生活中的挫折场景，以此引发紧张和焦虑感，然后试着在想象的场景中自我放松，并将这种放松技巧应用到现实环境中，以便更好地应对现实生活中挫折引起的紧张和焦虑等负面情绪。具体步骤如下：首先，掌握前面提到的两种放松技巧；其次，将挫折和紧张事件按照从低到高的顺序排列，制作成一个等级量表；最后，根据这个量表，从低到高逐步进行想象练习，并进行脱敏训练。在进行想象放松训练时，需要确保每个让自己感到紧张的情境都是生动且真实的，最好能够清晰地想象出场景中的声音、气味、颜色和图像等细节。一个人的想象越逼真，那么他就越能感受到情境所带来的紧张。如果一个人能在想象中逐步消除紧张、焦虑的情绪，那么他就能在日常生活中逐渐应对同样的问题。

（5）转移注意法。

这是将注意力转移出去，将注意力从引发负面情绪反应的情境转移到其他事物或活动上的自我调节技巧。当个人情绪低落时，可以尝试将注意力转向自己感兴趣的活动，如散步、观影、运动、下棋或与朋友交谈等，通过参与这些活动找到快乐，进而改善不良情绪。这种方法一方面切断了不良刺激对情绪的持续影响，阻止了负面情绪的扩散和恶化；另一方面则通过参与新颖且吸引人的活动，促进了积极情绪体验的增长。

（6）音乐调节法。

音乐作为一门艺术，是人的情绪、情感的表现方式之一。音乐调节法是一种通过选择和创造适合个体的音乐和声音环境来调整心理状态和改善生活质量的方法。它利用音乐的旋律、节奏和声音特性，影响人的情绪、认知和行为，帮助人们缓解压力、提高情绪、增强专注力和提高睡眠质量。音乐调节法的应用场景包括放松和缓解压力、提高情绪、增强专注力和改善睡眠等。在使用音乐调节法时，需要注意音量控制、避免分心、选择合适的音乐和避免过度依赖。音乐调节法是一种辅助工具，结合其他健康习惯和治疗方法，可以更好地改善心理状态和生活质量。在使用这种方法时，一个人不仅可以通过听，还可以自己唱，寻找令人愉快的感觉。

2. 大学生团体心理辅导活动

（1）活动一：我的挫折。

活动目的：这一活动首先能让学生知道每个人都是会遇到挫折的，让同学们为自己将来可能会遇到的挫折做好心理准备。从分享中可以学到一些应对挫折的方法，以及应对挫折的心理准备。

活动步骤：给每名学生发一张白纸。请学生写出至今遇到的、影响自己最大的挫折是什么，并写出你是怎么走过来的？你觉得未来可能会遇到哪些挫折？学生可在小组内分享，并选出小组代表在全班分享。

活动点评：同学们互相分享自己的应对挫折经历能够促进大家相互了解，并且能够从学生应对挫折的经验中得到启发。对未来可能会遇到的挫折进行分析，可以提高学生对挫折的正确认识和容忍度。辅导员可以引导学生相互学习经验，并且在总结时对某些常见类型的挫折提供更好的应对方式。

（2）活动二：我与别人的不同。

活动目的：让学生了解各种各样的问题是存在于每个人生活中的，我们要做的是认识并努力应对问题，发挥自己的优势。

活动步骤：思考并写下自己和班上同学最大的不同点在哪里？然后大家分组交流每个人写下的内容，并说出自己的感想，也可以直接写出我与小组内的每个人都有什么不同。

活动点评：问题是存在于每个人生活中的。每个人都可能会遇到问题，即使是你身边那些看起来都很快乐的人。老师要引导学生看到自身的优势，不要总拿自己的缺点与别人的优点进行比较。

（3）活动三：大家帮助大家。

活动目的：利用朋辈的力量，解决生活中遇到的困难和挫折。

活动步骤：给每人准备一张纸条，以不记名的形式写上自己正在面对的一个困难或挫折。老师统一收回纸条后，一张张读给大家听，请同学们对该问题给出帮助意见。对于相似的困难或者问题，也可以进一步组织讨论，如常见的宿舍卫生问题，以及宿舍睡觉时间等容易引起学生困扰的问题。

活动点评：以不记名的形式写出自己的困扰和遇到的问题，使学生更容易说出自己的真心话，老师在学生提出的帮助意见的基础上可以提出更加合理的建议。而且在这个活动中，经常有学生发现自己纠结了很长时间的问题，也许在别人眼里根本不是问题或者很容易就能被解决。这一方式能够给同学们带来许多不同的、看待问题的角度。

（三）学生问题答疑

最后留一些时间给大家，进行问题解答，也可以利用这个时间，跟同学们多一点互动，加强交流，建立感情基础。以下是几个有关本次主题班会的提问，可供参考：

1. 我很内向，也想找人聊聊，不过我会担心，人家是不是乐意听、会不会烦我？

2. 身心真的会互相影响吗？

3. 我总是担心自己有心理问题怎么办？

4. 怎么判断自己的心理是否健康？

5. 学习心理健康知识真的很重要吗？

6. 我要相信心理测试的结果吗？

7. 哪些人容易患心理疾病？

8. 我就是身体不舒服，为什么医生说我有心理问题？

9. 关于心理健康问题的分类有哪些？

10. 日常生活很忧郁，怎么办？面对各种不确定，对未来感到担忧，该怎么办？

七、班会小结

大学生的情绪发展经历了一个由不成熟到成熟、由简单到复杂、由单纯到丰富的过程。因为大学生都是初出茅庐、涉世未深的，所以在他们的成长过程中，大多数都是顺境多、逆境少，成就感强、挫折体验少，绝大多数学生没有经历过人生大风大浪的洗礼，生活阅历浅，对可能遇到的挫折缺乏心理准备，对挫折的承受力和应对能力也比较弱。在本次主题班会中，为了提高教育的效果，我们采用学生互动的模式开展活动，注重调动学生的积极性，活跃班会气氛。大家在活动的过程中无形地增强了自身素质，增长了心理方面的知识。大家积极参与相关问题，充分发挥学生在学习活动中的潜力，大大提高班会的效果。

八、案例分享

（一）抑郁自评量表（SDS）①

抑郁自评量表（self-rating depression scale，SDS），含有 20 个项目，分为 4 级评分的自评量表，原型是庄氏（W. K. Zung）于 1965 年编制的抑郁量表。其特点是使用简便，并能相当直观地反映抑郁患者的主观感受及其在治疗中的变化。该表主要适用于具有抑郁症状的成年人，包括门诊及住院患者。只是对严重迟缓症状的抑郁，评定有困难。同时，SDS 对于文化程度较低或智力水平稍差的人使用效果不佳。

SDS 的优点为使用简单，不需要经专门的训练即可指导自评者进行相当有效的评定，而且它的分析相当方便。在一定程度上能够了解被调查者近期心境，可应用于心理咨询门诊中。

表 20-1 为 SDS 的内容（带 * 为反向评分题）：

表 20-1　SDS 的内容

项目	偶有	有时	经常	持续
1. 我觉得闷闷不乐，情绪低沉	1	2	3	4
* 2. 我觉得一天中早晨最好	4	3	2	1
3. 一阵阵哭出来或觉得想哭	1	2	3	4
4. 我晚上睡眠不好	1	2	3	4
* 5. 我吃得跟平常一样多	4	3	2	1
* 6. 我与异性密切接触时和以往一样感到愉快	4	3	2	1
7. 我发觉我的体重在下降	1	2	3	4
8. 我有便秘的苦恼	1	2	3	4
9. 心跳比平常快	1	2	3	4
10. 我无缘无故地感到疲乏	1	2	3	4
* 11. 我的头脑和平常一样清楚	4	3	2	1
* 12. 我觉得经常做的事情并没有困难	4	3	2	1
13. 我觉得不安而平静不下来	1	2	3	4
* 14. 我对未来抱有希望	4	3	2	1
15. 我比平常容易生气激动	1	2	3	4
* 16. 我觉得做出决定是容易的	4	3	2	1
* 17. 我觉得自己是个有用的人，有人需要我	4	3	2	1
* 18. 我的生活过得很有意思	4	3	2	1
19. 我认为如果我死了，别人会生活得更好	1	2	3	4
* 20. 平常感兴趣的事我仍然感兴趣	4	3	2	1

① 郭念锋. 国家职业资格培训教程心理咨询师（三级）［M］. 北京：民族出版社，2012：159.

计分说明：若为正向评分题，依次评为 1、2、3、4 分；反向评分题则评为 4、3、2、1。

分数计算：待评定结束后，把 20 个项目中的各项分数相加，即得到总粗分，然后将粗分乘以 1.25 后取整数部分，就得到标准分。

分数说明：按照中国常模结果，SDS 标准分的分界值为 53 分，其中 53—62 分为轻度抑郁，63—72 分为中度抑郁，73 分以上为重度抑郁。

SDS 总粗分的正常上限为 41 分，分值越低状态越好。标准分为总粗分乘以 1.25 后所得的整数部分。

抑郁严重度＝各条目累计分/80。结果：0.5 以下者为无抑郁；0.5—0.59 为轻微至轻度抑郁；0.6—0.69 为中至重度；0.7 以上为重度抑郁。仅做参考。

评定注意事项：

①SDS 主要适用于具有抑郁症状的成年人，它对心理咨询门诊及精神科门诊或住院精神病人均可使用。对严重阻滞症状的抑郁病人，评定有困难。

②关于抑郁症状的分级，除参考量表分值外，主要还要根据临床症状。特别是要害症状的程度来划分，量表分值仅能作为一项参考指标而非绝对标准。

（二）焦虑自评量表（SAS）①

焦虑自评量表（self-rating anxiety scale，SAS）是 W. K. Zung 于 1971 年编制，用于评出有焦虑症状的个体的主观感受，作为衡量焦虑状态的轻重程度及其在治疗中的变化的依据。焦虑是心理咨询门诊常见的一种情绪障碍，近年来，SAS 已作为咨询门诊中了解焦虑症状的一种自评工具。

SAS 测评的是最近一周内的症状水平，评分不受年龄、性别、经济状况等因素的影响，但如果应试者文化程度较低或智力水平较差则不能进行自评。本量表可以评定焦虑症状的轻重程度及其在治疗中的变化，适用于具有焦虑症状的成年人。该表主要用于疗效评估，不能用于诊断。

下面有 20 条文字，请仔细阅读每一条，把意思弄明白，然后按照自己最近一周以来的实际情况进行选择。在自评者评定以前，一定要让受测者把整个量表的填写方法及每条问题的含义都弄明白，然后做出独立的、不受任何人影响的自我评定。

表 20-2 为 SAS 的内容（带 * 为反向评分题）：

① 郭念锋. 国家职业资格培训教程心理咨询师（三级）[M]. 北京：民族出版社，2012：160.

表 20-2　SAS 的内容

项目	很少	有时	经常	持续
1. 觉得比平常容易紧张和着急	1	2	3	4
2. 无缘无故地感到害怕	1	2	3	4
3. 容易心里烦乱或觉得惊恐	1	2	3	4
4. 觉得可能要发疯	1	2	3	4
*5. 觉得一切都很好，也不会发生什么不幸	1	2	3	4
6. 手脚发抖打颤	1	2	3	4
7. 因为头痛、头颈痛和背痛而苦恼	1	2	3	4
8. 感觉容易衰弱和疲乏	1	2	3	4
*9. 觉得心平气和，并且容易安静地坐着	1	2	3	4
10. 觉得心跳得很快	1	2	3	4
11. 因为一阵阵头晕而苦恼	1	2	3	4
12. 有晕倒发作，或觉得要晕倒似的	1	2	3	4
*13. 吸气呼气都感到很容易	1	2	3	4
14. 手脚麻木和刺痛	1	2	3	4
15. 因为胃痛和消化不良而苦恼	1	2	3	4
16. 常常要小便	1	2	3	4
*17. 手常常是干燥温暖的	1	2	3	4
18. 脸红发热	1	2	3	4
*19. 容易入睡并且睡得很好	1	2	3	4
20. 做噩梦	1	2	3	4

　　计分说明：第 5、9、13、17、19 题，①＝4 分；②＝3 分；③＝2 分；④＝1 分。其余题目，①＝1 分；②＝2 分；③＝3 分；④＝4 分。

　　分数计算：待评定结束后，把 20 个项目中的各项分数相加，即得总粗分，然后将粗分乘以 1.25 以后取整数部分，就得到标准分。

　　分数说明：按照中国常模结果，SAS 标准差的分界值为 50 分，其中 50—59 分为轻度焦虑，60—69 分为中度焦虑，69 分以上为重度焦虑。

　　评定注意事项：

　　①由于焦虑是神经症的共同症状，故 SAS 在各类神经症鉴别中作用不大。

　　②关于焦虑症状的临床分级，除参考量表分值外，主要还应根据临床症状特别是要害症状的程度来划分，量表总分值仅能作为一项辨别指标而非绝对标准。

第 21 次　大三下 ● 3 月
——学术竞赛拓视野，创新奋斗无止息

一、主题班会名称

学术竞赛拓视野，创新奋斗无止息

二、策划主办

辅导员、团委、学生处、科研处、教务处

三、活动对象

全体同学

四、活动形式

主题宣讲、经验分享、实地参观、团体辅导

五、活动目的

随着社会的不断发展，竞争也越来越激烈，大学生们要想在日后的职场中脱颖而出，就必须具备一定的实践经验和专业技能。而参加各种竞赛活动，可以为大学生提供一个锻炼自己的机会，让大学生更好地了解自己的专业领域，提高自己的综合素质和竞争力，为自己的未来打造更加光明的前途。本次班会通过辅导员介绍、学生讨论、经验交流、观看比赛回放等形式，以学校举办相关科技创新竞赛和学术交流活动为契机，使学生充分了解参与科技竞赛和学术活动的重要性和意义，进一步增强参加科技创新竞赛和学术交流活动的积极性，不断培养提升自身创新精神和创新能力。

六、主要内容

（一）基础内容介绍

1. 参加大学生科技创新竞赛和学术交流活动的重要性和意义

科技创新竞赛和学术交流活动是高校课堂教育的拓展和延伸，也是对专业学习的必要补充和完善。大学举办科技创新竞赛和学术交流活动，一方面，解决了课堂教学在知识传递上的相对迟缓问题，为课堂教学内容提供了即时的丰富和延伸，有助于激

活教学资源，开拓新的教学领域，打造优质的创新环境；另一方面，这些课外创新实践活动还能让学生更深入地理解社会对人才需求的变化，通过实践发现自身的不足，持续自我提升，全方位增强个人综合素质。教育部、团中央等部委积极贯彻党和国家关于鼓励大学生创新的各项政策，举办相关竞赛，现已形成了"挑战杯""互联网+"等多项品牌竞赛活动。

科技创新竞赛和学术交流活动作为第二课堂，是以学术科技领域的文化交流为主要形式，以科研、竞赛、展示、服务为内容，以创造学术科技成果、促进大学生成才为目的的群众性课外活动。它将课内学习与课外学习相结合，掌握知识与运用知识相结合，是培养大学生创新能力的一条重要途径。大学生参与科技创新竞赛和学术交流活动的重要性和意义主要体现在以下六个方面：

①培养创新精神和实践能力。创新是社会发展的动力，是时代精神的结晶，是信息社会的必然趋势，也是社会文明的象征。习近平总书记指出："青年人是全社会最富有活力、最具有创造性的群体，也是推动创科发展的生力军。要为青年铺路搭桥，提供更大发展空间，支持青年在创新创业的奋斗人生中出彩圆梦。"大学生要提高自身的创造力和科技创新能力，就需要积极投身到课外科技创新竞赛和学术交流活动中去，这些竞赛活动通常要求学生将理论知识应用于实践，从而提高他们的实践能力并培养他们的创新精神。

②优化教育体系和教学内容。许多高校通过学科竞赛来推动教育教学改革，将竞赛与课程学习相结合，从校企合作机制、教学组织、实践平台拓展等方面创新，逐步形成了创业教育与专业教育相融合的课程培训体系；从"观念、技能、能力、素质"四个层面层层递进，通过学科竞赛来提升学生的双创能力，创新创业人才培养路径，完善相关的课程体系和培养模式，将创新创业培训融入人才培养全过程，使教学内容更加贴近实际和前沿科技。

③促进学科交叉融合。推进学科深度交叉融合，既是培养符合经济社会发展所需复合型人才的重要途径，也是以学科建设推动解决国家、社会发展命题的重要举措。习近平总书记指出："加强基础研究，归根结底要靠高水平人才。"人才是推进学科交叉融合创新发展的第一资源和第一动力。科技创新竞赛往往涉及多个学科领域，这有助于推动学科交叉融合，培养学生的综合能力。高校也在努力构建有利于多学科交叉融合的平台，以此推动新工科、新医科、新农科、新文科等建设。

④提升学生综合素质。在参与课外学术科技活动时，学生不仅能培养出严谨求真的学风、团结协作的精神和坚定不移的意志，有效扩展知识领域、完善知识体系，还能提升自学、思维、实践和组织管理等多方面能力。此外，这些活动还有助于学生开阔学术视野、培育学术素养、塑造科研精神、激发创新意识，从而全面提升大学生的综合素质。同时，它也促进了学生在专业知识上的进步，增强了他们的沟通、表达和团队协作等综合能力。通过参加一些科技创新竞赛和学术交流活动，可不断提高学生在未来就业市场上的竞争意识和竞争力，而且创作的优秀作品也可成为就业成才的重

要筹码，这些对于他们未来的职业发展至关重要。

⑤增强赛事交流和朋辈学习。交流和学习能够充分发挥朋辈榜样的引领作用，他们可以从自身经历谈起，总结自己参与科技活动、科研经历、面对挫折、包容心态、保持兴趣等方面的经验。客观认识自己擅长的方面，用兴趣激发自己不断多方向尝试，才能在自己喜欢的研究领域中不断攀登高峰。可以告诫师弟师妹们要保持良好的心态，以积极向上的态度对待困难和挫折；要有坚定的信念，相信不积跬步无以至千里；要从容洒脱，不计较得失，坚持努力、积累能力和经验，才能让自己受益终身。例如，"挑战杯"等竞赛活动通过线上线下相结合的方式，增强了赛事的交流性，使得学生能够在更广泛的平台上进行学习和交流，这不仅提高了竞赛的参与度，也提升了育人的效果。

⑥推动科技成果转化。长期以来，高校科研成果和产业化之间犹如隔着一条"峡谷"，转化率低是普遍存在的问题。科技创新竞赛不仅仅是一场场比赛，更是高校科研成果走上产业化之路的"练兵场"。关注创新、关注前沿科技是科技创新竞赛的重要特点之一，不少项目团队将赛场变为科技创新的"试验田"，实现了技术突破，解决了一些"关键技术"难题。大部分获奖项目突出了产业化应用强、商业化价值高的特点，涉及新材料、智能制造、农业生产、废物利用、水产养殖等领域，体现了大学生在新工科、新医科、新农科、新文科领域的创新创造活力。其中，部分项目已成立了成果转化公司，实现了产业化应用。

2. 大学生科技创新竞赛和学术交流活动的主要形式

从级别范围上看，比赛可分为国家级、省级、市级、校级、院级。不同比赛的门槛不同，大都是从院级到校级一层层筛选，然后选出优秀的同学去参加省级，有的甚至可以直接参加国家级的竞赛。赛事等级越高，含金量越大，难度越大，考验的能力也越多。

从比赛内容上，比赛可分为以下三种：

（1）学科理论型竞赛。

这一类比赛大多为考试型比赛，而且一般为个人赛。这项比赛非常看重学生的理论功底以及基本功扎实的情况。所以参与这类比赛想要取得较为出色的成绩是不太容易的。而且比较令人头疼的是，这一类比赛在很多高校的文件中和其他类型的比赛相比，往往不是特别受到重视，因此有可能出现吃力不讨好的现象。对于本科生来说，除非基础十分扎实，不然这类比赛基本上选择一项钻研即可。而且，不建议跨专业参与。

代表比赛：丘成桐大学生数学竞赛、ACM-ICPC、CCPC、全国大学生周培源力学竞赛、全国大学生数学竞赛、全国大学生语言文字能力大赛、外研社杯全国大学生英语（阅读、写作、演讲、辩论）大赛、全国大学生英语竞赛等。

（2）学科应用型竞赛。

这类比赛一般是团队赛，也是大学生主流竞赛。作品的形式可能是一篇学术报告

（如数学建模），也可能是一个可以实现一些功能的作品（电子设计、机械创新等）甚至可能只是一张海报或者一份 PPT。这类成果多为中小型成果，并且比较粗糙，无法真正实现应用甚至转化成产品，但是可以较好地反映学生解决问题的能力。由于存在团队合作，以及是开放性比赛，因此也考察了学生软实力的水平。

代表比赛：全国大学生数学建模竞赛、美国大学生数学建模竞赛、全国大学生电子设计竞赛、全国大学生机械创新设计大赛、全国大学生结构设计竞赛等。一些企业级的比赛，如阿里巴巴天池大数据平台、Kaggle 平台也是极好的。

（3）创新创业及实践类竞赛。

这类比赛的特点通常是周期十分长，短则几个月，长则一年甚至两年的准备周期，需尽早准备，它们锻炼个人综合能力及团队合作能力，要花费大量心血。选手的作品、人气、答辩的风采，甚至演讲的 PPT 都可能会影响到最终的结果。

代表比赛："挑战杯"全国大学生课外学术科技作品竞赛（大挑）、"挑战杯"中国大学生创业计划大赛（小挑、创青春）、中国国际大学生创新大赛（原中国"互联网+"创新创业大赛）、全国大学生节能减排社会实践与科技竞赛等。

从竞赛形式上，比赛又分为作品评比类和现场竞技类：前者需要上交可视化的作品，通过作品的优劣来评定得奖的高低，如数学建模竞赛、工业设计大赛、广告艺术大赛等；后者往往通过答辩汇报、现场演示等形式，如机械创新设计大赛、智能汽车竞赛、机器人大赛、光电设计大赛等。

（二）班会主题引领

1. 如何选择适合自己的科技创新竞赛

选择适合自己的科技创新竞赛是一个需要综合考虑个人兴趣、专业背景、能力特长和发展目标的过程，建议大家从以下维度进行思考：

（1）自身兴趣和特长。

首先，你需要清楚自己对哪些领域感兴趣，以及自己在哪些方面有特殊才能或技能。选择与这些兴趣和特长相关的竞赛，可以更好地发挥自己的优势。

（2）专业课程和知识背景。

考虑自己的专业课程和已掌握的知识，选择那些能够与你的学术背景相匹配的竞赛。这样既能巩固和拓展专业知识，也能在实践中更好地应用所学。

（3）竞赛的性质和内容。

研究不同竞赛的性质和内容，了解它们的要求、评审标准、参赛过程等。选择那些竞赛主题和形式自己感兴趣，且能够胜任的项目。

（4）资源和支持。

考虑自己能够获取的资源和支持，包括指导老师、团队伙伴、实验设备、资金等。选择那些能够得到充分支持的竞赛项目。

（5）未来发展目标。

思考参赛对你未来职业发展或学术研究的影响。选择那些能够帮助你积累经验、提升能力、拓宽视野的竞赛。

（6）咨询前辈和导师。

向参加过相关竞赛的前辈或专业导师咨询意见，他们的经验可以帮助你更好地做出选择。

（7）平衡难度和收益。

选择那些难度适中，既有挑战性又能够带来实际收益的竞赛。过高的难度可能会让人望而却步，而太低则可能无法带来足够的成长。

（8）团队组建。

考虑自己能够组建怎样的团队。一个多元化的团队能够在竞赛中发挥更大的作用，因此选择那些能够吸引合适团队成员的竞赛。

（9）时间管理。

评估自己的时间安排，确保有足够的时间和精力投入到竞赛的准备过程中。

通过以上步骤，大家可以更科学、更有针对性地选择适合自己的科技创新竞赛，从而提高参赛的成功率和个人收获。

2. 如何准备科技创新竞赛

准备科技创新竞赛是一个系统性的过程，涉及多个方面的准备，大家可参考表 21-1 进行准备。

表 21-1 参赛准备

步骤	建议
1. 了解竞赛要求	①详细阅读竞赛的规则和指南，了解参赛主题、提交截止日期、评审标准、参赛资格等
	②注意任何特殊要求，如团队规模、项目格式、预算限制等
2. 确定参赛主题	①根据个人兴趣、专业知识和市场需求确定一个有创意且可行的项目主题
	②进行市场调研和需求分析，确保项目具有实际意义和应用前景
3. 组建团队	①根据项目需求，选择具有不同背景和技能的团队成员，如技术研发、市场分析、项目管理等
	②确保团队成员之间有良好的沟通和协作能力
4. 制订计划	①制订详细的项目计划和时间表，包括研究、开发、测试、撰写报告等各个阶段
	②设定明确的目标和里程碑，定期检查进度
5. 深入研究	①对项目相关的技术和市场进行深入研究，收集和分析数据
	②阅读相关文献，了解领域内的最新研究和趋势
6. 技术开发	①根据项目需求进行产品或技术的开发
	②进行多次测试和迭代，确保产品的质量和可靠性

表21-1(续)

步骤	建议
7. 撰写报告	①撰写详细的项目报告，包括项目背景、目标、方法、结果和讨论等
	②确保报告逻辑清晰、数据准确、格式规范
8. 准备展示	①准备项目展示材料，如 PPT、模型、视频等
	②练习演讲和答辩，确保能够清晰、准确地传达项目亮点
9. 寻求指导	①寻找导师或行业专家进行指导，获取宝贵的反馈和建议
	②参加相关的研讨会和工作坊，提升项目质量
10. 法律和伦理考虑	①确保项目遵守相关的法律法规和伦理标准
	②如有必要，申请专利或版权保护
11. 资源管理	①合理分配预算，确保项目资金充足
	②管理好时间和其他资源，避免拖延
12. 应对挑战	①预见到可能遇到的问题和挑战，并准备好应对策略
	②保持灵活性和适应性，随时调整计划

3. 参加科技创新竞赛的灵感来源

大学生参加科技创新竞赛的灵感可以从以下几个方面获取：

（1）社会需求。

观察社会中存在的问题和需求，如环境保护、健康医疗、教育平等、公共安全等，还可以考虑如何利用科技创新解决这些问题，提高人们的生活质量。

（2）科技趋势。

关注最新的科技发展，如人工智能、大数据、物联网、区块链、生物技术等，思考这些技术如何应用于不同的行业和领域，创造新的价值。

（3）个人兴趣和经验。

从个人的兴趣和爱好出发，思考如何将兴趣与科技创新结合，同时利用个人的生活经验，解决自己或他人遇到的具体问题。

（4）学术研究。

阅读学术论文和科研报告，了解前沿的学术研究成果，考虑如何将学术研究成果转化为实际应用。

（5）市场调研。

进行市场调研，了解消费者的需求和市场的空白点，分析竞争对手的产品和服务，寻找改进和创新的空间。

（6）跨学科思维。

跨学科合作往往能产生创新的点子，可结合不同学科的知识，进行跨界思考，如将艺术与科技结合、将工程与医学结合等。

（7）过往项目。

学习往届科技创新竞赛上的科技创新案例，了解他们是如何设计和思考的，创造新的解决方案。

（8）竞赛主题。

根据竞赛的主题和方向来构思项目，确保项目符合竞赛的要求。

（9）网络资源。

利用互联网资源，如专业论坛、在线课程、创新平台等，获取灵感和知识。

（10）团队协作。

与团队成员进行头脑风暴、集思广益，不同的视角和想法可能会碰撞出火花。

通过上述途径，大学生可以激发出创新的灵感，为参加科技创新竞赛做好准备，重要的是要保持好奇心和开放性，不断学习和探索，才能发现好的项目。

（三）学生问题答疑

最后留一些时间给大家，进行问题解答，也可以利用这个时间，跟同学们多一点互动，加强交流，建立感情基础。以下是几个有关本次主题班会的提问，可供参考：

1. 完成一个完整竞赛的时间周期是什么样的？我们应该如何高效地规划时间？

2. 项目组长的主要职责是什么？如何协调团队合作高效地完成任务？

3. 怎样参加比赛？大学生可以参加哪些比赛（类别）？

4. 大学生为什么要参加比赛？有什么意义？

5. 什么竞赛值得大学生参加？

6. 如何找到适合自己的竞赛？

7. 参赛需要准备什么？

8. 参赛是否有年龄或年级限制？竞赛是否收费？

9. 竞赛结果对就业或升学有何影响？

10. 如何平衡竞赛与学业？

七、班会小结

开展大学生科技创新竞赛和学术交流活动，不仅可以培养大学生创新能力，而且在培养其学习兴趣、科研态度、价值观念和坚定意志等方面也起着重要作用。辅导员应经常与学生进行沟通与交流，及时了解学生的思想动态。对于大学生来说，不管今后从事何种职业都将影响深远，因为这意味着他们是在吸取科学研究中最具迁移价值的那一部分财富，这也将长久地影响他们未来的事业和生活。

参加科技创新竞赛和学术交流活动的获奖情况已成为很多高校免试推荐研究生的重要条件之一，甚至还可获得相应的创新奖励学分。此外，在毕业生就业双向选择中，科技创新竞赛和学术交流活动的积极分子往往都会成为最受用人单位欢迎的学生，这些学生走上工作岗位后，又因普遍都具有较强的进取心和开拓精神，而迅速成为单位的业务能手。

八、案例分享

《2024 全国普通高校大学生竞赛分析报告》竞赛目录见表 21-2。

表 21-2 《2024 全国普通高校大学生竞赛分析报告》竞赛目录①

序号	竞赛名称	备注
1	中国国际大学生创新大赛	原中国国际"互联网+"大学生创新创业大赛
2	"挑战杯"全国大学生课外学术科技作品竞赛	
3	"挑战杯"中国大学生创业计划大赛	
4	ACM-ICPC 国际大学生程序设计竞赛	
5	全国大学生数学建模竞赛	
6	全国大学生电子设计竞赛	
7	中国大学生医学技术技能大赛	
8	全国大学生机械创新设计大赛	
9	全国大学生结构设计竞赛	
10	全国大学生广告艺术大赛	
11	全国大学生智能汽车竞赛	
12	全国大学生电子商务"创新、创意及创业"挑战赛	
13	中国大学生工程实践与创新能力大赛	
14	全国大学生物流设计大赛	
15	"外研社·国才杯""理解当代中国"全国大学生外语能力大赛 ①英语演讲、②英语辩论、③英语写作、④英语阅读	原外研社全国大学生英语系列赛 ①英语演讲、②英语辩论、③英语写作、④英语阅读
16	两岸新锐设计竞赛·华灿奖	
17	全国大学生创新创业训练计划年会展示	
18	全国大学生化工设计竞赛	
19	全国大学生机器人大赛（CURC）	原全国大学生机器人大赛 ①RoboMaster、②RoboCon
20	全国大学生市场调查与分析大赛	
21	全国大学生先进成图技术与产品信息建模创新大赛	
22	全国三维数字化创新设计大赛	
23	"西门子杯"中国智能制造挑战赛	

① 该案例来源于西华大学管理学院《〈2024 全国普通高校大学生竞赛分析报告〉竞赛目录》一文，作者：佚名，发布时间：2025 年 3 月 18 日。

表21-1(续)

序号	竞赛名称	备注
24	中国大学生服务外包创新创业大赛	
25	中国大学生计算机设计大赛	
26	中国高校计算机大赛 ①大数据挑战赛、②团体程序设计天梯赛、③移动应用创新赛、④网络技术挑战赛、⑤人工智能创意赛	
27	蓝桥杯全国软件和信息技术专业人才大赛	
28	米兰设计周——中国高校设计学科师生优秀作品展	
29	全国大学生地质技能竞赛	
30	全国大学生光电设计竞赛	
31	全国大学生集成电路创新创业大赛	
32	全国大学生金相技能大赛	
33	全国大学生信息安全竞赛	
34	未来设计师·全国高校数字艺术设计大赛	含未来设计师·国际创新设计大赛
35	全国周培源大学生力学竞赛	
36	中国大学生机械工程创新创意大赛	原中国大学生机械工程创新创意大赛过程装备实践与创新赛、铸造工艺设计竞赛、材料热处理创新创业赛、起重机创意赛、智能制造大赛
37	中国机器人大赛暨 RoboCup 机器人世界杯中国赛	
38	"中国软件杯"大学生软件设计大赛	
39	中美青年创客大赛	
40	睿抗机器人开发者大赛（RAICOM）	原 RoboCom 机器人开发者大赛
41	"大唐杯"全国大学生新一代信息通信技术大赛	原"大唐杯"全国大学生移动通信5G 技术大赛
42	华为 ICT 大赛	
43	全国大学生嵌入式芯片与系统设计竞赛	
44	全国大学生生命科学竞赛（CULSC）	原全国大学生生命科学竞赛（CULSC）生命科学竞赛、生命创新创业大赛
45	全国大学生物理实验竞赛	
46	全国高校 BIM 毕业设计创新大赛	
47	全国高校商业精英挑战赛 ①品牌策划竞赛、②会展专业创新创业实践竞赛、③国际贸易竞赛、④创新创业竞赛、⑤会计与商业管理案例竞赛	会计与商业管理案例竞赛为 2023 年新增

表21-1(续)

序号	竞赛名称	备注
48	"学创杯"全国大学生创业综合模拟大赛	
49	中国高校智能机器人创意大赛	
50	中国好创意暨全国数字艺术设计大赛	
51	中国机器人及人工智能大赛	
52	全国大学生节能减排社会实践与科技竞赛	
53	"21世纪杯"全国英语演讲比赛	
54	iCAN大学生创新创业大赛	
55	"工行杯"全国大学生金融科技创新大赛	
56	中华经典诵写讲大赛	
57	"外教社杯"全国高校学生跨文化能力大赛	
58	百度之星·程序设计大赛	
59	全国大学生工业设计大赛	
60	全国大学生水利创新设计大赛	
61	全国大学生化工实验大赛	
62	全国大学生化学实验创新设计大赛	
63	全国大学生计算机系统能力大赛	
64	全国大学生花园设计建造竞赛	
65	全国大学生物联网设计竞赛	
66	全国大学生信息安全与对抗技术竞赛	
67	全国大学生测绘学科创新创业智能大赛	
68	全国大学生统计建模大赛	
69	全国大学生能源经济学术创意大赛	
70	全国大学生基础医学创新研究暨实验设计论坛（大赛）	
71	全国大学生数字媒体科技作品及创意竞赛	
72	全国本科院校税收风险管控案例大赛	
73	全国企业竞争模拟大赛	
74	全国高等院校数智化企业经营沙盘大赛	
75	全国数字建筑创新应用大赛	
76	全球校园人工智能算法精英大赛	
77	国际大学生智能农业装备创新大赛	
78	"科云杯"全国大学生财会职业能力大赛	

表21-1(续)

序号	竞赛名称	备注
79	全国职业院校技能大赛	
80	全国大学生机器人大赛（RoboTac）	
81	世界技能大赛	高职赛
82	世界技能大赛中国选拔赛	高职赛
83	"一带一路"暨金砖国家技能发展与技术创新大赛	高职赛
84	码蹄杯全国职业院校程序设计大赛	高职赛

备注 1：按照竞赛入榜年份、竞赛名称首字笔画从小到大进行排序。

备注 2：系列赛入榜年份按照第一个子赛入榜年份计算。

第 22 次　大三下·4月
——铲除邪教乾坤朗，打击传销天地宽

一、主题班会名称

铲除邪教乾坤朗，打击传销天地宽

二、策划主办

辅导员、保卫处

三、活动对象

全体同学

四、活动形式

主题宣讲、集体讨论

五、活动目的

当前，邪教传播、传销渗透的活动在高校偶有发生，对在校大学生产生一定影响。邪教和传销组织会借用各种唬人的幌子包装自己，不断更新骗人花样，学生稍有不慎可能就会跌入邪教和传销的圈套。大学既是培养人才的摇篮，也是科研创新的重要阵地，但由于邪教组织和传销活动的渗透，学生的身心健康、校园的安全稳定都面临风险隐患。因此，此次班会要了解邪教和传销的本质与危害，加强大学生的理想信念教育，加强高校思想文化阵地管理和校园安全管理，引导学生树立实事求是、追求真理的科学思想，自觉抵制邪教组织和传销活动的渗透，营造健康、文明、和谐的校园环境。

六、主要内容

（一）基础内容介绍

1. 什么是邪教

邪教是指冒用宗教、气功或者以其他名义建立，神化、鼓吹首要分子，利用制造、散布迷信邪说等手段蛊惑、蒙骗他人，发展、控制成员，危害社会的非法组织。

邪教与毒品、恐怖主义被称为当今世界三大公害。当前，境内邪教活动呈现出精英化、技术化和低龄化的新特点，以现代高科技手段进行思想渗透，企图在受教育程度较高的人群中传播。掌握现代化信息和通信工具，世界观、人生观、价值观正在形成之中的高校学生群体，便成为邪教组织最为理想的发展对象，高校成为邪教组织渗透的重点目标。

2. 什么是传销

传销，是一种通过人传人的方式来达到销售目的的非法活动。传销所依靠的是参与者的社会资源和社交联系，层层分享利润，达到销售的目的，是一种经济犯罪。即利用新投资人的钱来向老投资者支付利息和短期回报，以制造赚钱的假象进而骗取更多投资，扰乱经济秩序，影响社会稳定的行为。

3. 邪教和传销的危害

①破坏法律秩序：二者都不遵守国家法律法规，其行为会侵犯公民的合法权益，破坏社会法律秩序。

②危害社会稳定：邪教往往通过散布恐慌、煽动情绪来制造社会不安。邪教和传销活动中可能存在暴力行为，严重危害社会稳定。

③损害公民身心健康：邪教和传销常常通过精神控制、洗脑等手段，使参与者产生心理依赖，损害其身心健康。

④侵犯人权：邪教和传销组织往往限制参与者的人身自由，侵犯其基本人权。

⑤损害财产安全：邪教组织常常诱骗信徒捐献财物，传销组织的运作模式主要包括"拉人头""骗取入门费"和"团队计酬"，这些会导致个人、家庭甚至身边亲友的财产损失。

⑥阻碍科学传播：邪教通常反对科学理性和客观事实，传销有时会通过"迷信"的外衣进行包装，阻碍科学知识的传播和应用。

⑦诱发违法犯罪：邪教和传销组织可能涉及非法拘禁、诈骗、伤害等犯罪行为。

⑧损害国家形象：邪教和传销组织可能会被外界误解，损害国家的国际形象和声誉。

（二）班会主题引领

1. 邪教的六个"入坑套路"

①自称一尊神，建立权威。一切邪教诈骗的诀窍在于"转世""降世"和"装神"。邪教组织的头目都会自我神化，他们冒用现成的宗教，以便确立其教义的正义和正当。他们盗用正统宗教的概念、教义、典籍和术语，刻意混淆自己与正统宗教的区别，利用正统宗教容易被社会接受的特点，引诱有宗教情结或认同某些宗教理念的人们误入其中。

②唬你一神迹，展现能力。小心下面几个看上去很吸引人的"神通"。假神迹类型一：用科技来算计，布骗局当轨仪，拿魔术当法术，玩手法称佛法。假神迹类型二：用无厘当真理，编故事当真事，拿想象当真相。邪教在编造神迹神功时，都会用各种

方法借口回避公众的检验。

③画你一个饵，给你利诱。一个普通人，化身成"神"，玩弄些"神迹"，接下来就要拉拢信徒大众了，方法就是给你好多好美的"诱饵"。下面这些是常见的饵：

A. 教"佛学"：传授其所谓的"唯一真正佛法"，开示"唯一真正佛音"。

B. 治小病：消除各种疑难杂症的病痛。

C. 治大病：治愈不治之癌症，免吃药、免开刀、免 X 光。

D. 消业障：消除诸业障趋吉避凶，合家平安，渡化所有业力，保护家人。

E. 长智慧：增长福慧，让大家学业顺利、事业宏图大展。

F. 给加福：给人"佛法"福报，脱离轮回一切苦，快捷成就解脱。

G. 躲末日：宣扬"世界末日"来临，只有本教教徒才能得救。

H. 到最终：编造虚幻世界引诱世人，可让信徒了生脱死，生死自由，解脱轮回，圆满得佛果。

④注你一毒针，对你控制。现在，我已经告诉你我是"神"了，又显了"神迹"给你看。但怕你信得不够深，我要让这些信仰深深烙印在你脑中，洗进你脑中，这样你才会全然对我敬拜崇拜，如何做？就是对你打"毒针"！邪教冒用现成宗教以方便确立教义的易亲近性后，必然会找借口移花接木来扭曲原来正信宗教的教义和经典，渗入其特殊洗脑教义，甚至全盘取代。

⑤砌你一堵墙，对你掌控。打完"毒针"后，就要防范他人给你"解毒剂"。对你进行各种阻隔，目的就是让你得不到外来触发或内在自发的"解毒"与醒悟。

A. 信息阻隔：垄断"信息来源"，使其失去比较、反省的机会。让信徒只能接触来自邪教内部各种假信息。

B. 理性阻隔：邪教编造的假神迹假神功会受到理性质疑，为了要压抑信徒的思考，洗去信徒或公众的逻辑思维。

C. 科学阻隔：邪教会利用科技知识做假神迹，但当科学对自己有害时，也会否定科学。

D. 空间阻隔：某些极端的邪教会以修行为由，对新进信徒进行长时间、"24/7"式的封闭"培训"，这样就完全隔绝了信徒与外界的任何往来。

E. 亲情阻隔：邪教都是鼓吹信教至上，若不能让信徒的亲朋好友也加入，邪教便会否定亲情，要求信徒断绝凡情。

F. 抹黑阻隔：为了要留住信徒，区隔有质疑的公众，邪教为了自保，常会"贼喊捉贼"，抹黑外界的批评与质疑，声称参加他们的才是精英，质疑他们的都是愚蠢无知。

G. 底细阻隔：组织内部的底细和信息，你都不会知道。其信徒之间的联络也受到控制，以免有信徒不信后造成骨牌效应。

⑥恐吓和威胁：用各种后果或伤害吓唬教徒不能脱离组织，不能对它有任何疑问。

2. 传销的五大"洗脑方式"

①充满热情地接待。借助朋友之间的信赖和年轻人追求刺激生活的心理特点，以开创事业为诱惑，诱使他人前往目的地。抵达后，对新加入的成员表现出热情的接待，共同品茶聊天，营造轻松愉快的气氛，并带领他们游览当地的自然风光。然而，这一切不过是传销组织精心布置的骗局，所谓的"朋友"实际上是传销链条中最底层的"业务员"，他们的任务就是诱骗自己的同学和朋友加入传销组织。

②所谓"成功学"的灌输。加入传销组织之后，成员们将开始接受所谓的洗脑式训练。讲师通常会极度夸大现实社会中的一些问题，然后激励大家放弃一切，依照他们所传授的方法迅速采取行动，最终引导成员们陷入这场骗局。

③"直销"掩盖下的"传销"。初入传销组织，一般会被安排上很多培训课，"讲师"在课上往往谎称其从事的是合法的直销活动，让参与人交钱"购买"产品，并可根据发展下线的人数获得奖金。

④"磨砺意志"的假象。传销组织往往会有"晨练"活动，如阅读和背诵成功学和营销学的内容、保持5分钟的军事站姿，以及即兴演讲等。在生活上，大家共同进食、住宿，睡地板，以此激励他们。

⑤ABC法则的"教育"方式。"ABC法则"即A带B来了之后，A不能做B的思想工作，而是让C来做B的思想工作。

3. 误入邪教和传销组织该如何自救

①确保人身安全。误入传销组织被控制后，最重要的是要保障自己的人身安全，表面积极配合，假装自己已被成功"洗脑"，一定不能和传销组织看管人员或其他传销参与者轻易起冲突，防止被施加暴力甚至危及个人生命安全。

②保管重要财物。随机应变，采取各种措施，尽量隐藏、保管好身份证、银行卡、手机等重要物品，防止落入传销组织管理人员手中。如银行卡、手机被抢夺走，可视情况假装记错密码、多次输入错误致使账号锁定。必要时，如需上缴钱财才能脱身的话，可先满足对方要求，以换取尽快脱身逃离的机会。

③牢记环境位置。要尽量掌握并牢记行动路线、具体位置、周边标志性建筑、小区名称、门牌号、楼栋号等环境位置信息，以便伺机逃脱、报警求援。有机会使用手机时，可获取并记住卫星定位信息，并尽可能借机向亲朋好友发出。

④伪装病重求医。假装病重、急需救治，诱使传销组织管理人员将自己送医，并在送医途中或到达医院后伺机呼救，或者让传销组织认为非但无法从你身上骗取财物，还可能在你身上耗费大笔医药费甚至贻误救治时机导致病亡，从而放弃对你的控制。

⑤团结同行人员。尽可能和一起被控制在传销场所的其他人员甚至看守人员搞好关系，一方面可以寻求照应，另外一方面细心观察寻找同样属于误入传销、有心出逃的人员，找机会与其共同谋划并互相配合出逃。

⑥传递求救信息。使用一切可能拿到的物品（如纸片、纸币等）偷偷写下求救信息，趁看管人员不备，利用一切机会发出求救；如被安排并在监控下与亲友、同事、

同学等通信，在不引起传销人员怀疑的情况下，说一些对方知悉且明显与事实不符的事，或平时约定的报险"暗语"，暗示自身身陷危险以求救。

⑦伺机安全出逃。尽量表现出积极配合的态度和行动，取得传销分子的信任，利用外出参观考察或取款、放风活动等有利时机，突然摆脱看守人员的控制向周围人员求救。可以伺机故意制造话语冲突、车辆刮擦、身体磕碰等突发异常情况吸引旁人注意甚至引来警察检查。

⑧及时报警处理。一旦逃离传销窝点、摆脱控制，立即到安全区域报警。如手机已被没收或损坏，可向周围群众借用手机或请其帮忙报警，也可直接奔向邻近的交通岗亭、巡逻执勤警察求助。报警时应尽可能说明传销窝点具体位置，传销头目、骨干和参与人员姓名、人数，传销组织运作方式和活动规律等情况。

（三）学生问题答疑

最后留一些时间给大家，进行问题解答，也可以利用这个时间，跟同学们多一点互动，加强交流，建立感情基础。以下是几个有关本次主题班会的提问，可供参考：

1. 什么是传销？传销的主要特征是什么？

2. 什么是网络传销？网络传销的骗人手法有什么？

3. 传销欺诈的本质是什么？

4. 如何识别网络传销？如何辨别微传销？

5. 发现传销行为应向谁举报？

6. 什么是邪教组织？邪教组织有哪些特征？

7. 邪教组织有哪些危害？

8. 邪教与宗教有哪些区别？邪教与迷信有哪些区别？

9. 公安部认定的邪教组织有哪些？

10. 如何识别和防范邪教？

七、班会小结

由于缺乏足够的社会经验和人生经历，大学生有时难以识别邪教团体和传销活动的欺诈本质及其危害性。在求职的迫切心情驱使下，他们可能会轻信邪教和传销活动所宣扬的家庭温馨、团队合作创业、神灵保佑等虚假承诺，难以抵挡"快速增值"的高额回报诱惑。在这些组织的持续培训、宣讲等洗脑手段的影响下，他们的思想防线逐渐崩溃，最终深陷邪教和传销的泥潭，难以自救。

邪教传播、传销渗透往往背后还带有强烈的政治和经济诉求。大学生要从维护祖国统一的高度，进一步提高自觉抵制传销渗透、抵御邪教危害的能力；进一步认清邪教传播、传销渗透的本质，树立科学的人生观和世界观，提高辨析、抵制非法组织的能力。辅导员通过开展此次班会，使同学们将反邪教反渗透反传销教育向家庭、向社会延伸，形成辐射效应，促进学校乃至社会的和谐发展。

八、案例分享

多才多艺的女大学生为何被骗入邪教？①（有删减）

阿紫是一名外表靓丽、多才多艺的女孩，擅长弹古筝，拥有 10 级证书，大学时参加省级比赛拿过金、银奖牌；拥有语言天赋，会英语、葡萄牙语等多种语言；大学选修色彩搭配，学过水彩画，接触过水溶铅。她还对计算机非常感兴趣，参加工作后管理过微信公众平台、网站网页，之后更是为了提高自己的电脑技术水平申请了去新西兰留学。就是这样一个多才多艺的女大学生，却因为误入了邪教前途尽毁。

为了不让母亲难过，孝顺的阿紫成了一名"全能神"②信徒

阿紫小时候生长在一个温馨幸福的家庭中，妈妈很疼爱阿紫。可是，13 岁时阿紫发现父母开始经常吵架，不多久便离异，她跟随母亲生活。

自那时候起，母亲就把生活的希望寄托给了"全能神"，经常外出聚会、"尽本分"，有时候几天都不着家。聪明乖巧的阿紫小小年纪就习惯了一个人在家的日子，自己洗衣做饭、自己去学校，这些生活经历形成了她特别胆小的个性。

母亲一直给阿紫灌输"全能神"的歪理邪说，特别是 2012 年左右，母亲神秘地对阿紫说："世界末日就要来了，只有相信'全能神'，在世界末日到来的时候才能得福、蒙拯救。"阿紫虽然害怕，但是聪明好学的她明白要"相信科学"的道理，便以自己读书任务重为由婉拒了母亲。

为了女儿也能"得福、蒙拯救"，母亲开始不断地给阿紫"传福音"。2016 年 3 月，为了不让母亲难过，孝顺的阿紫刚刚大学毕业参加工作，就在母亲不厌其烦地劝说下成了一名"全能神"信徒。

"全能神"邪教组织让阿紫辞去喜爱的工作为其卖命

阿紫在大学学的是教育专业，工作后的第一份职业是特殊教育老师，训练特殊儿童，使他们康复并融入社会。阿紫天性善良，看到那些特殊儿童在她的精心呵护、教育下，从被照顾的弱势群体逐渐成长，直到能够独立完成指定的任务，她感到莫大的成就感。

终于有一天，母亲把"全能神"的书放在阿紫的手中。受书中影响，阿紫还是辞去了自己喜爱的工作，离开了她工作两年多的岗位和她喜爱的孩子们。

辞去了自己喜爱的工作，阿紫在母亲的安排下来到教会"尽本分"、预备"善行"。母亲告诉阿紫，这是在追求"有意义的人生"，并且逼迫阿紫写下"起誓保证书"。

从 2017 年 3 月开始，阿紫就开始为教会"尽本分"，负责培训教会人员学音乐，为歌词谱曲，教"组织"里的人唱那些"全能神"歌曲，通过歌曲美化邪教组织。后

---

① 该案例来源于视听山西《多才多艺的女大学生为何被骗入邪教？》一文，作者：张怡，发布时间：2023 年 2 月 8 日。

② "全能神"在 1995 年就被国家定性为邪教组织，一直是我国严厉打击的对象。

来，由于阿紫的电脑技术突出，又被邪教组织安排做教会网络组负责人，再后来做小区网络组负责人，专门负责"全能神"教会人员的上网，收发境外组织邮件，传达境外组织的指令，从事非法活动。从此，阿紫一步步堕入了邪教的万丈深渊……

"全能神"邪教组织鼓动信徒不要婚嫁生子，阿紫忍痛离开相恋的男友

阿紫和男友大学毕业后相继参加了工作，她没敢把自己参加"全能神"的情况告诉男友。好景不长，他们的恋爱关系很快被母亲知道。母亲找来几个"姊妹"，拿出"全能神"教义里的话对付阿紫："有的人二十来岁，着急找对象，急不可待，看见一个就找了，找完两人一过上日子以为这回甜蜜生活开始了，其实是苦难开头了！"

虽然有诸多不舍，但"神"的话阿紫不敢不听，无奈之下向男友提出分手……那次之后，阿紫再也没有恋爱过，如今 30 岁了，也没有要成家的打算。

不信"全能神"的父亲被阿紫看成"魔鬼"

阿紫父亲身体不好，与奶奶一起居住。有一次阿紫去探望他们，奶奶看到久未谋面的孙女，开心地忙这忙那，阿紫尴尬地站在一边帮不上忙。这时恰好父亲进门撞见，就责怪阿紫："奶奶这么大的岁数了，既要搞卫生，还要煮饭给你吃，你是大小姐吗？不像话！"而受到歪理邪说影响的阿紫却在心里记恨起了父亲。自此，阿紫真的没有再回家探望过奶奶和父亲。

2021 年 11 月，父亲心脏病突发，医生说要做心脏支架。在进手术室之前，父亲打电话给阿紫，想见女儿一面。当时阿紫正接受"全能神"邪教组织的安排，外出培训教会人员使用电脑。在父亲与邪教组织之间，阿紫内心纠结很久，想起自己在邪教组织里发的毒誓，就赶紧推脱自己工作忙走不开，狠心地拒绝了父亲！

醒悟后，成为一名反邪教志愿者，为彻底瓦解"全能神"邪教组织出一份力

幸运的是，在反邪教志愿者的帮助下，阿紫终于醒悟。她泪流满面地说："这段时间我的眼泪都哭干了，我真是后悔加入了'全能神'邪教组织！若不是反邪教志愿者的教育，我仍是被'全能神'邪教组织利用的对象，还会继续危害社会！我真实地认识到邪教的危害，感谢反邪教志愿者将我从那一层层枷锁中解救出来，让我回归到正常美好的社会生活，体会人与人之间正常相处的温馨和睦。我要珍惜眼前的每分每秒，珍惜眼前所相遇的人和事，以积极乐观的心态重新启航我的人生之路，坚决抵制一切反党反政府、危害社会的邪教组织！今后，我也要加入反邪教志愿者的行列，为帮助其他人脱离'全能神'邪教组织出一份力！"

第23次 大三下•5月
——最美人间五月天，情到深处自然浓

一、主题班会名称

最美人间五月天，情到深处自然浓

二、策划主办

辅导员

三、活动对象

全体同学

四、活动形式

主题宣讲、集体讨论、团体辅导、个别谈话

五、活动目的

爱情是一种美好的感情，进入大学后，大学生的心理和生理都基本成熟，对美好爱情的追求不再是禁忌，但若处理不当可能会伤害到自己和他人，尤其是对于年轻人，学会爱是将来建立美好家庭的重要基础。大学生在这一阶段都或多或少地开始或者想要接触爱情，本次主题班会就是帮助大学生了解爱情中的一些基本原则，树立正确的恋爱观，为将来的婚姻家庭奠定基础。由于每个人对爱情都有自己的理解，因此班会形式可灵活多样，电影赏析、演讲比赛、小品表演及游戏等均可使用。

六、主要内容

（一）基础内容介绍

当离开高中步入大学，恋爱不再是一个"不可言说的秘密"，周围许多同学也邂逅了自己的那个他（她），开始了一场甜甜蜜蜜的恋爱。看着越来越多的朋友开始属于自己的甜蜜恋情，有部分同学开始对自己的感情状况感到焦虑，也有部分同学坚定单身万岁……

1. 了解他和她

首先，我们可以通过一个活动来引入本次班会的主题——了解他和她。通过这个

活动，可以让大学生们认识到男生和女生对爱的不同理解，澄清自己对爱情的误解。过程如下：全班同学每人自备一支笔和 4 张白纸，自由组合成 4—8 人的小组，每个小组内成员性别尽量相同。分别请男生在纸上写出希望自己未来妻子具有的品质和特点，女生在纸上写出希望自己未来丈夫具有的品质和特点，写完后组内讨论。

再分别请男生在纸上写出自己认为的女生会希望自己未来丈夫所具有的品质和特点，女生在纸上写出自己认为的男生希望自己未来妻子具有的品质和特点，写完后组内讨论。

之后，我们将板书分成 4 块，在每块起始处分别写上"我希望未来妻子……""我认为他会希望未来妻子……""我希望未来丈夫……""我认为她会希望未来丈夫……"四个句子。第二、第三块由女生根据讨论结果来添加内容，第一、第四块由男生根据讨论结果来添加内容。最后辅导员带领全班进行讨论，你为什么会这么认为？你从中发现了什么？

2. 学会如何爱

（1）学习表达爱。

示爱是爱情开始的第一步。在向心仪的对象表达爱意时，真诚的态度是最重要的，话语要朴实、诚恳；同时爱情是严肃的，其表达不可随意。有人将爱情当作快餐，但是真正的爱情，实际上是一辈子都不可多得的珍馐，因此在爱情的表达上一定要慎重。

（2）学习拒绝爱。

当自己不愿与他人建立或继续恋爱关系时，要学会拒绝爱。拒绝爱要讲究方式。首先，态度要明确，语言要婉转，态度犹豫、优柔寡断是不可取的。其次拒绝的原因应主要集中在"是我们两个人不合适"，而不是"你不好，所以我不爱你"。再次，要注意时间和地点的选择。一个半开放式的环境更有利于保护自己，如咖啡屋，既有相对隐蔽的空间，又有一定的安全保障。最后，在表示拒绝后，大多数被拒绝的对象会萎靡不振、消沉失落，一般情况下不要亲自去给予安慰。因为这种时候对方相当敏感，一些善意的举动在其眼中可能会被误读，重新点燃他（她）心中的希望，不利于事情的解决。

（3）学习珍惜爱。

对每一个人而言，爱情都是一种有限的资源，要慢慢享用，切不可随意挥霍。可是现在校园里却有这样一些同学：他们将爱情当儿戏，三天两头更换恋爱对象，时间长了就会觉得爱情不过如此，这会对他们将来的婚姻生活产生深远的不良影响。所以，年轻人应当自尊、自重、自爱。

除了珍惜自己的爱，还要珍惜别人的爱。当有人向你真诚地表达爱意时，不管你是否接受，都要心存感激。每一份真诚的爱都是珍贵的礼物。如果接受了他人的爱，就要用真心去浇灌，好好呵护它；如果拒绝了他人的爱，也请不要轻视示爱的人，每一份真诚的爱都值得被尊重。

（4）学习发展爱。

恋爱的发展过程不可能一帆风顺，途中经常会遭遇冲突、误会、冷战与争吵。这种时候，不要一味地埋怨或后悔，也不要一遇到挫折就对爱情失去信心，而是要对矛盾产生的原因有一个正确的认识。只有对感情有足够的信心，才能找到解决的办法。

发展爱的另一个含义是保持爱情的鲜活。一方面要求两人找到双方共同的兴趣、爱好，在相互交流、学习中发展感情。以吃、喝、玩、乐为主要内容的爱情是没有生命力的。另一方面，要不断发展自我。爱情让人成长，同样也只有不断成长的个体才能拥有充满生机的爱情。

（二）班会主题引领

校园爱情的美好是很多大学生的向往，很多人来大学后总想找到自己的另一半，从而学业和爱情双毕业，谈恋爱也成为很多大学生公认的"必修课"。爱情固然美好，如何获得它呢？下面向同学们介绍恋爱"三大秘籍"。

1. 爱情是什么——神秘爱情的研究

在中国的传统文化中，爱情是《诗经》中："关关雎鸠，在河之洲。窈窕淑女，君子好逑。"的向往，是李清照《一剪梅》中："花自飘零水自流。一种相思，两处闲愁。"的凄美。而在科学家们看来，拥有爱情是难得的情绪体验。科学研究表明：握住爱人的手能减弱人们面对威胁情境时的脑反应，只要看着爱侣的照片，疼痛好像不那么强烈；有人接纳和支持我们时，甚至伤口都可能更快愈合。

因此，在心理学上，爱情被定义为：人际吸引最强烈的形式，是身心成熟到一定程度的个体对个体产生的有浪漫色彩的高级情感。后被心理学家罗伯特·斯滕伯格的爱情三角形理论被完整定义，他用"三块拼图"组成了"爱情三因论"，分别是亲密、激情和承诺（见图 23-1）。亲密属于爱情的情感方面，包括亲近、分享、交流和支持；激情属于爱情的情感和动机方面，伴随有生理唤醒，以及和所爱的人结合的强烈愿望；承诺属于爱情的认知方面，无论世事如何变化，对关系的保持做出承诺。

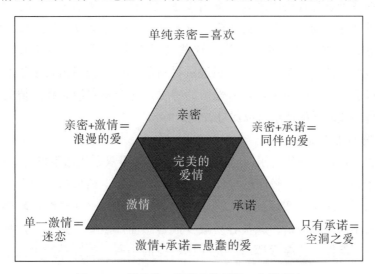

图 23-1　罗伯特·斯滕伯格爱情三角形理论

在爱情的地图里，最容易让人迷失的就是那些"伪爱情"，而当今大学生恋爱的现状，也出现了许多伪装的爱情。比如有人说："爱情的保鲜期只有两个星期，所以要不停地遇见让自己心动的人，才能保持爱情的感觉。"有人说："爱情是建立在物质的基础上的，要有车有房有存款才是爱情的基础。"还有人会因为异性的一个微笑、一个回眸、一场电影、一首音乐而心动。有人把对明星的追捧当作爱，有人把崇拜当作爱，在这个充满"爱"的世界里，如何找到那完美的真爱呢？大家在寻寻觅觅之中，难免会迷失方向。

那么喜欢和爱情是一回事吗？看看这个表格（见表 23-1）就知道了。

表 23-1　喜欢和爱情的区别

因素	我喜欢你	我爱你
依恋度	一般	高
亲密度	少	多
利他度	有条件	无条件

2. 爱情不同面——完美爱情的升级

（1）爱情的刺激面。

生活中或影视中常常看到这样的场景：漂亮的女士处在危险中，英俊的男士英雄救美，最后两人喜结良缘。抑或男女两位主人公在大海里、天空中、丛林内，甚至外星球上，追来跑去，共同面对危险，一同闯关，最后在轰轰烈烈的乐曲中深情一吻，情感进一步升华。甚至在你们共同去玩刺激的游乐项目后，比如过山车、剧本杀、密室逃脱等，也会觉得两人的距离更近了。

其实，这些场景都有相似之处：都引发了人们的生理唤醒，它会让人心跳加快、呼吸急促，处在这些场景的人们就会有意或无意中将种种反应认为是我为他（她）而心跳，最终导致更进一步的相亲相爱。这些场景其实是用到了一种重要的心理学效应——吊桥效应，即当一个人提心吊胆地过吊桥的时候，会不由自主地心跳加快，错把由这种情境引起的心跳加快理解为爱情的感觉。这个研究给寻找爱情的人们一个启示，那就是危险或刺激的情景可以促进彼此的感情。

（2）爱情的技巧面。

有一位男子钟情于一位女子，但每次约会他总觉得双方谈话不投机。有一天晚上，他约这位女子到一家光线比较暗的电影院一同观看电影，结果这次约会后，两人间的感觉变得更亲近了。这其实用到了心理学上的黑暗效应——在光线比较暗的场所，约会双方彼此看不清对方表情，就很容易减少戒备感而产生安全感。在这种情况下，彼此产生亲近的可能性，就会远远高于光线比较亮的场所，更容易产生爱情，这就是黑暗效应。

这个效应给寻找爱情的人的建议是，适当运用较为黑暗的环境，可以帮助人们降低由于地位、财力、身份等所产生的压迫感，从而增进双方间的距离，更有利于较为愉快、放松的交流。

（3）爱情的叛逆面。

莎士比亚四大悲剧之一的《罗密欧与朱丽叶》和中国古典戏剧《梁山伯与祝英台》堪称是中西方的经典爱情悲剧。它们描述的爱情其实是因为心理学中的逆反心理，即当恋爱双方的关系遭到了外在的干扰和威胁时，双方的情感反而更加强烈，恋爱关系更加牢固。由此得出的心理学效应也被称为罗密欧与朱丽叶效应。这个效应也提醒着人们，有些爱情是因为阻碍而变得更加坚定，需要甄别是外界的干扰还是内在的追求。

3. 爱情帮帮忙——现实爱情的困扰

爱情是生活的一部分，也像生活一样充满着未知。每个人都希望自己的爱情甜蜜，感情生活一帆风顺，但实际上并不是每一份爱情都会甜蜜，也并不是每一份爱情都会成功。大学生要对爱情中可能会遇到的一些问题有一定的心理准备，学会如何正确处理与面对。

（1）孤独的爱——单恋。

爱情本应在两个人之间发生，但是有一种爱是孤独的，这就是单恋，即人们常说的"单相思"。单相思一般有两种情况：第一种是"爱你在心口难开"，第二种是"我爱的人不爱我"。这两种类型的共同之处在于，都以一方一厢情愿的爱慕为特点。其不同之处在于，第一种是因为不会表达，这种情况多发生在性格内向的人身上，心中的感情不敢或不会说出来；第二种是因为过于执着，示爱遭到拒绝后依然痴心不改。

爱情是相互的，严格地讲，孤独的爱并不是爱情，而是一种感情困扰。面对这种困扰，首先要冷静分析自己心中的那份感情究竟是不是爱。真正的爱不掺杂任何虚荣性和目的性成分。如果是真正的爱，就勇敢地说出来，与其长时间地患得患失，倒不如快刀斩乱麻。不管对方接受与否，早一点知道结果，早一点从爱的迷雾中走出来，是一件有利于身心健康的好事。

陷入单恋的人要尽量减少独处的时间，避免长时间地陷入对爱慕对象的想象之中。要多与外界接触，扩大人际交往面，在现实中体会"人无完人"的说法，从"完美恋人"的想象中走出来。单恋会带来严重的负面情绪，如果负面情绪持续时间过长，就会导致抑郁、低落的心境，危害身心健康。转移注意力是一个有效的途径，如进行体育锻炼，去郊区游玩，参加集体活动等都是转移注意力的好方法。

（2）纷乱的爱——多角恋。

爱情是发生在两个人之间的一件神圣且严肃的事情，具有极强的排他性。教育学家陶行知先生曾经说过："爱之酒，甜而苦。两人喝，是甘露；三人喝，酸如醋；随便喝，毒中毒。"如果一个人同时爱上了几个人，或者几个人同时爱上了一个人，都是缺乏爱情责任感和道德感的表现，是"纷乱的爱"。

发生一个人同时爱上几个人的情况可能有两种原因：一种是因为爱情观尚未定型，不知道自己究竟喜欢什么样的人，在同时遇见好几个可以交往的对象时，不知该如何选择；另一种是爱情态度过于随便，随心所欲，见一个爱一个，把爱情当作儿戏，玷污爱情的神圣，这就需要对自己的爱情观进行反省。

几个人同时爱上一个人的情况也有两种原因：一种是因为有些大学生认为被人追、被人爱是魅力的证明，是一种荣耀，于是千方百计地在众人面前施展自己的魅力，引起众人的追捧，游走在多份爱慕之间。殊不知这种追逐只是暂时的，一旦大家发现表面魅力背后隐藏的目的，就会弃之而去。另一种是因为个体确实具有某种非常吸引人的特质，比如出众的外貌、优秀的品质等。在这种情况下，要给予追求者一个明确的态度，接受爱与拒绝爱都需要有明确的态度，不可含混不清、暧昧不明。

（3）伤心的爱——失恋。

为什么人们会对无疾而终的初恋或者恋爱念念不忘呢？这其实是因为契可尼效应——一般人对已完成的、已有结果的事情极易忘怀，而对中断了的、未完成的、未达目标的事情却总是记忆犹新。因此爱情中一旦出现我爱一个人，但是他（她）却不爱我的时候，所谓的失恋便由此产生了。失恋所带来的负面情绪主要有三种：一是失落感，一下子失去了可以依靠、信任和理解的对象，感到孤独与失落；二是无意义感，没有他（她）的陪伴，干什么都提不起精神，任何事情只有与他（她）一同分享，才是有意义的；三是失败感，失恋后，许多同学会感到自己被否定了，继而产生羞耻和嫉恨的情绪。

面对大学生失恋，辅导员该怎么办呢？如果辅导员比较年轻，自己没经历过恋爱，又该怎么办呢？在此推荐以下方法：

①全面了解，对症下药。我们在知晓学生失恋后，一方面要掌握学生原本的性格特点，另一方面还要侧面了解一些当事学生的学习、家庭、生活等相关情况，做到"兵马未动，粮草先行""知己知彼，百战不殆"。辅导员对学生有客观的了解，再加上手里掌握足够的信息，就可以帮助我们迅速地预判。

②全心陪伴，真诚倾听。辅导员第一时间不宜输出一顿大道理，这个时候师长或者朋友的真心陪伴和倾听尤为重要，可以安排室友做好陪伴及情况的反馈，而我们则可以鼓励学生多参加朋辈活动，必要时也可以通过家校联系共同劝导，让失恋学生慢慢淡化失恋情绪困扰，尽快摆脱乌云密布的"低气压"状态。

③全力引导，分类帮扶。失恋问题虽然要在表面上抽丝剥茧来梳理，但实际上往往是双方交往过程中的认知和价值观叠加的结果，辅导员要告诉学生失恋后合理宣泄情绪的渠道，比如唱唱歌、跑跑步。如果碰到装作若无其事的学生，可以试着鼓励他们通过写日记、参加户外活动等方式发泄出来。我们还应该不断肯定学生，进而慢慢和学生讨论恋爱以及失恋所带来的得失，引导学生正确看待失恋，走出低潮，涅槃重生。

最后，要特别注意的是，当学生出现失恋后长时间都没有缓解，反而加重或做出一些负面的行为时，辅导员一定重视起来，这种类型的失恋可能会衍生出心理问题。面对这样的情况，不妨请处理该类问题比较有经验的老师一起探讨，或者转介给心理老师，用专业的方法疏导。

（三）学生问题答疑

最后留一些时间给大家，进行问题解答，也可以利用这个时间，跟同学们多一点互动，加强交流，建立感情基础。以下是几个有关本次主题班会的提问，可供参考：

1. 身边同学都恋爱了，我也要赶紧找一个吗？

2. 大学生到底能不能谈恋爱？如何克服恋爱焦虑？

3. 大学生恋爱会不会影响学习？

4. 如何判断他到底是不是真的爱我？

5. 两个人相处久了变得越来越没有话题了怎么办？

6. 在恋爱中占有欲太强，不想自己的恋人有任何异性朋友怎么办？

7. 异地恋如何维持？怎么保证安全感？

8. 如何改变恋爱脑？

9. 要怎样从失恋的痛苦中走出来？失恋了我很想报复怎么办？

10. 如何判断自己是否被精神操控？面对精神操控该怎么做？

七、班会小结

"爱情"在大学生中是一个令他们永不厌倦的话题，大学生群体中越来越多的、由爱情引发的心理问题让我们不得不严肃对待这个话题。面对爱情，他们好奇而迷茫，辅导员一定要科学、合理地引导，采取不回避、不封闭的态度。因此，在适当的时候树立正确的爱情观，能够帮助他们更好地面对爱情带来的种种问题，在爱情中更好地完善自我，而不是迷失其中。电影、游戏比说教带来的影响更大，因此本次主题班会可以采取观看经典影片后全班一起讨论的方式，也可以通过游戏活动进行。在讨论爱情的同时可以适当引入性教育的内容，帮助大学生建立起科学、健康、积极的性观念，这不仅有助于他们自身的成长与幸福，也将为社会整体风气的改善贡献一份力量。

八、案例分享

回母校，办一场婚礼①

婚礼，人生五礼之一，有的盛大庄重，有的简约精巧。当美好而庄重的婚礼走入青春洋溢的校园，人生之礼与人生之书交织成一条纽带，联结着新娘与新郎、老师与学生，也联结着学子与母校。

5 月 26 日，浙江大学求是园被爱意和暖意包围，被甜蜜和浪漫环绕。127 对新人在此参加"缘定浙大"2024 校友集体婚礼。

校园接驳车被涂装成粉色的婚车，火红的玫瑰花被收纳进高大的结婚证书，新人们双手交握着写下描金的"百囍图"，心动"Do Re Mi"派对响起悦人的歌曲……浪漫

---

① 该案例来源于浙江日报《回母校，办一场婚礼》一文，作者：林婧，发布时间：2024 年 5 月 27 日。

与甜蜜的气息萦绕在整个校园里，烈阳也成了婚礼的光晕，耀眼而迷人。

杜瀛和秦世杰是参加婚礼的一对"双校友"新人。在他们相恋的十年里，在浙大的时光占据了快一半。两人携手从高中进入大学，又在大二下半学期决定一起出国，在紧张且充实的校园生活中一起自习、一起练习口语。

杜瀛记得无数个属于玉泉坡顶那块大草坪的安静夜晚，两人在草地边的长椅上捧着西瓜，小声唱着歌，听雨声，听蝉鸣。"时间似乎静止了，度过之后被封上了保鲜膜放在记忆里，任何时候拿出来都还有仲夏西瓜熟透的香甜味道。"

校园对他们而言是爱情的见证，也是爱情的延续，在校园举行婚礼不仅是对情感之路的见证，也是成全了校园爱情的仪式感。

这种特殊的仪式感，很受校友们的欢迎，浙江大学的集体婚礼报名十分火爆，名额不到六分钟便被一抢而空。2024 年是"缘定浙大"校友集体婚礼举办的第 13 个年头，见证了 2 100 余对校友新人的甜蜜誓言和爱情佳话。

2012 年，首届"缘定浙大"校友集体婚礼上，数学科学院教授苏德矿，也是学生最喜爱的"矿爷"发挥了段子手的本能：他（她）是你的定义域，如果没有他（她），你就无法定义你的人生；他（她）是你的价值域，如果没有他（她），你就找不到自己在哪里；希望你们的爱情像严格递增函数，幸福会随着时间越来越多；愿你们的婚姻像一条射线，只有起点，没有终点！

这段用数学语言解读爱情的发言在当时惊艳了整个微博。让众多网友直呼，高等数学原来这么有趣，枯燥的数字和公式也能变得有趣好玩。

除了致辞发言，集体婚礼对戒也颇有巧思。从最初铭刻"LOVE@ZJU"的对戒，到如今已经有了专属名称——"鹰 future"。在"最多富豪校友"的加持下，根据浙江大学校友总会发的官方解释，对戒以"求是鹰"为核心设计元素，是求知探索与浪漫爱情的完美融合，是对每一段不凡旅程的美好祝愿，为爱加冕，让每一个故事璀璨如初。

大学校园是爱情的高发地。近代以来，多少名人都是校园情侣，他们甜蜜的恋爱故事也随着个人事迹被人们挖掘出来令人艳羡和敬仰。

钱钟书和杨绛的爱情故事是中国文学史上一段被广泛传颂的佳话。清华园里的一次意外结识是两人相知相恋的开始，一句"我没有男朋友。"和"我也没有未婚妻。"让多少人磕到了两位先生的第一口糖。

"敦煌女儿"樊锦诗和著名考古学家彭金章则在北大校园里一见钟情。因为工作，两人一人在武汉、一人在敦煌，为了团聚，彭金章放弃自己的事业，毅然来到敦煌，结束了 23 年的异地生活。他们共同担起使命，为中国留住了 1 700 年的文化遗产。

青春灿烂的时光、真实热烈的情感，与恋人并肩奋斗、勾勒未来是多么美好。如果那时也有学校举办集体婚礼，他们也一定会参加吧？从青葱校园走向繁复人间，为了共同的目标，朝着共同的方向，怀揣着梦想和星空，选择在爱情诞生的地方一起翻开人生的下一页。

近年来，越来越多年轻人加入这场集体的、盛大的时刻。

2023 年的"520"，浙江中医药大学 53 对不同年龄段的校友伉俪参加了"520 爱在浙中医大"校友集体婚礼活动。

这天也是第 24 个"世界计量日"，一个专属于计量人的节日。在中国计量大学，也有 45 对新人重回母校参加第二届校友集体婚礼。

10 月 15 日，浙江工业大学校园里，6 对钻石婚、金婚老教师和 80 对新人参加了学校 70 周年校庆校友集体婚礼。

婚礼仪式从私人走向公众意味着仪式本身蕴含着社会伦理意义。这样的仪式代表着一种价值，从道德情感上赋予了更广泛的社会认同。而走过十余年，并且越来越受欢迎的校友集体婚礼更是证明了这种仪式正在越来越多地承载着校友的希冀。

从校长书记作为婚礼主婚人致辞、向新人颁发纪念证书，"新人最想见到的老师"代表送上祝福，再到特殊定制的纪念对戒、颇具校园文化特色的伴手礼，以及全场合唱一支校歌，仪式的每一个流程都留下了最珍贵的"校园印记"。

一位参加浙大首届集体婚礼的新娘更是称婚礼当天是时隔两年都"难以忘怀的日子"。她与先生是校友，在校网上看到消息后，马上下了决定。虽然当时自己的婚礼还有诸多事宜待办，但还是毫不犹豫地把集体婚礼的事宜纳入安排中。

决定参加后，她遭到了大学同学的反对和嘲笑"集体婚礼"庸俗，但事实上婚礼当天她觉得自己非常被重视，从新人宣誓、放飞白鸽、老师讲话……每一道程序都很有意义。

"事实证明，没有参加过会是终身遗憾好吗！能参加的人真是太过幸运，这是他们没有参加过的人所无法体会的幸福啊！"

第 24 次　大三下·6月
——把酒言欢情谊扬，饮酒过量伤害常

一、主题班会名称

把酒言欢情谊扬，饮酒过量伤害常

二、策划主办

辅导员

三、活动对象

全体同学

四、活动形式

主题宣讲、集体讨论、个别谈话

五、活动目的

本次班会以控制即将进入实习期间的学生不饮酒为目的，引导学生了解酗酒对身体健康的损害，以及对家庭、社会的危害；了解校园生活中因酗酒行为引发的人身伤害、矛盾冲突及群体性事件，并对酗酒引发的案例进行分析，使学生切实感受到酗酒的风险与危害；对校规校纪和《学生手册》中关于控制饮酒的条例进行分析阐述，对违规饮酒特别是酒后滋事可能导致的校规校纪处罚和法律惩罚予以说明，引导班级学生讨论酗酒的社会成本，思考在求学生涯中如何用文明健康的社交方式替代饮酒，在学生中真正形成"加强学习、提高警惕、拒绝酗酒、维护身心健康"的舆论氛围和良好校园风气。

六、主要内容

（一）基础内容介绍

酒，自古以来就是人类社交的润滑剂。在酒的陪伴下，我们畅谈天下事，释放自己的情感，忘却生活的压力。但酒，也是一把双刃剑。它能带给我们欢乐，也能带给我们伤害。在酒精的作用下，我们可能会做出一些冲动的决策，伤害自己和他人。酒，

有时会使人产生错觉，让人认为自己在醉梦中找到了真实。但是真实的自己、真实的情感、真实的未来，都需要我们在清醒中去追寻。学校的规定，正是希望学生们能够保持清醒，珍惜自己的青春，为自己的未来而努力。

近年来有多所大学陆续发布"禁酒"相关规定。为了保护学生们，学校做出了这样的决策，我认为无可厚非。其实除了对酒的担忧，学校更关心的是大家的未来。青春，是人生中最宝贵的时光。这是一个充满活力、热情和创意的时期，这也是一个塑造自己、规划未来的关键时期。在这样一个时期，大家应该更加珍惜自己的时间，更加注重自己的成长。而不是沉溺于酒精，浪费自己的青春。

虽说高校禁酒令各有不同，有宽有松，但核心是一致的，就是不提倡大学生饮酒。当下，社会"酒文化"不断入侵校园，给大学生带来了误导。一些人把和同学、朋友饮酒作为人际关系和交友的主要方式，认为和领导、老师饮酒可以表现自己，给他们留下好印象，更有甚者将"酒量"作为人品和能力的外在表现形式。大学生酒后打架斗殴、拼酒闹事的案例时有发生，因此，拒绝校园"酒文化"，不能含糊。

那么，大学生在饮酒问题上有哪些应该纠正的糊涂观念和错误做法呢？引起人们酗酒的原因是多方面的，对于一个大学生来说，要特别注意以下糊涂观念和错误做法的出现：

①"今朝有酒今朝醉""借酒浇愁"，这实质是逃避现实、自暴自弃的消极情绪。"药能医假病，酒不解真愁"。

②自命风流高雅，试图借酒引发冲动，产生某种"灵感"，到头来"灵感"未寻到，自身却烂醉如泥。

③片面理解"酒逢知己千杯少"，以为交朋结友离不开饮酒作乐，事实上"酒肉之交"未必靠得住。

④错误地认为"男子汉天生应当会喝酒"。其实，用这种标准来衡量"男子汉"未免失之偏颇，"会酒未必真豪杰，忌酒如何不丈夫？"

⑤为达到预定目的而特地设酒摆宴，饮酒为名，交易是实。

⑥逢场作戏，为助兴而即席端杯，或出于好奇而涉足，这种人最容易成为被摆弄的对象。

⑦故意饮酒滋事、耍酒疯，实则是出于报复和宣泄的目的，以歪就歪装糊涂，用醉状掩盖自身不正当的言行。

⑧硬着头皮充好汉，在酒桌上，"舍命陪君子""一醉方休"。这种人大多酒量并不大，总想博取他人的诚服，而最终往往授人以笑柄。

还需要注意的是，以下几种劝酒情形要承担法律责任：第一是存在强迫性劝酒行为。例如，酒桌上采取"不喝不够朋友""不喝看不起我"等语言强迫他人饮酒。第二是明知对方不能喝酒仍然劝说其饮酒。例如，对方表明自己患有不宜饮酒的疾病，但共饮人仍然不放弃，坚持要求对方饮酒，导致疾病被诱发。第三是未将醉酒者安全护送。例如，饮酒人因过量饮酒而处于醉酒状态，意识不清、无法自主行动，此刻共饮人没有将其送往家中或送去医院。第四是明知饮酒者酒驾而不加劝阻导致损害发生。例如，在共饮后，饮酒人坚持开车回家，同饮者未进行劝阻，明知其属于酒驾而放任其开车，路途中出现车祸导致饮酒人受伤，则需要承担连带责任。

（二）班会主题引领

1. 大学生酗酒对身体健康和家庭、社会的危害

酒精饮品，不论其酒精含量多少，均含有刺激并麻痹神经系统的酒精成分，该物质具有镇静效果。当血液中的酒精浓度达到 20 mg/100 ml 时，饮酒者会感到心情愉悦、精神振奋，体验一种欢快的感受，这是饮酒后的理想状态；当酒精浓度增至 40 mg/100 ml 时，饮酒者会变得坦率直言，表现得像孔雀一样，心情愉快且健谈，思维敏捷，能忘却烦恼，喜欢展示和炫耀自己；当酒精浓度达到 80 mg/100 ml 时，饮酒者会说出豪言壮语，行为像狮子般狂放，精神极度兴奋，言语傲慢、固执己见；而当酒精浓度升至 120 mg/100 ml 时，饮酒者则会语无伦次，行为像猴子一样失控，爱玩爱闹、滔滔不绝；当浓度为 160 mg/100 ml—200 mg/100 ml 时，饮者轻则不言不语，表现蠢钝、思维紊乱、步履蹒跚、反应迟钝、语无伦次、渐入昏睡；重则可导致昏迷，深度麻醉，甚至死亡。

酒精依赖、滥用以及慢性酒精中毒是全球各国共同面临的重要社会难题。饮酒带来的社会损害涉及多个方面，包括意外事故导致的残疾或死亡、参与斗殴和犯罪行为、婚姻破裂、家庭暴力，以及对儿童的忽视。尤其是慢性酒精中毒与高离婚率、分居率之间存在紧密的联系。饮酒与多种暴力犯罪，如人身攻击、性侵、虐待儿童和谋杀等，有着显著的相关性。每年酒驾等交通事故导致的伤亡人数高达数百万。

每一次过量暴饮，都可能会带来一系列危害：

（1）摧残身体，遗恨终生。

酗酒毒害肝脏，损害肝功能。酗酒可引起慢性胃炎、胃溃疡、十二指肠溃疡、急慢性胰腺炎、食道静脉曲张、食道出血等。酗酒影响心脏血管系统，初期轻微胸痛、心律不齐，逐渐变成心脏扩大和衰竭。酒精会增高血压，容易造成中风或继发性心脏病。

（2）精神障碍，人格扭曲。

①情感影响：容易感到焦虑和抑郁，尤其是形成酒精依赖之后，在身体健康状况恶化或经济状况下滑时更为明显，严重者可能会产生自杀的想法。

②嫉妒妄想症状：经常无端地产生嫉妒妄想，怀疑朋友和家人的忠诚，并可能因此无理由地谩骂、攻击、侮辱或虐待他们。

③幻觉体验：在清醒状态下可能会出现言语性幻听，通常这些幻听内容是威胁性的，表现为多人对话或评论他人的场景，例如指责某人是酒鬼或揭露个人隐私；还可能出现短暂的幻视，比如看到门窗后的人影或闪烁的光芒，或是将地板的纹理误认为是怪物。

④遗忘综合征：表现为记忆力受损，尤其是近期记忆的缺失。

⑤人格转变：长期嗜酒导致酒精中毒程度加深，个性特征会发生明显变化。例如，有些人可能变得玩世不恭或过分感伤，而有些人则可能变得冷漠或难以理喻。

（3）城门失火，殃及池鱼。

酗酒是一种病态或异常行为，可构成严重的社会问题。酗酒者常通过酗酒消除烦恼，减轻空虚、胆怯、内疚、失败等心理感受。醉酒后，由于身不由己，会行不知所往，处不知所持，食不知所味；一种原始的冲动使人变得野蛮、愚昧、粗暴；异常的兴奋，又会诱导人为所欲为，出现迷离恍惚而又洋洋自得的举止。有的大学生酗酒后，喜欢在公寓楼道或室内胡乱高歌，严重影响其他人的工作和休息，是社会公德的缺失。

（4）自暴自弃，荒废学业。

有些学生将吃饭、喝酒作为惯常的生活方式，经常处于半醉或者微醺状态，头脑混浊、反应迟钝、无法学习，更不可能潜心钻研学业；有些学生希望通过饮酒交朋友，拓展人际网络，然而，大学时代的友谊一般都建立在真诚的彼此相待、长期的共同进步和互助互信的基础上，酒桌上的朋友更适合于现实社会功利性诉求的具体层面，往往对学生有害无益；有些学生往往饮酒到深夜甚至凌晨才回到宿舍，违反了公寓管理制度，严重影响了宿舍同学的休息，破坏了他人的正常生活。大学生过量饮酒，也会导致思维迟缓、记忆力下降、学习效率下降，醉酒的程度同智力恢复所需的时间大致成正比，在这种精神状态下极大可能出现挂科，甚至毕不了业的后果，从而影响择业、偏离正确的人生。

（5）惹是生非，违法犯罪。

醉酒的人动辄摔倒、撞伤，酒后驾车酿成大祸一类案件屡见不鲜；酒后溺水身亡，自食恶果的悲剧也不乏其例，惨痛的教训实在太深刻了。我国有关法律规定，醉酒的人违法犯罪，应当负相应的法律责任。

（6）增加负担，影响家庭。

首先，学生时代的开支一般以家庭供给为主，一次饮酒的费用一般都在百元以上，一学期如果喝酒请客 3—5 次，就要花费近千元，相当于部分学生一个月的生活费用。经常饮酒会造成个人开支剧增，给家庭造成沉重负担。其次，酗酒后造成身体疾病，更需要一笔不菲的治疗费用。再次，酗酒肇事造成他人伤害的，不得不付出昂贵的代价，既要赔偿医药治疗费用，又要接受校规校纪的处理，甚至法律的严惩，可以说是得不偿失。最后，一次饮酒消耗在酒桌上的时间往往要 4—5 个小时，酒后大脑和神经要得到缓解和恢复又需要近 10 个小时。可以说，饮酒在付出金钱的同时，还有高额的时间成本和健康代价。

（7）行为失控，有损形象。

大学生是民族振兴的希望，是祖国建设的未来，有良好的社会形象。但一部分大学生并不珍惜这一荣誉，沉迷于酒精的自我陶醉中，酗酒后自制能力下降，行为失控，影响形象。常言说"酒可乱性"，就是因为饮酒过量会使人判断能力失常，造成失智、失言、失态、失节，甚至胡作非为。有的人在酒酣之时，会勾肩搭背、言语粗俗、猜拳发令、举止不端；有的人在酒醉后会不分场合地胡言乱语、丑态百出；有的人借酒壮胆、惹是生非、违法违纪还有的人则打架斗殴故意伤害他人。

（8）责任缺失，害人害己。

嗜酒者，在喝酒后会有一种特别的"亲和力"，易做出平时所不敢承担的许诺，失去本来的社会责任感。这一特点可能会被一些有预谋者所利用，成为一种犯罪的手段。此外，饮醉后判断力下降常常造成工作、学习或业务的失误，甚至因此滑向犯罪的深渊，这既是对自己不负责，更是对社会、家庭不负责，最终害人害己。

2. 饮酒过量造成猝死的原因

（1）误吸风险。

饮酒者在饮酒时胃内通常含有大量食物，呕吐时容易使胃内容物误入气道，导致窒息或吸入性肺炎；还可能刺激气管，通过迷走神经反射引起心搏骤停。在急诊中，常发现醉酒导致死亡的病例在进行心肺复苏时，会从气管内吸出大量呕吐物，这大多是误吸所致。因此，对于急性酒精中毒患者，预防误吸至关重要。醉酒后应避免仰卧，头部应偏向一侧，以防呕吐物进入气管。

（2）双硫仑样反应风险。

某些药物，如头孢哌酮，可能导致乙醛无法正常代谢，在体内积累，引发乙醛中毒，即双硫仑样反应。这类醉酒者可能会出现面部潮红、头痛、眩晕、腹痛、恶心、呕吐、心悸、血压下降等症状，严重时可导致呼吸抑制、心肌梗死、急性心衰、惊厥甚至死亡。因此，服用头孢哌酮等药物期间须避免饮酒。

（3）急性胰腺炎风险。

饮酒可能诱发急性胰腺炎，产生心肌抑制因子，导致心搏骤停。在西方国家，酒精中毒是急性胰腺炎的主要病因之一。美国每年有大量急性胰腺炎病例与酒精中毒有关。因此，酒精中毒患者应按时检查血清淀粉酶。

（4）低体温风险。

酒精会导致血管扩张、散热增加，并降低判断力或引起行动迟缓，尤其在寒冷环境中，容易导致低体温。低体温可引起高凝血症、高血糖症和心律失常，可能导致意外死亡。统计显示，在某些农村地区，大部分低温引起的死亡与血液中酒精浓度升高有关。因此，急性酒精中毒时，保暖是必要的。

（5）横纹肌溶解风险。

饮酒者若陷入长时间昏睡，其肢体就会长时间不活动，受压部位可能因此出现肌肉缺血坏死，进而导致横纹肌溶解。即使解除压迫，也可能会发生急性酒精中毒性肌病，肌肉溶解会释放大量坏死物质进入血液，导致多器官功能衰竭，甚至猝死。因此，急性酒精中毒患者应定期翻身，避免肢体长时间受压。

（6）洗胃后低渗风险。

酒精中毒后若需洗胃，可能会出现低渗液体进入血液，导致低渗性脑水肿。由于患者处于昏睡状态，脑水肿的迹象可能被忽视，一旦发生脑疝，可能导致猝死。因此，大量洗胃后，应预防性使用利尿剂、糖皮质激素、甘露醇等药物，以防止低渗状态引起的猝死。

（7）心脏急症风险。

饮酒可能诱发急性心肌梗死，急诊中应对酒精中毒患者进行心电图检查，尤其是老年人和有糖尿病等基础疾病的患者。还要注意的是，昏睡的饮酒者发生急性心肌梗死时可能是无症状的。

（8）脑出血风险。

一名深度酒精中毒的患者被紧急送医救治，经过数小时治疗仍处于昏迷状态，医生才怀疑存在其他问题，随后 CT 检查显示脑出血。

3. 大学生应该怎样禁酒和预防酗酒

禁酒和预防酗酒，关键在于你是否真的认识到了酗酒的危害，如果确有禁酒的诚意，深切体会到酗酒危害，那么你不妨试一试如下一些方法：

（1）禁酒者。

不应将不饮酒视为一种缺憾，因为在人群中，不沾酒的人毕竟是多数。坚持戒酒，最难以应对的场合可能是亲朋好友的聚会或同伴的邀请。不要被"难得的相聚"或"今天非同寻常"等说辞所动摇。在这种时候，以下几点建议或许有帮助：首先，明确在聚会中表明自己不饮酒；其次，拒绝时应保持礼貌，同时态度要坚定，避免给人"只是客气一下"的印象；再次，主动为自己倒一杯非酒精饮料或茶水；最后，记住不喝酒是一种权利，保持自然大方的态度即可。

（2）饮酒者。

无论是独自小酌还是群体畅饮，都应牢记"节制"和"适度"的原则，并注意以下细节：其一，饮酒前应先吃些食物，空腹饮酒最容易导致醉酒。其二，虽然"干杯"是一种礼节性的说法，但演变成"一饮而尽"实则是一种误解。应尽量避免"干杯"，小口慢饮同样可以保持风度。其三，根据自己的酒量来饮酒，适可而止。其四，当感到饮酒不适或有不良反应时，不妨回想一下自己或他人醉酒后的尴尬场景。

（三）学生问题答疑

最后留一些时间给大家，进行问题解答，也可以利用这个时间，跟同学们多一点互动，加强交流，建立感情基础。以下是几个有关本次主题班会的提问，可供参考：

1. 为什么喝了酒会脸红？

2. 为什么会喝醉？

3. 大酒量能否练出来？

4. 饮酒对身体哪些器官有伤害？

5. 你都会在什么情况下饮酒？

6. 是否曾经因为饮酒而造成一些不良后果，如：发生冲突、影响第二天学习考试、身体健康等？

7. 你认为适度喝酒对身体的影响如何？

8. 你第一次喝酒是在什么时候？

9. 你的家人和朋友中，有多少人饮酒？

10. 你都喝过哪些酒？

七、班会小结

饮酒在对个人身体健康造成危害的同时，也浪费了同学们大量的金钱与时间，更损害了个人和学校的形象，诸如醉酒呕吐、耍酒疯、夜市摊喧哗扰民等此类看似常见却是最失礼的不文明行为。醉酒后因为行为失控引发事故冲突和群体性事件，已经成为破坏高校稳定、和谐的重要因素。

个别学生受家庭教育和社会风气的影响，觉得禁酒令是在与文化和社会现象对立，难以长期实施。这个对立确实存在，但也正因如此，才更加需要同学们在生活中"移风易俗"，积极寻找其他文明健康的方式代替"饮酒之风"。如果同学群体间要表达情感、增进友谊，可以一起去唱歌、组织郊游；朋友间可以相约逛街、组织各类运动赛事；在同学聚餐过程中，尽量用饮料代替酒水，年轻人的活力与热情不需要酒精来加温，年轻人的真诚与友爱也无须用酒精来诠释。实际上，禁酒令并不与传统礼俗、文化对立，同学们寒暑假回到家中后，可以和亲朋把酒言欢，表示祝福和感谢，但是要保持有礼、有节、有风度的大学生形象。

八、案例分享

大学生酗酒危害案例①

案例一：2018 年 11 月 23 日晚，某校会计学院 16 级会计某学生，在校外与朋友喝酒，后因喝酒过量醉得不省人事并晕倒在学生宿舍附 3 栋门口。所幸在老师、同学的帮助下到医务室进行了及时抢救才转危为安。该生的酗酒行为严重违反了校纪校规且在学生中造成极坏影响。为严肃校纪校规，教育本人，警戒广大同学，根据学校《学生违纪违规处理规定》的有关规定，决定给予该生警告处分。

案例二：2017 年 1 月 2 日，某校原经济贸易学院 16 级学生刘某邀约了本班同学朱某至学校附近的餐馆聊天吃饭。刘某与朱某因过量饮酒（当天下午每人喝了一瓶 52 度白酒），口角争执后发生了肢体冲突。下午四点半左右，刘某因醉酒不省人事，陷入昏迷，饭店老板当即拨打 110，110 接警后拨打 120 急救并联系学校保卫处立即送往医院抢救，经医院诊断为酒精中毒。接到校保卫处的报告后，班级辅导员、系总支书记、学工处负责人紧急赶往医院了解情况，协调处理。下午六时左右，朱某也因醉酒身体不适被寝室室友送往医院急救吊水。医生对刘某做了 CT、B 超及血液检查，对朱某做了血液检查，结果均无大碍。经过五个小时的治疗，刘某才从昏迷中醒来，转危为安。在采取相应的急救措施后，两人在十点左右均已清醒。刘某、朱某酗酒打人的行为，严

---

① 该案例来源于广西工业院建筑工程学院《大学生酗酒危害案例及警示》一文，作者：佚名，发布时间：2020 年 9 月 3 日。

重违反了学生管理规章制度，经研究讨论，给予刘某开除学籍处分，朱某留校察看处分。

案例三：2013 年 3 月 27 日下午，某高校官方微博发布消息，学生小鹏被发现猝死于宿舍中。据小鹏的室友小帆说，事发前一晚，小鹏 10 时多回到宿舍，11 时多冲完凉后就和他们一起喝啤酒、吃泡面，头发都没吹干，就爬上床准备睡觉。但到了次日凌晨 1 时多，小鹏依然没睡着，并向小帆表示心脏不舒服。次日早上，宿舍的人都起床上课，这时小鹏突然晕倒了，而且躺在地上不断抽搐。室友见此情景赶紧叫人来帮忙并拨打 120，后来经过 40 多分钟的抢救，小鹏不治身亡。

案例四：2014 年某高校连发两起学生酗酒恶性事件。2014 年 5 月 29 日，10 级学生叶某，在毕业前夕，与同学共 11 人到校外聚餐并饮酒，于当晚 23 时溺水身亡于三清园附近池塘，第二天早上被发现。2014 年 11 月 26 日晚，11 级学生温某，与同学共计 5 人，因临近毕业在校外聚餐。聚餐中途李某、陈某二人先行离开，其余三人继续酗酒。而后温某因饮酒过度，回校时醉倒在行政楼花坛前，并被加班的学校老师发现，随后被紧急送往校医院接受治疗。

案例五：2017 年 6 月，某高校王某与同学聚会时，因餐厅规定 3 分钟内喝下 6 杯总共 1 800 毫升的鸡尾酒，500 元以内的消费就可以免单，便不顾个人身体状况，将 4 杯褐色的酒被一饮而尽。其间有人还拿着手机在计时，当他喝下了第 5 杯酒，干呕了几下，走下台阶，摆了摆手；到第六杯酒时，这个大一学生的身体开始不听使唤，然后头一歪，重重地倒了下去，在一片“加油”声中走向死亡，再也没有醒来。

6 月 19 日，市人民医院宣布这个“发育正常”“营养中等”的年轻人临床死亡。珠海市公安局香洲分局出具的鉴定意见通知书称，这个 19 岁的年轻人死于“急性酒精中毒”。王某的母亲在派出所观看视频时，甚至一度想划破台式电脑，把手伸进去，拦下那一杯杯酒，可她做不到。这个母亲能做的，只是睁大了通红的眼睛，任由它无声地掉泪。就像运动会赛跑要最后冲刺了，观众使劲儿喊加油那样，王某就这样在震耳欲聋的加油声中加速跑向了他的终点生命的终点。

第四部分　大学四年级

第 25 次　大四上 • 9 月
——扬帆起航实习路，不负韶华向前行

一、主题班会名称

扬帆起航实习路，不负韶华向前行

二、策划主办

辅导员、教务处、学生处

三、活动对象

全体同学

四、活动形式

主题宣讲、经验分享

五、活动目的

实习作为高等教育实践教学的关键组成部分，对于学生而言，不仅是适应社会需求、提升综合素质的关键步骤，也是锻炼综合能力的重要途径。其主要目的是评估学生将专业知识和技能应用于实践的能力，并根据未来就业需求，让学生在毕业前去相关企业进行具体的技术实践与服务。一段效果较好的实践经历，有助于学生更好地运用所学理论解决实际问题，提升分析解决问题的能力，从而更快地适应即将到来的职场环境。为进一步提升学生对专业的认知，促进校企合作，提高人才培养质量，更好地推动即将毕业本科生的实习工作，召开本次主题班会。

六、主要内容

（一）基础内容介绍

提升大学生的实践能力、创新意识和社会责任感，对于提高高等教育人才培养的整体质量具有重要意义。实习作为高校实践教学的重要组成部分，其作用不容忽视。近年来，在高校与政府机关、企业事业单位以及社会团体等用人单位的共同努力下，产学研一体化不断深化，大学生的实习工作得以稳定推进，实习质量也持续提升。然

而，也存在一些问题，如部分高校对实习的重视程度不够、实习经费投入不足、实习基地建设不规范、实习的组织管理不完善等，这些问题在一定程度上影响了人才培养质量的全面提升。为了进一步提高实习质量，保障学生、学校和实习单位的合法权益，教育部针对加强和规范普通本科高校实习管理工作提出了指导意见，主要内容是：

1. 充分认识实习的意义和要求

（1）充分认识实习的意义。

实习在人才培养体系中占据核心地位，它是课堂教学内容的深化与延伸，为学生提供了接触社会、了解生产实际的机会，是获取和掌握现场生产知识的关键途径。在培育学生的实践技能、创新意识以及确立职业抱负和责任感等方面，实习发挥着至关重要的作用。

（2）准确把握新时代实习的要求。

如今，新一轮科技与产业革命正迅猛发展，它正快速重塑生产与生活方式。以数字化、网络化、智能化和绿色化为特点的新兴生产模式，对产业运作和人力资源管理提出了新的挑战。高等院校必须坚守本科教育为本的原则，贯彻四个回归的教育理念，积极应对变化、主动寻求变革，将实习教育提升到更加突出的位置。学校需要加强对实习教学改革的探索与研究，完善实习教学体系，规范实习安排，强化条件保障与组织管理，确保实习工作的加强和规范化，从而不断提升人才培养的质量。

2. 规范实习教学安排

（1）加强实习体系建设。

高等院校需依照《普通高等学校本科专业类教学质量国家标准》及相关政策对实践教学的基本规定，结合各自专业特色和人才培养目标，全面规划实习教学体系，编制实习大纲，完善实习质量标准，合理布局实习内容。同时，鼓励高校根据实习单位的具体工作需求，提炼实习项目，实施研究性实习，促进跨专业知识与能力的融合。

（2）优化实习组织结构。

高校应根据专业特性及实习内容，确立适宜的实习组织模式。原则上，所有类型的实习都应由学校统筹安排，实施集中式实习。针对特定专业需求，毕业实习和顶岗实习可允许学生自主选择实习单位进行分散实习。对于选择分散实习的学生，学校需严格审查实习基地的条件和实习内容，加强对实习过程中的指导和监管，以保证实习质量。

（3）精心制订实习计划。

高校在规划实习时，应遵循就地就近、相对稳定、节约成本的原则，选择与专业对口、设施完善、技术领先、管理规范，且符合安全生产法规的实习单位。同时，应打破常规的理论教学安排，根据实习单位的生产实际和接纳能力，灵活调整实习时间，合理安排实习流程。

（4）精选强化指导师资。

高校和实习单位应共同选派经验丰富、专业素质高、责任感强、安全意识高的教师和技术人员，全程负责学生实习的管理与指导。对于自主选择单位进行分散实习的学生，也应安排校内教师进行持续指导。高校还需根据实习教学指导和管理需求，合理安排校内指导教师与实习学生的比例。

3. 加强实习组织管理

（1）确保实习顺利实施。

高校应与实习单位协同制订实习方案，明确实习的目标、任务、考核标准等，并共同执行学生实习。实习指导教师需负责实习生的培训，现场跟进指导学生的实习活动，检查实习生的实习状况，及时解决实习过程中遇到的问题，并负责实习考核。严禁通过中介机构或个人代为组织和管理学生实习。

（2）明确各方权利义务。

在确定实习单位前，高校需进行现场考察评估，确认符合实习条件后，应与实习单位签订合作协议，界定双方的权利、义务及管理责任。未签订合作协议的，不得安排学生进行实习。

（3）强化学生教育管理。

高校需负责学生的安全、纪律教育及日常管理。实习单位则负责学生的安全生产、职业道德教育。学生应尊重实习指导教师和现场技术人员，遵守学校和实习单位的规章制度及劳动纪律，保守实习单位机密，服从现场教育管理。

（4）保障学生合法权益。

高校和实习企业需为学生提供必要的条件及安全健康的工作环境，不得让学生在娱乐性场所实习，不得违规向学生收费，不得扣押学生的财物和证件。实习前，高校应为学生投保实习责任险或人身伤害意外险。

（5）加强跟岗、顶岗管理。

跟岗、顶岗实习是培养应用型人才的关键环节，各高校需科学规划，依法执行。严格执行学校、实习单位、学生三方的实习协议签订，明确各方的权利、义务和责任。严格遵守工作时间与休息休假规定，除非临床医学等相关专业或特殊岗位要求，每日工作时间不超过 8 小时，每周不超过 44 小时，不得安排加班和夜班。确保顶岗实习学生获得合理报酬，其劳动报酬原则上不低于相同岗位试用期工资的 80%。保护未成年人权益，不得安排未满 16 周岁的学生进行顶岗实习。

4. 强化实习组织保障

（1）完善工作责任体系。

高校是实习管理的主体单位，其中党政主要负责人作为第一责任人，需负责构建实习运行的保障体系。教务部门承担实习管理的具体职责，负责推动实习教学改革与研究，完善实习管理制度，明确各部门职责和工作流程，实施实习工作的检查与督导。各教学单位需与实习单位共同落实管理责任，强化实习的组织管理，并妥善处理安全及其他突发事件的风险。

（2）强化实习基地建设。

高校应深化产教融合，积极推动实习基地的发展，鼓励建立能够满足多个专业需求的综合性、开放共享型实习基地。提升实习基地的质量建设，充分利用国家级工程实践教育中心等高水平实习基地的示范作用，以国家级、省级一流专业建设推动一流实习基地的建设。根据实习基地的条件和实习效果，进行实习基地的动态调整。

（3）推动实习信息化建设。

鼓励有条件的省级教育行政部门和高校加强实习信息化建设，建立实习信息化管理平台，实现校企双方实习需求信息的对接，加强实习全过程的管理。支持高校在实习中应用现代信息技术和虚拟仿真技术，开发虚拟仿真项目以替代生产技术、工艺流程等因素限制的现场实习。

（4）增加实习经费投入。

高校需增加实习经费的投入，确保满足实习的基本需求。同时，积极争取实习单位的支持，降低实习成本，保障实习质量。

（5）加强实习工作监管。

省级教育行政部门应加强对高校实习工作的监督，重点检查本科生培养方案中实习环节的设置是否科学合理、实习组织管理是否规范、学生安全和合法权益是否得到保障、实习经费是否充足、实习效果是否达到预期目标等。对于实习工作扎实、实习教学改革与研究成效显著的高校给予表彰。对于实习过程中出现的违规行为及时查处，对监管不力、问题频发、社会反响强烈的学校和地方，需约谈相关负责人，督促其落实主体责任，并在一定范围内进行通报批评。

针对高校实习管理的实际情况，《关于加强和规范普通本科高校实习管理工作的意见》推出了多项改革举措，一是错峰实习，结合实习单位实际，灵活安排实习时间，有利于解决长期以来高校扎堆实习导致实习单位接收能力不足的突出问题。二是加强信息化建设，建立实习信息化管理平台，实现校企双方的实习需求信息对接。三是支持虚拟仿真项目建设，对于难以实现现场实习的问题，开发相应的虚拟仿真项目替代现场实习。四是鼓励开展研究性实习，推动多专业知识能力交叉融合，探索解决实习教学需求与实习单位需求相互脱节、大学生创新创业能力培养与经济社会发展需求脱节的矛盾。

（二）班会主题引领

1. 实习常见方式和流程

常规来说，实习共有三种方式：校内实习、自主实习、校外实习基地实习（各学院联系的相关单位）。学院根据实际情况按实习方式分批次进行实习安排，同学们请根据自己未来目标规划和自身情况选择并确定一种实习方式。

（1）校内实习。

校内实习指由学院出面在校内协调岗位并安排学生进行的实习。各专业的培养目标不同，其校内实习岗位有所区别。校内实习点可以是校内的所有科室、实验实训室、教研室、学校的法律援助中心及法务服务部门。

①校内实习原则：以培养创新型人才与促进学业提升为导向。

②校内实习对象：全体实习的同学均可申请。在满足各科室实际工作情况的前提下，优先录取以下同学：Ⅰ近一年专业必修课和限制性选修课平均成绩在班级排名前50%的学生。Ⅱ通过英语四级或六级考试的学生。Ⅲ获得省部级以上奖励的同学。Ⅳ主持省级以上创新创业项目的同学。

③校内实习程序：Ⅰ学院发放校内实习选拔通知，并分配实习生名额；Ⅱ同学自主报名后在规定时间内参与用人部门的选拔；Ⅲ各科室根据培养目标、专业对口及双选原则，由按所分配到的名额自行选拔。

（2）自主实习。

自主实习是指实习学生自主联系实习单位，不需要学院出面联系和安排的实习形式。

①自主实习的原则：以引导创新创业与促进就业为导向。

②自主实习对象：学校实习基地实习和校内实习确定名单之外的所有专业同学。

③自主实习条件：实习单位为相关专业公共管理部门的相关科室的相关岗位，或已经签订就业协议/劳动合同（其一即可），或已经拿到可以毕业后入职的正式录用通知。

④自主实习的申报、审核和手续办理：首先，自主实习的学生需按照班级统计并填写基本资料，提交给学院进行初步审核。审核合格后，学生及其家长应向学院提交书面的自主实习申请，并提供实习单位出具的接收函及其他相关证明材料。学院将进行进一步的审核，若符合实习教学的要求，将与学生签订相关协议，并向实习单位发出实习推荐函。

（3）校外实习基地实习。

校外实习基地实习是由学院出面协调岗位，统一安排的实习工作。

①校外实习基地实习的原则：以提高学生专业技能与专业核心竞争力为导向。

②校外实习基地实习单位：主要包括企业、事业、社会团体、政府部门等各级各类单位。

③校外实习基地实习程序：主要采用双选原则，由实习单位提出相关条件和人数，根据学生报名意向及实习单位要求由辅导员推荐各个岗位的实习生。

实习流程参考如图 25-1 所示。

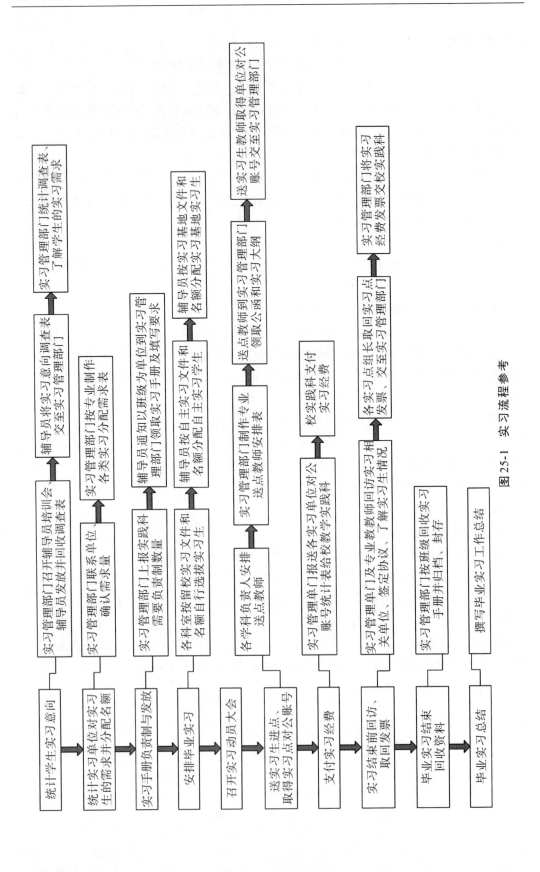

图 25-1 实习流程参考

2. 实习生纪律要求

第一，必须努力学习马克思主义，坚持四项基本原则，树立全心全意为人民服务的思想，具有良好的思想品质和职业道德，努力完成毕业实习计划的要求，巩固和提高所学的基础理论、专业知识和基本技能，培养科学思维方法和独立分析问题、解决问题的能力。

第二，遵纪守法，遵守学校和实习基地的有关规章制度，服从实习基地的领导和管理，尊敬师长、团结同学、虚心学习。

第三，严格遵守劳动纪律，不迟到、不早退、不旷习、不擅离职守。实习期间一般不得请假，特殊情况需请假者按请假制度申请审批。

第四，提高职业道德修养，树立高度责任感，严防各种差错事故，端正服务态度。

第五，团结友爱，文明礼貌，讲究卫生，仪表端正，衣冠整洁。严禁酗酒闹事、打架斗殴以及其他不文明行为。

第六，严格遵守保密制度、隐私制度，严格遵守各项操作规程和安全制度。

第七，爱护公物，未经批准，不得擅自动用实习单位的仪器设备和实习用品。

第八，注意交通安全，遵守交通规则，防止交通事故。实习学生一律不准单独活动。禁止到江、河、湖、海、水库中游泳。实习期间不准参与任何形式的经商活动。

第九，严格遵守实习基地有关宿舍管理规定。爱护宿舍内各种用品设施，不得损坏，若有损坏，由损坏者负责赔偿经济损失；实行宿舍轮流值日制度，保持宿舍整洁；不准在宿舍内乱装开关、乱接电线，不准烧电炉；不准私留亲友及外人在宿舍住宿；不准在宿舍内打闹、喧哗、酗酒、打麻将。

第十，实习生应入住所在实习基地安排的宿舍，若有擅自在外租房的实习生，因宿舍安全问题出现的一切后果由实习生本人承担。若确有特殊情况需在外租房住宿者（或住家里亲属家中），须向所在学院及学校教务处提出申请，获批准后，签订安全责任承诺书。并在实习基地主管实习部门备案。

第十一，凡违反有关规定与纪律而造成个人人身安全事故和损失的，由个人负责；造成集体和国家财产损失的视情节轻重，按学校和实习基地规定或国家有关法纪、法规处理。

3. 实习生请假制度

第一，凡属法定节假日，按实习基地各科室有关规定执行。节假日期间，原则上在实习基地休息，若确需离开实习基地，须向实习基地主管部门写出书面请假报告。否则，一切后果由实习学生本人负责。

第二，因病或有事请假，应严格履行请假手续，提交证明，本人书写报告，实习组长证明，向实习基地主管实习部门请示批准手续。除特殊原因外，不得请人或利用通信工具间接请假，更不允许未经准假而擅自离开实习基地。

第三，请假手续：

①因急病缺勤，可由实习组长代呈报告；

②慢性疾病、因事请假，必须先批准假后始得离开工作岗位；

③请假一天以上应有书面申请，病假应有疾病证明书（需县级医院以上）。

第四，病事假审批权限三天内由实习基地主管部门审批，三天以上报学院及学校教务处审批。带教老师个人无权批假。

第五，一周以上病事假的处理：

①累计二周以上，实习期顺延补足；

②累计二个月以上，按休学一年处理。

第六，缺勤处理：

①缺勤的认定：在实习时间内，凡未经本人办理请假手续未获批准而擅自离岗者，均视为缺勤，一天以 6 课时计算；

②缺勤的处理：严格按照《学生违纪处分规定（试行）》处理。

第七，请销假办法：

①请假获准后，应将准假单交实习所在部门，并办好各项交接班手续后，方得离开岗位；

②假满返校后，应及时到准假单位销假，不得过期而归，过期按缺勤处理；

③节假日离开实习基地，必须履行请销假手续。

4. 实习前和实习地点签署实习协议

和实习地点签署实习有关协议是很有必要的，其重要性主要体现在以下几个方面：

第一，明确权责关系：实习协议明确了实习生、实习单位的权利和义务，有助于预防和解决实习过程中可能出现的纠纷。

第二，法律保障：实习协议往往具有法律效力，能够为实习生提供法律保障。例如，实习期间的工作时间、报酬、工作条件、保密协议等，都能在协议中得到明确规定。

第三，维护实习生的合法权益：通过协议可以保障实习生的合法权益不受侵害，如保障实习生的最低工资标准、工作环境安全，防止非法解雇等。

第四，规范实习行为：实习协议的签署有助于规范实习行为，保证实习内容的合法性和实习过程的专业性，防止实习流于形式。

第五，实习单位的需求：对于实习单位来说，实习协议有助于明确单位的责任与权利，降低人力资源管理成本，同时通过实习生了解潜在的人才资源。

第六，记录实习经历：实习协议和相关文件是实习生实习经历的正式记录，对于学生今后的就业和职业发展具有证明作用。

因此，实习生在开始实习前应当认真阅读和理解实习协议的内容，必要时可寻求法律意见，确保自身权益不受侵害，并严格按照协议规定履行自己的职责和义务。

（三）学生问题答疑

最后留一些时间给大家，进行问题解答，也可以利用这个时间，跟同学们多一点互动，加强交流，建立感情基础。以下是几个有关本次主题班会的提问，可供参考：

1. 怎样找到一份心仪的实习工作？
2. 招聘信息上说要做满三个月，这是必须的吗？
3. 没有相关经验的时候，要怎样打动 HR？
4. 实习生无经验无资历无工资，那么开始之前需要做好什么样的心理准备？
5. 真的会有领导要求实习生帮忙倒水、买饭这种事情吗？
6. 如果实习的内容只是跑腿、打杂，还有必要继续留在这里吗？
7. 实际情况与自己期望不符合，还应该继续做下去吗？
8. 公司的"师父"真的会毫无保留地教实习生吗？
9. 公司的"师父"对实习生有着怎样的期待？
10. 实习证明的用途是什么？远程实习是否可以参加？

七、班会小结

此次动员大会的召开，对同学们的学习和就业有着重要的指导意义。同学们明确了毕业实习的内容、目的、意义，端正了实习态度，清晰了实习有关规定和注意事项，鼓舞了同学们的实习热情，帮助同学们以良好的心态全力以赴完成实习的各项任务，为自己的职业生涯之路迈出关键的第一步，也为学校毕业实习工作的顺利有序开展打下了坚实的基础。

八、案例分享

人民网评：赋予实习实践更多价值和可能[①]

暑期即将结束，高校假期实习实践也接近尾声。实习作为大学生将理论知识转化为实践、走向职场融入社会的重要载体，越来越得到高校、师生的高度重视。《中共中央关于进一步全面深化改革、推进中国式现代化的决定》中明确提出，要完善学生实习实践制度。让实习真正助力学生发展，离不开各地各级政府、学校、用人单位的共同努力。

当前，新一轮科技革命和产业变革深入发展，围绕高素质人才和科技制高点的国际竞争空前激烈，拔尖创新人才成为促进和提升国家核心竞争力的重要战略资源。然而，人才培养仅有扎实的理论基础远远不够，还需将其转化为生产劳动与社会实践。在此过程中，实习实践便成了将所学转化为所用的必然途径。正如有大学生初次参与实习后感慨道，只有真正进入项目执行，才能真正知道所学理论适用于实践的哪个环节，只有真正走上实习工作岗位，才知道用人单位最需要和最看重的是什么。实习实践不仅能帮助学生更好地理解专业知识、更好地看清自己，而且能帮助学生更好地把握自己的努力方向，提前为自己的职业规划做好准备。

提供实习岗位对于用人单位不仅是一种社会责任，也是宣传展示企业文化的机会。

---

① 该案例来源于人民网《人民网评：赋予实习实践更多价值和可能》一文，作者：伏特，发布时间：2024年 8 月 27 日。

近年来，越来越多知名企业把实习生招聘作为自身人力资源工作的品牌，提前物色锁定高校优秀毕业生。不少实习生也是通过实习建立了对企业价值观的认同，最终毕业后成为正式员工。实习已然成为企业宣传文化、吸引人才的重要途径。

高质量的实习实践，既能让毕业生明确求职意向、提升就业能力，促进实现更充分、更高质量就业，也有助于社会实现劳动力供求关系更好的对接，让企业更有针对性地招揽人才。多方共赢自然需要多方共同发力。各地各级相关部门应积极促进企业与高校、人才的对接，制定激励措施鼓励企业提供实习岗位；高校不仅要加强与企业的联系和对接，也应引导学生端正实习态度，严禁造假、敷衍和低质量实习；企业则应为实习生提供有价值的岗位，制订更加具有针对性的实习计划和培养方案。唯有如此，实习实践才能真正呈现出应有效果。

实习有别于就业，却与就业紧密联系。作为学生从学校过渡到社会的试水区，实习可以发挥更多价值和作用，给予学生更多尝试的可能，也可给予企业更多的选择。

第 26 次　大四上 • 10 月
——崇高理想怀胸中，厘清方向促就业

一、主题班会名称

崇高理想怀胸中，厘清方向促就业

二、策划主办

辅导员、学校学生处

三、活动对象

全体同学

四、活动形式

主题宣讲、经验分享、集体讨论

五、活动目的

高校毕业生是党和国家宝贵的人才资源，社会普遍关心大学生就业问题。随着大学最后一年的到来，大学生开始认真考虑未来的去向。择业观是人生理想在职业选择上的具体体现，是一个人对职业目标的追求和向往。此时，辅导员应通过深入细致地做好就业创业指导服务，帮助大学生树立正确的就业观，找准就业方向、增强就业信心。本次班会主要围绕学生十分关注的毕业出路、先择业还是先就业、待遇还是发展、家国情怀和远大理想等问题展开辅导，帮助学生学会合理定位，理性地选择和取舍。

六、主要内容

（一）基础内容介绍

青年时代意味着一个风华正茂、肆意盎然的青春坐标。站在青春的路口，意味着未来有无数的可能，青年的你希望未来的自己是什么样的呢？换句话说，你的个人理想是什么呢？

对于青年个人理想的选择，习近平总书记在给中国石油大学（北京）克拉玛依校区毕业生的回信中提到："希望全国广大高校毕业生志存高远、脚踏实地，不畏艰难险

阻，勇担时代使命，把个人的理想追求融入党和国家事业之中，为党、为祖国、为人民多做贡献。"殷殷寄语承载着总书记对新时代青年的深深期许。

说到个人理想，我们首先从理论层面看，什么是个人理想？个人理想是个体基于特定的社会历史条件，对自身发展所提出的预设目标，在人生发展过程中起着导向作用。一个人可以有很多志向，但人生最重要的志向应该是同祖国和人民联系在一起的，原因就在于个人理想和社会理想存在着辩证统一的关系：一是两者之间相互促进。国家的前途命运与个人的根本利益本质上是一致的，个人理想的广阔天地蕴含在国家与民族的发展之中。只有当共同理想得以实现，青年人的个人理想才有实现的可能。马克思在他17岁的中学毕业论文中写道："如果我们选择了最能为人类而工作的职业，那么重担就不能把我们压倒，因为这是为大家所做出的牺牲；那时我们所感到的就不是可怜的、有限的、自私的乐趣，我们的幸福将属于千百万人，我们的事业将默默地、但是永恒发挥作用地存在下去，而面对我们的骨灰，高尚的人们将洒下热泪。"面对人生理想的选择，马克思没有把自己的选择定位在某个具体的职业，而是把这个问题提高到了对社会的认识和对他人的奉献上加以考虑和回答，为人民谋幸福，这就是青年马克思所立下的宏伟志向。理想信念犹如人生的灯塔，照亮了马克思前行的道路。二是两者之间相互制约。很多青年会考虑到，选择支援国家西部大开发战略，就意味着个人放弃城市优渥的条件。但是反过来看，只有国家发展、民族振兴才能够为个人理想的实现提供坚实的保障，只有在大我中才能实现小我价值，才能与时代、与人民同步伐的过程中，升华人生境界。

青年是社会中最富有活力和创造力的部分，当代青年在"两个大局"——中华民族伟大复兴的战略全局和世界百年未有之大变局中乐于奉献，勇于担当重任。例如，北斗卫星导航系统和嫦娥一号卫星研制团队成员的平均年龄都不超过30岁，中华民族伟大复兴的中国梦正是依靠青年人的持续奋斗才能逐步实现的宏伟梦想。

如今，在乡村振兴、科技创新、产业强国以及教学科研等多个领域，党和国家为青年提供了实现理想、施展才华的广阔舞台。作为新时代的好青年，我们要听党话、跟党走，以永不懈怠的精神状态和永不停滞的精神风貌，接续奋斗，苦干实干，在服务社会和报效祖国的进程中实现个体的价值，让青春之花绽放在祖国最需要的地方，继续创造无愧于人民、无愧于祖国、无愧于历史的青春业绩。

（二）班会主题引领

对即将毕业的大四学生来说，积极的就业观念是顺利求职的催化剂和加速器，可以放大就业政策效应，增强措施效果，让自己更快地找到合适的工作。不同职业、不同岗位之间存在诸多差异，求职者在专业技能、兴趣爱好等方面也各有不同。对于即将步入社会的大四学生来说，重要的是找到自己的专长与社会需求的交汇点，保持一颗平和的心态，客观评估个人条件与社会需求，并根据实际情况来选择职业和岗位。要有长远的眼光，脚踏实地，通过实践逐步成长，提升学习能力和职业适应能力，这样在就业或创业的过程中才能掌握更多的主动权。

1. 毕业去向的选择

一般来说，大学生毕业时有五条出路：找工作、考研、留学、创业和考公、考编。这看似是五条不同的道路、五个不同的选择，但如果从人生、职业角度去思考，其实就是三种状态，即要么现在就工作、要么储备一下再工作、要么给自己工作（创业）。

（1）不同的选择意味着不同的发展机会。

通常情况，不同职业的发展机遇是不均等的。与职业紧密相关的是行业，而各行业的发展机遇并不一致，有的行业充满机遇，有的则机遇较少，有的行业甚至可能走向衰落。这也是为什么人们渴望进入热门行业的原因。相应地，个人发展机遇也会有多有少，有些人可能面临失业的风险。在这种情况下，人们普遍希望加入那些充满发展机遇的行业，尽量避免进入机遇较少或正在衰退的行业。显然，仅凭运气或盲目跟风是难以进入那些充满机遇的行业的，这样做至少是不稳妥的。解决这一问题的办法是对自己的职业生涯进行规划，那些制定了职业生涯规划的人，进入具有发展潜力的行业的可能性将显著提高。

（2）不同的选择意味着不同的发展空间。

在理论层面，每一种职业都应该拥有无限的发展潜力。然而，在现实生活中，不同职业的发展潜力实际上是存在差异的。例如，从事销售工作的人与从事教师职业的人，他们所面临的发展潜力有着显著的差异。通常情况下，如果不改变职业，销售人员的职业发展空间往往比教师更大。这是因为销售人员所面对的市场潜力可能是巨大的，几乎是"无限"的。而教师所面对的"市场"（即学生），相对而言则要小得多。需要强调的是，这里提到的职业发展空间，并非指"作用"或"重要性"，而是指职业生涯可能扩展的范围。不同的范围代表了不同的发展潜力水平。

（3）不同的选择意味着不同的生活方式。

在我国，教师的生活往往代表着稳定但相对较低的收入，而从事广告行业人员的生活方式可能带来不稳定性但收入较高；企业家的人生可能充满尊重与忙碌，而政府公职人员的生活或许与权力和压力相伴。无论如何，职业与生活方式紧密相扣。生活方式是人生的关键组成部分。因此，大学生在选择职业时需要投入心思。在职业已经成为生活核心和我们使命依托的背景下，重视职业规划、努力追求职业成功，是奠定人生成功的基础。

2. 就业和择业的选择

辅导员在引导学生思考"先就业还是先择业"的问题时，可着重围绕两种不同思路各自的特点来展开，鼓励学生结合自身特色进行选择。

（1）先择业、再就业，提高求职成功率。

从以往的就业工作中发现，很多学生没有明确的职业方向，所以，他们的求职过程会很盲目。首先，制作简历时缺乏针对性，无法突出自己的"卖点"；其次，投送简历的时候比较盲目，乱投一气，"瞎猫撞死耗子"；最后，面试时不能做到知己知彼，寄希望于侥幸。这样的求职成功率相当低。因此，为了提高求职的成功率，先择业、再就业，可以减少一些盲目性。"随便找一份工作"与"找一份自己热爱的工作"有较大不同。心态不一样，对自己的要求就不一样，职业发展的结果肯定也不一样。学生需要了解自己，弄清楚自己的兴趣、爱好、特长在哪里，然后去找适合自己的职业。找准自我，才能找到好工作。

（2）先就业、再择业，寄予未来谋长远。

当前，不同学历层次（如研究生与本科生）的毕业生在就业市场上面临着显著的差异和不平衡。采取"先就业后择业"的策略也是一个不错的选择。大学生需要对自己的兴趣、心理、能力、价值观等进行适当的调整，从"我想做什么"的理想状态转向"我能做什么"的现实考量。

在职业选择过程中，应以自信和冷静的态度主动出击，突出自己的优势，勇敢地展示自己，以实现职业选择的最终胜利。随着经济的发展和市场需求的变化，当专业不匹配或职业选择遭遇挫折时，不妨转变思路，寻找新的方向。可以考虑在相似或相近的专业领域，甚至完全不同的专业领域内寻找机会，将"先就业"作为优先策略。在就业的过程中再谋长远的发展。人的一生中要面对多种挑战，人们的择业观念也在发生变化，个人的发展和前途已成为许多择业者关注的焦点。

3. 待遇和发展的选择

随着时代和社会的进步，大学生的自主意识逐渐加强。部分学生在求职的时候不应只是把工资薪水等经济待遇作为首选，而更应注重自我价值的实现，关注企业的发展前途，把企业发展与自我提升综合起来考虑，这是有较强事业心的表现。在决定职业道路时，不应过分关注这个职业能带来多少收入或是否能让你声名鹊起，而应选择那个你能全身心投入的事业，选择一个能让你的兴趣、爱好、品格以及长处和优势得到充分展现的职业。

学生的职业选择观和就业观影响着他们对职业和地域的选择。大学生在就业观念和职业选择价值取向上的多样性，导致了他们在职业选择上的多样化趋势。过去的大学生就业择业趋向相对集中：一是固守专业对口，二是扎堆主要大城市。现在，随着就业压力的增大和学生择业观念的变化，应引导学生调整就业择业倾向：一是不再坚持完全对口专业、对口岗位，在必要的情况下可以跳出本专业的限制；二是鼓励学生不要扎堆北京、上海等城市，不是只有大城市才有发展空间，一些中小城市新增的就业岗位也具有一定的发展远景和潜力。

4. 个人理想和家国情怀的融合

青年大学生想理解并读懂中国，就需要我们先去认真学习思考，进而坚定自信、发奋图强，为中国式现代化贡献青春、贡献智慧、贡献力量。

（1）基于创新，成于实干。

在就业择业时，除了要体现个人价值，一定还要能创造些什么，能为人民服务，到祖国最需要青年的地方去。从校园走向社会的这条路会有重重困难和考验，青年大学生要勇于担当、赤诚奉献，以执着的信念、优良的品德、丰富的知识、过硬的本领担负起历史重任，在真刀真枪的实干中成就一番事业。

（2）读万卷书，行万里路。

在当今快速变化的时代，行业情况瞬息万变，但全身心投入的敬业精神、模范带头的先锋意识、见微知著的敏锐眼界、勤勉认真的学习态度都是适应时代变化、准确把握未来职业定位的重要条件。青年大学生要培养奋斗精神，在做好每一件小事，完成每一项任务，履行每一项职责中见精神。

青春的样子，本就是有理想、敢担当、能吃苦、肯奋斗的样子。树立积极的就业观念，在乡村振兴、绿色发展、社会服务、卫国戍边等各领域各方面工作中争当排头兵和生力军，一样能实现青春的价值，还能为一生的奋斗奠定基石。越是志存高远，越需要脚踏实地。树立正确的就业观，找到施展才干的一方舞台，各位同学一定能克服各种困难和挑战，让青春在全面建设社会主义现代化国家的火热实践中绽放绚丽之花。

（三）学生问题答疑

最后留一些时间给大家，进行问题解答，也可以利用这个时间，跟同学们多一点互动，加强交流，建立感情基础。以下是几个有关本次主题班会的提问，可供参考：

1. 为什么学校、学院、辅导员如此重视就业工作？

2. 为什么辅导员总是不停地催我就业？

3. 为什么以当年的应届毕业生身份完成就业很重要？

4. 考研、考公、考编就是提升自己的唯一出路吗？

5. 我找工作面试了很多次，取得不到 offer 怎么办？

6. 家庭经济困难的我会不会因为就业失去低保资助？

7. 人生那么久，为什么一定要现在找工作，多玩几年不可以吗？

8. 用人单位提供的岗位、薪资待遇、工作环境或地理位置等条件不符合我心理预期怎么办？

9. 服务西部和基层工作很艰苦，我想报名，但是担心自己坚持不下来怎么办？

10. 面对毕业设计、学业压力和就业压力，以及步入社会后的生活，总有一种未知的恐惧和焦虑，我该怎么办？

七、班会小结

到了这个阶段，大学生就会遇到选择的困惑，有些学生面对未来诸多选项不知如何选择，严重的还会产生焦虑的情绪，影响正常的学习和生活。本次主题班会可以采用对比和讨论案例的方法来进行。一是通过对不同毕业去向的对比，指出不同定位的特点，引导学生结合自身特点、兴趣、爱好选择适合自己的发展道路。二是围绕相关内容提供案例讨论，通过真实的案例强化主题班会内容，给予学生一些必要的辅导，引导学生正确地分析和对待面对的各种选择，进行理性定位。但要避免直接给学生指明发展方向，重点在于引导学生独立思考，自主决策。

八、案例分享

树立理性择业观，跑出就业加速度①（有删减）

高校毕业生是党和国家宝贵的人才资源。2023 届高校毕业生达 1 158 万人，社会普遍关心大学生就业问题。记者采访了北京科技大学校长、全国普通高校毕业生科技服务行业就指委主任委员杨仁树，北京市社会科学院党组副书记、副院长杨伟国，重庆市大学中专毕业生就业指导服务中心主任唐雪平。

树立适合自己、利于社会的职业目标

记者：年轻人的择业观念和 10 年前、5 年前相比有很大的变化。慢就业、灵活就业等新观念、新形态不断出现，一些毕业生主动选择延期毕业。如何看待这些问题？

唐雪平：高校毕业生就业选择的多元化，是经济社会发展形态和职业类型多样化背景下出现的新变化，总体上是经济社会发展进步的一种表现。毕业生做出何种抉择，取决于对当前就业形势的预判和对个人自身条件、家庭背景等的认知。目前，不愿就业的毕业生大致分为两类：一类是有明确的职业发展目标方向，如考公、考研等；另一类则表现为消极就业，包括回避就业竞争而"懒就业"，因延期毕业、家庭支持而"慢就业"等，这反映出学生对自我、环境和就业形势了解不够、判断不准，一定程度反映出学校在人才培养、就业教育以及家庭教育方面还存在短板。解决此类毕业生的就业问题，一是要坚持分类施策：对第一类学生主要以帮助、指导为主，可通过举办考公考研专题培训班，提供科研行政助理岗位等措施给予切实帮助；第二类则以教育引导为主，更多通过家庭教育与学校教育相结合等方式，帮助他们树立正确的择业观念、建立求职信心，同时持续提供就业岗位信息。二是要进一步完善政策，消除"应届生"身份问题，医学、法律类毕业生职业资格证书考试等制度性障碍。三是要加强舆论引导，选树一批成功就业创业典型，营造良好的社会氛围。

杨仁树：造成以上现象的原因，一方面是毕业生择业观念跟社会实际需求还不完全匹配。大学生对社会需求、行业发展、岗位需求等外部信息的了解还有所不足，缺乏对其他就业方案的认识、准备和意愿，也缺乏对职业生涯规划的深刻认识。另一方面，该如何界定"应届生"？这在招聘企业端、学校端、学生端存在不同理解。学生认为只要不毕业、不就业，就有应届生身份。所以，有些毕业生为了确保自己理解的"应届生"身份，不签协议不就业，甚至出现故意延期毕业的现象，也和社会对"应届生"概念的定义以及其能够享有的求职优势有很大关系。实际上，用人单位会认为你该毕业的时候没有毕业，一定是因为有学业上的困难，起码不是"合格"的毕业生。所以，我还是希望毕业生们面对就业的压力不要逃避，要积极应对。

记者：理性的择业观如何形成？在引导毕业生树立理性择业观方面，需要补齐哪些短板？

---

① 该案例来源于光明网《树立理性择业观，跑出就业加速度》一文，作者：陈鹏，发布时间：2023 年 7 月 25 日。

唐雪平：择业观是毕业生对职业选择的根本态度和看法，是其世界观、人生观、价值观在职业选择时的具体体现。理性的择业观，应建立在对自我和外部环境有清晰认知的基础上，是一个日积月累、循序渐进的漫长过程。目前，毕业生择业还存在盲从、攀比、重视个人价值而忽略社会价值等不良倾向。一部分学生并不清楚自己想干什么，在职业选择时"随大流"；一部分学生在求职时过分看重薪酬待遇；还有一部分只关注专业相关度较高的职业，忽略了长期职业发展等。

杨仁树：我们看到，一些学生就业难源于不恰当的择业观。比如，有些毕业生只追求名校深造、考公考编等，认为只有考上研究生才有未来，只有公务员岗位才是稳定的工作。这些观念存在很大偏颇，同学们不能随波逐流。不是每个人都适合读研究生、都适合做公务员。择业观出现的偏颇，很大程度上是因为学生在择业观念形成过程中，缺乏应有的外部环境认知。高校要引导毕业生树立理性的择业观，关键举措在于鼓励大学生走出校门、走进职业世界，掌握来自客观职业世界的一手资料，开阔眼界，突破认知障碍，发现自身特长，树立适合自己和社会需要的职业目标。

杨伟国：推动形成理性的择业观涉及两个方面，一是高校毕业生理性的职业决策，二是国家宏观政策环境。从高校毕业生职业决策角度看，在思想上，毕业生倾向于择业优于就业，希望找到与个人兴趣能力匹配度最高的工作岗位，即寻找最理想的职业。这是"理论上的"正确的择业观。在行动上，我们希望毕业生能够做到"就业先于择业"，即在当前劳动力市场具体环境下选择最接近自己兴趣和能力的工作岗位。这既符合劳动力市场具体环境，也是未来职业发展所需，因为个人能力只有在工作中才能保值增值，所以只有就业才能保证个人职业性人力资本的持续积累，才能为将来更好的择业奠定能力基础。从国家宏观政策环境方面看，需要建立完善人才自由流动的机制。人才流动机制直接影响着高校毕业生理性的职业决策，一旦建立了人才自由流动机制，高校毕业生便不用焦虑纠结于初次就业决策，而能够顺利就业，认真工作，不断积累，持续进步。在这方面，最近几年国家采取了多种措施，政府部门以及国有企事业单位都加大了社会招聘的力度，极大地促进了劳动力市场的良性运行。

唐雪平：在引导加强毕业生树立理性的择业观方面，高校可以做好以下四项工作。一是坚持思政教育与就业教育相结合，把社会主义核心价值观教育融入就业指导教育，推进职业生涯教育本土化，不断丰富教育形式，增强思政教育和就业教育的实效性。二是坚持理论教育与实践教育相结合，组织学生参与实习实践，增强职业环境认知，合理确定职业目标和就业预期。三是坚持学校教育与家庭教育相结合，加强与学生家长沟通，及时传达就业形势的变化，共同引导毕业生转变择业观念。四是要坚持环境育人与典型引领相结合。社会各方共同努力，营造积极就业、报效祖国的社会环境，加大对基层就业、征兵入伍、自主创业等先进典型的宣传力度，发挥典型引领示范带动作用。高校帮助学生树立理性择业观，必须持之以恒、扎扎实实面对学生开展工作。

及时疏导，参与技能培训，寻求专业指导

记者：对于暂未就业的毕业生来说，您有哪些建议？

唐雪平：对于暂未就业且暂无就业意愿的毕业生，要给予充分的理解与尊重，不能给他们贴上负面标签。有就业意愿，但暂时或长时间未找到工作的毕业生，要保持良好心态，增强求职信心；要多渠道寻求工作机会，如通过招聘网站、社交媒体和各类招聘会、校友老师和公共服务机构获取就业机会；要积极参加就业见习，深度了解行业职业，通过参加职业技能培训，快速获得进入某一职业领域的基本技能；要寻求专业的指导和支持，获得职业咨询师、职业导师等专业人士的帮助，分析自身优劣势，寻找适合自己的工作岗位。

杨仁树：毕业生要把眼光放长远，制定符合社会需求和自身条件的求职目标。在就业目标选择上切不可"钻牛角尖"，如只找某个地区的工作或只考虑编制内的单位等，毕业生要扩展择业范围，包括就业地区、单位性质、就业岗位等，不给自己的求职设置过多约束，要多给自己机会。毕业生要着力补短板，结合自身的实际情况，找到求职不成功的短板所在，并充分利用学校的就业中心或家乡人力社保等部门提供的有效资源，开展能力提升和有效的企业见习，逐步实现求职竞争力的增强。对于高校来说，应提高毕业生帮扶工作的精准化，要用现代化技术手段锁定帮扶范围，动态掌握毕业生的实际求职需求，做好观念上的引导，精准提供毕业生需要的帮扶举措，做到分类帮扶、定向推荐。各地政府要统筹好企业招聘工作，引导企业合理制定招聘需求，避免性别、学历、学校等条件歧视，为毕业生提供公平的求职环境；同时要做好不同部门之间政策衔接工作，确保就业政策的顺利过渡，方便手续办理。

唐雪平：教育部门和高校要加强对未就业毕业生的关心关怀，及时跟进把握毕业生的就业动态，对求职过程中出现的心理问题要及时疏导；用好国家大学生就业服务平台，建好区域性就业信息资源共享平台，充分利用信息化手段推进信息资源共享，面向毕业生精准推送就业岗位信息。人力社保部门要加强劳动力市场分析，收集和提供各种就业信息，包括工作机会、行业需求趋势、薪资数据等，帮助毕业生精准定位；要提供就业援助和职业介绍服务，开发更多就业见习岗位和公益性岗位，组织开展就业培训和职业技能培训，帮助提升就业竞争力。同时要加强人力资源市场秩序整顿，严厉打击各类违规违法招聘行为，维护毕业生就业权益。

杨伟国：毕业生自己需要主动采取行动，继续寻找就业机会，或参加教育培训、社会志愿服务等。相关部门也应行动起来，支持他们尽快找到工作。为此，我们建议相关部门尽可能多提供市场性岗位，包括政策性岗位，或提供实习、志愿服务等；适当适需增加如第二学历等教育项目，实施帮助毕业生提升就业能力的技能培训。

第27次　大四上•11月
——梦想在心中点燃，创业在脚下实现

一、主题班会名称

梦想在心中点燃，创业在脚下实现

二、策划主办

辅导员、学校学生处

三、活动对象

全体同学

四、活动形式

主题宣讲、经验分享、集体讨论、实地参观

五、活动目的

随着社会经济的快速发展，创新创业已经成为推动社会进步的重要力量。创业是当下社会中颇受瞩目的话题，更是我们培育创新精神和优秀人才的关键。大学生作为未来社会的建设者和创新者，其创业意识和能力的培养尤为重要。本次班会是为了响应国家创新创业的号召，以创业教育为主题，通过分享创业故事、探讨创业理念、学习创业知识等方式，让同学们对创业有更深入的理解。培养学生良好的创业就业素质，激发同学的创业就业精神，引导大家树立正确的择业观和价值观，提高他们的创新创业能力，为未来的创业之路做好准备。

六、主要内容

（一）基础内容介绍

创业是一种理念、一种精神，一种不满足于现状、敢于创新并承担风险的精神，是一种在考虑资源约束的情况下把握机会创造价值的认识。从广义的角度去看创业，可以将其理解为一个人根据自己的性格、兴趣、所学专业、能力等选择适合自己的事业（可以是创办企业，也可以是创办非营利的事业，还可以是就业），并把握机会为这

个事业的成功整合资源、付诸努力，最终实现自己人生目标的过程。因此创业能力中所包括的捕捉机会、整合资源的意识，以及领导、沟通等能力，具有普遍性与时代适应性。无论你从事什么样的行业或职业，创业能力都将在个人职业生涯中发挥巨大的作用。

1. 大学生创业的优势

（1）知识优势。

大学生接受过系统的专业教育，具有扎实的理论基础和丰富的知识储备，能够运用所学知识解决实际问题。大学生是一个知识、智力和活力都相对密集的群体，他们享受了专业领域的分工，具有较强的专业能力，因此，知识资源成了大学生创业的最大优势。

（2）技术优势。

大学校园拥有丰富的学习资源，如图书馆、实验室、导师等，可以为大学生创业者提供技术支持和知识储备。大学生紧跟科技发展潮流，熟悉新技术、新工具，能够将先进技术应用于创业项目，提高项目竞争力。

（3）市场优势。

大学生具有较强的市场敏感度，能够捕捉市场动态，发现市场机会，满足市场需求。在大学期间，学生可以结交各个领域的同学和学长学姐，建立起广泛的人脉关系，这对于寻求合作伙伴、资源支持以及市场推广都非常重要。

（4）创意优势。

大学生具备较强的理解力和自主学习能力，能够迅速接纳新事物。他们的思维敏捷、创新思维独特，能够迅速将所学知识转化为实际能力，并展现为创造性成果。创新思维即代表创新能力，而创新能力源自创造性思维。一个成功的创业者必然具备独立性、求异性、想象力、创新性、灵感性和敏锐度等个性特征。因此，创新能力对创业实践的特性有着深远影响，它是推动创业活动顺利开展的关键因素，涵盖了专业知识和经营管理等多个方面的创新，因而是创业基本素质的关键组成部分之一。

（5）政策优势。

大学生创业受到一定的支持和关注，如学校的创新创业基地、比赛或项目资助等，这些可以为其创业提供一定的帮助和机会。我国政府鼓励大学生创业，并提供一系列政策支持和优惠措施，如税收减免、融资支持等。

（6）个人成长优势。

创业过程中，大学生能够锻炼自己的综合素质，提高解决问题的能力，增强心理承受能力，为个人未来发展奠定坚实基础。此外，大学生具有团队合作精神和良好的沟通能力，能够有效地组织和管理团队，推动项目发展。

2. 大学生创业的劣势

（1）经验不足。

由于缺少社会上的锤炼，大学生常常过于乐观，心理准备不够充分。许多大学生在创业过程中遭遇挫折和失败时，会感到极大的痛苦和迷茫，甚至产生失望和绝望的情绪。他们过去接触到的多为成功的案例，因此心态倾向于理想化。实际上，真正的市场上的成功背后隐藏着无数次的失败。年轻的企业家也是在一次次的失败中变得更加理性。

（2）资金短缺。

创业初期，大学生可能面临资金不足的问题，难以支持项目的快速发展，可能需要寻找投资、获得资金支持或者依赖个人积蓄。

（3）风险承受能力有限。

大学生在心理和财务方面可能承受不住创业过程中的挫折和压力。缺乏经验和市场感知能力可能导致大学生创业者做出错误的商业决策；在组建团队时，可能遇到团队成员素质参差不齐、团队凝聚力不足等问题，这些都会增加失败风险。

（4）法律法规约束。

大学生在创业过程中，可能会忽视法律法规，导致企业运营不规范，甚至面临法律风险。

（5）市场竞争。

大学生创业项目面临激烈的市场竞争，需要克服竞争对手的压力，应对其他创业者的挑战，保持市场份额，还需要与已经存在的企业竞争。而这些对于没有明显竞争优势的大学生创业者来说，是一个较大的挑战。

（6）学业与创业兼顾。

大学生在创业过程中，需要投入大量的时间和精力，这就导致创业者可能需要处理学业与创业的关系，确保两者之间的平衡。

通过对大学生创业的优势、劣势进行分析，可以指导学生对大学生创业有比较清晰的了解。在此基础上，引导学生思考大学生创业者应具备的相关的素质、能力，以及影响大学生创业的相关因素。

（二）班会主题引领

在这个充满创新与机遇的时代，大学生创业逐渐成为一种趋势，大学生们怀揣着梦想和激情，纷纷投身创业大潮。

创业需确立正确的创业理念。创业者不仅要致力于实现个人价值，更应考虑如何实现社会价值，妥善处理创业与职业发展的关系，将专业知识和职业技能创造性地应用于经济社会的发展中。创业教育应着重培养学生的社会责任感，如创造价值、服务国家和人民等；培养学生的自尊、自爱、自强、自信精神，锻炼他们面对困难勇往直前、坚持不懈、勇于创新的意志品质，以及遵守纪律、诚实守信、擅长合作的职业道德，为创业指明正确方向。

创业需培养强烈的创新意识。创业者应学会利用现有信息，不断打破常规，发现或创造新颖独特的社会价值和个人价值。创业者应保持对未知和新事物的好奇心，对新知识保持持续的探究兴趣和追求新发现、新发明的热情。创业教育不仅要让学生熟练掌握专业知识技能，更要培养学生的创新意识、问题意识、合作意识和社会意识，这无疑将有助于提升学生的综合素质和能力，增强他们适应复杂多变的生活和工作环境的能力，帮助他们快速进入创业角色，进而推动学生创业能力的成长。

创业需具备广阔的人文关怀。脱离人与自然的关系、人与人的关系、个人与外物的关系来谈论创业是不切实际的。人文因素在学生创业的动机、方法和形式上能起到半功倍的效果。创业教育应致力于培养学生的团队合作精神，鼓励学生追求人文教育与科学教育的融合，这将有助于未来创业者改善生产和生活中的各种关系，改进生产方式，有效利用新的生产资源和劳动手段，提高效率、效益和服务水平。

1. 影响大学生创业的因素

（1）能力因素。

创业是一项非常具有挑战性的社会活动，拥有强烈的个体性色彩，因此十分强调创业者本身的个人素质和能力。一个高校毕业生要想在真刀真枪的社会竞争中站稳脚跟，靠的只能是自己的实力。

（2）个人因素。

创业者的性格、爱好、特长与创业项目的结合，会为创业的成功增加砝码。就像一个人从事自己的职业一样，个人职业方向的发展与从业者的性格、气质及个人爱好、特长也有着密切的联系。

（3）家庭因素。

一般情况下，高校大学生毕业时都在 20 岁左右，独自去创业的不多，毕竟年龄较小，对父母的依赖性也较强，往往父母会或多或少地起到辅助作用。创业之初可能受父母的影响最多，甚至若没有父母的帮助，创业可能就是一纸空谈。而父母的价值观对子女的创业选择会产生一定程度的影响。

（4）社会因素。

影响学生选择创业的社会因素有社会环境和学生创业舆论两个方面。

2. 大学生创业常见风险及对策

大学生创业者要认真分析自己在创业过程中可能会遇到哪些风险，这些风险中哪些是可以控制的，哪些是不可控制的，哪些是需要极力避免的，哪些是致命的或不可管理的。一旦出现这些风险，应该如何应对和化解。特别需要注意的是，一定要明白最大的风险是什么，最大的损失可能有多少，以及自己是否有能力承担并渡过难关。

（1）盲目跟风，缺少思考。

大学生在创业时，若忽视前期的市场调研和论证，仅凭个人兴趣和想象决定投资方向，甚至仅因一时冲动做决策，难免会遭遇重重困难。

[对策] 创业应基于理智而非冲动，需冷静而非狂热。选对创业项目是成功的关键。大学生创业者首先应调整心态，客观分析自身创业条件，冷静评估创业环境，避免盲目跟风。

（2）空谈理论，缺少经验。

许多大学生创业者理想过高而实践能力不足，当创业计划转化为实际操作时，才发现自己缺乏解决问题的能力，这样的创业如同纸上谈兵。

［对策］大学生创业不能仅限于理论，在创业初期必须做好市场调研，可行性研究可委托专业机构进行。在了解市场的基础上，制订详尽周密的创业计划，并具备一定的企业管理和市场运营知识经验。

（3）固执己见，缺少理智。

现代企业高度重视团队力量。创业企业的成长往往依赖于创业团队，一个优秀的团队能加速企业的发展。但团队力量越大，风险也越大。团队核心成员若在问题上分歧严重，可能对企业造成巨大冲击。团队协作不易，尤其在涉及股权和利益时，伙伴间易生分歧。

［对策］团队精神对大学生创业者至关重要，创业过程中要保持清醒，明确企业不是临时组合，要有章法，避免情绪化决策；同时在团队中找准自己的位置，虚心接受他人意见，取长补短，积累创业实力，企业方能稳步发展。

（4）贪大求全，缺少灵活。

资金风险在创业初期会如影随形。是否有足够资金创办企业是创业者面临的第一个挑战。企业成立后，需考虑资金是否足以支撑日常运营。初创企业忌讳贪大求全。若连续亏损或现金流中断，企业将面临巨大威胁。缺乏灵活的融资渠道，创业计划难以实现。

［对策］没有长远规划的企业难以长久，对小企业而言，稳健比成长更重要。若有盈利，应放眼长远，妥善处理资金预算、市场预测及资源协调等管理问题。出现问题，应总结经验，适当调整，为未来积累力量。除传统融资方式外，还可利用风险投资、创业基金等渠道。

（5）守旧不变，缺少创新。

对于那些立志于长期发展的创业者而言，他们的目标在于持续推动企业的成长与壮大。因此，企业是否能够培育并维持其核心竞争力，以及是否能够持续创新，成了其面临的最大风险。一个依赖于他人产品或市场的企业，永远无法达到卓越企业的标准。虽然核心竞争力在创业初期可能不是最紧迫的问题，但在追求长期发展时，创新绝对不容忽视。缺乏持续创新的企业，即使暂时拥有核心竞争力，最终也会被市场淘汰。

［对策］大学生创业者大多以技术项目为基础，因此，项目的创新性成为创业成功的关键因素。过去，许多大学生创业失败的其中一个重要原因就是忽视了技术创新，未能推出具有自主知识产权的发明创造，或者虽然有所发明，却未能及时申请知识产权保护。大学生创业者应当选择具有明确自主知识产权的项目，并根据市场变化进行产品创新，包括产品的更新或升级。

（6）信誉低下，缺少诚信。

诚信乃立身之本，创业若缺失诚信和商业道德，便无法实现发展和成就。或许通过投机取巧和欺诈可以在短期内获得显著的利益，但这绝不可能持续，也无法真正获得成功。诚信的代价可能不菲，然而欺诈的代价更为沉重。对创业者而言，诚信是商业活动的基石，唯有诚信才能赢得声誉和认可。以诚信待人、经营，最终将带来持久的利益。那些依靠欺诈和不正当手段获取利益的人，虽可能暂时获利，但终将因失信于人而遭受更大的损失。

[对策] 在当今市场经济中，诚信已成为一种特殊的资本，是创业成功的关键，日益成为企业立足和发展的基石。诚信虽无形，却如同影子般始终存在并产生影响。良好的信誉对创业者而言，是一种宝贵的无形资产，也是一块闪亮的金字招牌。大学生选择创业之路，就应遵循行业规范，尤其是初入行业时，更应将信用置于首位，以此赢得客户信任，确保企业长远发展。忽视诚信，等同于放弃自身的软实力，企业最终会在市场竞争中受到惩罚：消费者会通过货币投票，将缺乏诚信的企业淘汰出市场。

（7）心理脆弱，缺少意志。

心理和认知层面的风险是创业团队面临的最深层风险。这类风险虽无形，却具有极大的破坏力。具有较高风险的心理和认知态度包括：投机取巧、侥幸心理、试水心态、过度依赖他人以及急于回本等。

[对策] 部分大学生心理承受能力较弱，对创业过程中的挑战预估不足，一次营销决策的失误、一场小规模的财务危机，甚至一次上门销售的失败，都可能让他们感受到创业的艰辛，从而在心理上产生压力，影响创业热情。成功与失败往往一线之隔，创业过程中遭遇问题和麻烦是常态，大学生应正确对待，遇到挫折不轻言放弃。这就要求大学生具备较强的心理承受力和坚定的创业意志，能够承受打击，从失败中吸取教训，迅速恢复并分析失败原因，识别自身的不足并加以改进。

（8）安排不当，缺少管理。

尽管一些大学生创业者的技术在同行中十分优秀，但其在财务管理、市场营销、沟通交流和管理方面的能力普遍欠缺。要想在创业领域取得成功，大学生创业者需要同时注重技术和经营，此时可以通过合伙创业、家庭创业或者从开设虚拟店铺起步，来锻炼创业技能。同时，也可以考虑聘请职业经理人来负责企业的日常运营。创业失败的案例往往与管理不善有关，主要问题包括决策草率、信息不畅、目标不明确、得失心重、用人失当、忽视创新、急功近利、盲目跟风、意志不坚定等。而大学生由于知识面窄、经验不足、资金和心理素质较弱等因素，更会进一步加大管理上的风险。

[对策] 对于初次创业的大学生来说，由于缺乏工作经验和对企业运营的了解不足，加上创业团队组建仓促，缺乏磨合，容易出现时间管理不当和自我约束不足的问题。不懂得合理规划时间，工作轻松时过于散漫，紧张时又缺乏条理，这些都是管理混乱的表现。创办企业如同家庭生活，需要精心预算和合理安排。

以上 8 个方面是比较突出的、容易出现的问题，在班会上，辅导员应注意对学生进行正面引导。这些问题的提出和应对策略分析，对有创业想法的学生能及早地启发其思考，对于没有创业意向的学生，也能对其职业素质的提高起到一定的帮助作用。

（三）学生问题答疑

最后留一些时间给大家，进行问题解答，也可以利用这个时间，跟同学们多一点互动，加强交流，建立感情基础。以下是几个有关本次主题班会的提问，可供参考：

1. 你的创业理念是什么？你有哪些核心竞争力？

2. 你的目标市场是什么？你的商业模式是什么？

3. 你需要多少资金来启动和运营？你有哪些营销策略？

4. 你如何保护你的知识产权？你如何管理风险？

5. 你的团队如何建立？你如何找到合作伙伴？

6. 你如何建立品牌形象？你如何进行有效的产品推广？

7. 你如何制定长期的发展规划？你的产品如何保持创新？

8. 你如何管理时间？你如何保持积极乐观的心态？

9. 你准备好迎接未来的挑战了吗？你如何处理突发事件？

10. 如何与潜在客户建立有效沟通？你如何处理客户反馈？

七、班会小结

这次主题班会，可以让学生们深入了解创新创业的重要性和意义，从而培养其创新创业的意识和能力。在班会召开过程中，由于大学生已经具备独立思考与分析的能力，相当多的大学生对创业和校园创业有一些想法和认知，所以需要先打破学生对创业的固有概念或偏见，澄清错误观点。辅导员完全可以发挥他们的主观能动性，通过组织分析与讨论的方式，来探究创业的相关内容，激发大学生创业意识。有条件的辅导员还可以通过邀请创业成功的校友，或者本校真正在创业的大学生进行互动交流，深入探讨创业本质、创业精神和创业素质，这样能更有说服力。

八、案例分享

这里，就是青春"梦工厂"
——高校毕业生在贵州天地广阔大有可为[①]

家住浙江温州的周建仁，2016 年从大连理工大学毕业后，来到贵州省黔西南州册亨县巧马镇纳桑村支教，看到那些留守儿童忧郁的眼神，他毅然放弃了上海的工作，决定在这里创业，让大人可以在家门口务工，让孩子不再与父母分离。

一个城市小伙留在了大山深处，一款网红食品纳桑红糖也因此"诞生"了。爸爸妈妈回来了，家里的日子好起来了，孩子们的笑容多了，周建仁的梦想落地了、开花了、结果了。

---

① 该案例来源于贵州日报《这里，就是青春"梦工厂"——高校毕业生在贵州天地广阔大有可为》一文，作者：王琳、张凌、李鹃宏，发布时间：2020 年 3 月 23 日。

周建仁的故事并非"孤本"。他们为何选择来到贵州?

用政策吸引:我的追求,就是你的需求

在这里,高校毕业生创业可获最高 10 万元创业贷款;高校毕业生创办微型企业,符合"3 个 15 万元"扶持条件的,可优先纳入扶持范围。数据显示,2019 年,贵州共为全省高校应届毕业生发放求职创业补贴 6 363.9 万元。

这样的贵州,一定会让你心动不已——

3 月 17 日,贵州公布了促进 2020 年高校毕业生就业创业十条措施。

全省扶持 5 000 名高校毕业生自主创业,高校毕业生申办个体工商户、民营企业的,按规定享受注册登记改革制度政策、创业担保贷款扶持政策等专项政策扶持。

鼓励和引导高校毕业生立足 12 个农业特色优势产业领办、创办农业企业,发展电子商务,培育新型职业农民队伍,重点围绕农村经纪人、农产品流通、农业种植养殖、科研及深加工等领域创业,按规定给予一次性 1 万元创业补贴,外省高校毕业生在黔创业享受同等相关政策。

用实力说话:我的活力,就是你的机遇

从特色城镇到美丽乡村,从工业园区到产业基地,从商贸市场到电子商务,从科研分队到建设"兵团",从生产车间到蔬菜大棚,处处欣欣向荣、活力四射。

这样的贵州,一定会让你找到机遇——

2019 年,农村产业革命取得重大突破:全省省级以上龙头企业 952 家,县级以上农业产业化龙头企业 4 178 家。

12 个农业特色优势产业,产业规模扩大、产量整体增长较快,茶叶、蓝莓、李子种植面积全国第一,辣椒产加销全国第一,迈入全国食用菌生产第一梯队省份。

2019 年,贵州接待入黔游客、旅游总收入均增长 30% 以上;省级现代服务业集聚区达到 89 家,新增规模以上服务业企业 396 家……

用服务保障:我的贴心,就是你的安心

这样的贵州,一定会让你激情澎湃——

对高校毕业生运用银行贷款进行创业的企业,给予贷款利息 50%—100% 的贴息,贴息期限最长不超过 2 年。

对高校毕业生投资比例达到 30% 及以上的项目,根据项目的科技含量、经济与社会效益、市场前景等,择优选择资助对象,按 2 万元、3 万元、5 万元、10 万元四个等级,确定资助等级与金额。

入驻大学生创业园的企业,租用面积在 100 平方米以内的,第一年给予房租全额补贴,第二年补贴 50%;租用面积在 100—200 平方米的,第一年补贴 80%,第二年补贴 50%;租用面积在 200 平方米以上的,第一年补贴 60%,第二年补贴 30%。

这些优惠的待遇,只需入驻贵阳国家高新技术开发区大学生创业园,便可享受。

为鼓励高校毕业生自主创业，贵州也是蛮拼的——

通过举办创业项目展示和推介引导活动，开展创业教育和创业培训（实训），组织实施"万名大学生创业培训计划"等多种方式，不断加快创新创业人才培养步伐。

在有条件的地方设立高校毕业生创业专项扶持资金，用于开展高校毕业生创业指导服务、创业培训、创业孵化基地建设、创业园区建设、各项补贴、奖励等重点扶持项目。

贵州"梦工厂"等你来！

第28次 大四上・12月
——若想工作顺利找，应试技巧不能少

一、主题班会名称

若想工作顺利找，应试技巧不能少

二、策划主办

辅导员、学校学生处

三、活动对象

全体同学

四、活动形式

主题宣讲、经验分享、集体讨论、团体辅导

五、活动目的

求职是每个大学生职业生涯中不可避免的阶段，求职的成败关乎大学生的前途与职业发展的好坏。所以，大学生应掌握足够的求职技能，以适应当前日益严峻的就业环境，走好迈向职场的第一步。但因求职技巧的实用性较强，且内容涉及范围广，包括简历的写作与投递、笔试技巧、面试技巧、求职必备礼仪等方面的内容，所以辅导员要积极做好大学生就业过程的指导工作，在召开主题班会的时候要有所侧重，为毕业生提供较为全面、实用的求职技巧指导，帮助大学生顺利就业。本次班会重点探讨笔试技巧和面试技巧，让学生了解招聘、面试的过程与形式，掌握笔试、面试的应对策略及注意事项。

六、主要内容

（一）基础内容介绍

笔试，即用人单位采用书面考卷的形式对应聘者所掌握的基础知识、专业知识、职业能力、心理综合素质等进行测试。从招聘方的角度来看，笔试是一种人力、物力投入少且较容易区分求职者层次的考查方法。招聘单位通过笔试，可以对应聘者上述

的某一方面或几个方面进行评价。笔试主要适用于应试人数较多、需要考核的知识面较广或需要考核文字能力的情况，一般采用书面形式对求职者所掌握的基础知识、专业知识和文化素养等进行综合考查与评估。很多国内外知名企业招聘员工，国家机关招聘公务员，往往采用笔试的形式，也有单位将笔试环节外包给人才中介公司操作，对应聘者进行初步的筛选。

面试，即当面测试，是对求职者的当面考察，是通过当面问答、交谈（偶尔辅以操作或情景模拟），对求职者进行考核的一种方式。面试实质上是一个企业与求职者"双向沟通"的过程，用人单位可以了解求职者，求职者也可以了解用人单位。企业通过面试可以了解求职者的经历、知识、技能和能力，寻找与企业价值观相符的人，可以判断求职者是否达到拟录用岗位的要求、是否能够聘用。面试看似是一个被动的过程，作为求职者，必须接受来自面试官的询问和考查，但也是求职者直接了解企业的重要过程。在招聘流程中，如果说简历筛选和笔试是将不合适的求职者剔除，那么面试就是挑选最合适人选的过程，它能扩大招聘单位的人才队伍和人才储备，对其发展具有举足轻重的作用。

面试具有灵活性和综合性的特点，为用人单位所看重。面试不仅能观察应聘者的外貌、举止，而且可以了解其总体素质和能力特质。事实上，面试有其规律和技巧，求职者在掌握面试规律和技巧后，能以更有效的方式来应对面试，掌握求职的主动权。高校毕业生要想顺利通过面试，首先必须对面试的方式、面试常见问题及面试礼仪等方面有充分的了解和准备。大多数高校毕业生因为面试经历少，常常不知所措，因此学会面试，是毕业生求职面临的重要课题。

（二）班会主题引领

本次班会的主题有两部分，分别是求职笔试技巧和求职面试技巧。

在求职笔试技巧部分中，要注意提示学生注意求职过程中的笔试与在校课程考试的不同之处，还要指导学生针对不同类型的笔试做好相应的笔试技巧和应对策略。

1. 笔试技巧

大学生对笔试并不陌生，参加笔试以前，应当了解笔试的大体内容。笔试通常分为技术性笔试和非技术性笔试两种。技术性笔试是如教育行业的高考题测试、计算机行业的编程设计测试等涉及工作需要的技术性问题，专业性较强。笔试结果与毕业生在校学习的成绩是分不开的，要想笔试成功，就要有坚实的专业基础。而非技术性笔试的考查内容相当广泛，如阅读、写作、逻辑思维、数据分析等，有时也有时事政治、生活常识、情境演绎、心理和智商的测试等。目前常见的笔试种类有以下六种：

（1）专业考试。

这种考试主要是为了检验求职者专业知识水平和相关的实际运用能力。用人单位需要通过笔试的方式对求职的大学毕业生进行专业知识的考核。有些用人单位可以根据求职者提供的正式成绩单判断其专业水平，如成绩达到中上水平，可免于笔试。但也有一些特殊的用人单位、需要通过笔试的方法对求职者进行专业知识的再考核。

（2）心理测试。

心理测试是用事先编好的标准化量表或问卷要求应试者完成，根据完成的数量和质量来判断其心理水平或个性差异的方法。一些用人单位常常以此来测试求职者的态度、兴趣、动机、智力、个性等心理素质。有些招聘单位还要对求职者进行智力测验，判断求职者的智商，考查求职者分析问题、解决问题的能力。

（3）命题写作。

这种考试的目的在于考查应试者文字表达能力及分析问题和逻辑思维的能力。比如，限时写出一份会议通知、请示报告或某项工作情况总结，也可能提出一个论点，要求给予论证或批驳等。

（4）技能测验。

技能测验主要是对某种专业相关或者工作岗位相关的操作能力的考核，如护士招聘时要求演示重症监护仪器的使用，血压测量，与前一部分结构趋同等演示。技能测验实际是变相考察求职者对专业知识的掌握及其操作能力。

（5）综合能力测试。

综合能力测试是对求职者的阅读理解能力、分析问题和解决问题的能力等综合素质进行测评，如要求求职者在限定的时间内对一组数据或资料进行分析，找出合理的地方和存在的问题，并设计出解决问题的方案。

（6）国家公务员录用考试。

国家机关公务员录用考试包括笔试和面试两部分。根据招录公务员的级别分为国家级公务员考试和省级公务员考试。国家级公务员笔试全国统一命题，省级公务员笔试全省统一命题。该考试内容综合性强，主要测试求职者从事国家机关工作必须具备的潜能。笔试是公务员录用的必经之路，通过者方可进入面试。

2. 笔试的应对策略

俗话说"不打无准备之仗"，求职者在参加笔试前，应当了解笔试的内容和形式，并做好充分准备，力争取得好的成绩。

首先需要说明的是，笔试一般是自身综合能力的测试，面广量大，因此想要通过短期的突击大幅提高成绩是不现实的。无论是书面表达能力、逻辑思维能力和分析问题能力还是对于知识的了解和掌握，都是对求职者基本素质的测试，要靠平时的学习和长期积累，难以速成。但是，如果在笔试前了解考试题型，到网上下载相关资料，多进行一些针对性的练习，掌握答题的技巧和要领，提高解题的速度，则能考出更好的成绩。

（1）做足准备。

笔试前一定要休息好，保持头脑清醒，不要迟到。要询问清楚考试类型及必备的物品，并事前做好准备。笔试开始后一定要先写好个人信息再动笔答题，以免百密一疏。

（2）服从安排。

应当在监考人员的安排下就座，不要自己选择座位。如果有特殊情况，如座位实在有限，影响考试需要调整时，一定要有礼貌地向监考人员讲清楚。

（3）要遵守考试规则，不得有作弊等不良现象。

在落笔之前一定要听清楚监考人员对试卷的说明，不要仓促作答。不得有不顾考场纪律的行为，如未经允许携带手机等通信工具、擅自携带或翻阅辅助资料、与旁人商量试题答案等。

（4）卷面要整洁。

在答题时，应确保卷面干净、字迹清楚、行距规律、段落划一。由于求职过程中的笔试与学校考试不同，很可能笔试的真正目的并非仅仅关注分数，用人单位更看重的是求职者的认真态度。

3. 面试技巧

面试是学生在求职过程中的必经之事，一般来说，面试的次数越多，积累的面试经验也就越丰富，而在此之前，辅导员要有针对性地开展相应的面试技巧辅导工作。在求职面试技巧部分中，建议辅导员结合一些面试的案例来进行分析和点评，指导学生掌握必要的面试技巧。面试技巧分为面试前的准备、常见面试形式及应对策略、面试时应遵循的原则、面试中的言谈举止和面试后需要注意的事项等多方面的内容，其中重点为常见的面试形式及应对策略。

（1）电话或视频面试。

电话面试通常是初步测试候选人在电话中的表现是否和简历相吻合以及表达能力、应变能力等沟通技能如何，解除面试官对求职者简历中存在的某些疑问等。视频面试则是用人单位与求职者的面试沟通是通过互联网技术在网上完成的，就像视频聊天一样。这种虚拟面试跟真实的面对面的面试形式本质上是相同的，但比电话面试的环境要求更高一些。电话或视频面试短则 5 分钟，长的会有 20—30 分钟，这取决于用人单位对求职者的判断。

［应对策略］同通常的面试一样，要严谨对待电话或视频面试。

①主动选择通话时间和地点。接到电话或视频的地点可能在任何地方，街道、商场、公共汽车站等这些地方声音嘈杂，不利于沟通，这时，你可以主动要求另约时间再联系，如说："对不起，我正有事，目前的环境比较吵，是否可以半个小时之后给您回电话？"后续你可以找到一个相对安静的环境，这样能保证你们双方都能听清楚，不会有漏听或误听。

②要坐直身体，并面带微笑回答问题。不要以为电话面试，就可以斜在沙发上，抬着腿慵懒地回答问题，相信你的表情一定会通过你的语音被用人单位"看到"，不信你可以试试通过站着和躺着的方式给朋友打电话，听听其中的区别。要用重视、严谨的态度来对待电话面试。视频面试则更需要注重自己的仪表和坐姿，求职者可以在开始前活动活动，跳几下，把自己整体的状态调动到兴奋状态，这样视频中传达过来的情绪和精神面貌都比较好。

③拿着准备好的简历。电话面试的时候，只能凭声音对对方进行判断，因此，应

聘者在回答问题的时候要冷静干脆，手中拿着简历，有利于用肯定的语气回答用人单位的问题。拿着简历进行自我介绍既有条理，也不会遗漏要点。

④提前准备好计算器、工具书，还可以准备一杯水。如果用人单位问到一些技术性的问题，有这些可以帮助你快速利落地回答，更能够突出你的专业能力。喝水不仅能帮助你润喉，还是镇静情绪的好方法。

⑤面试时的语言要领。无论对方在电话或视频面试时是语速很快，还是不紧不慢，求职者的回答语速都不必太快，保持口齿清晰语调轻松自然。如果我们面试的职位是需要展现外向型、侧重沟通协调的工作，大家可以在视频开始的时候主动进行自我介绍；如果面试的职位是偏内敛的、要求性格沉稳踏实的性格，比如财务、法务、数据分析、系统维护这种的，我们就应该沉稳起来，根据用人单位的要求和提问进行面试就好。如果你太紧张，可适当用深呼吸来进行情绪调节，使自己放松下来，冷静、自信是电话面试的成功关键之一。

⑥如实回答问题。如果没有听清问题，可以再问一次，对问题要尽量如实回答，如果觉得说得不好，可以再重复总结一次。在总结的时候，加入 1、2、3 这样的要点，会给用人单位留下条理清楚、自信的印象。如果觉得回答得不好，在视频面试的时候也尽量减少诸如不断整理头发、摸耳朵、蹭鼻子这种不自觉的行为，尤其是不要在椅子上蹭来蹭去。

⑦询问用人单位的问题。电话或视频面试的双方是对等的，用人单位在问了你一堆问题后，也会反问你是否有什么需要了解的情况。你不问问题不好，显得你并不太关心这个职位。问得太多也不好，你可以问下一步的招聘流程、面试时间、岗位期望的上岗时间等。

⑧面试结束时，要感谢对方。面试结束时，要感谢对方来电话或视频，感谢对方的认可，表达进一步合作的愿望，如果对方直接约定下一次当场面试，一定要拿笔记下时间、地点，重复一次保证准时参加面试。

（2）AI 模拟面试。

AI 模拟面试即人机视频面试，是指通过人工智能技术，模拟真实面试场景的在线面试方式。通过计算机软件系统，求职者可以完成自我介绍、回答问题、展示技能等环节，系统会根据求职者的回答进行评估打分，在后台生成面试报告，并给出相应的反馈和建议。在大规模招聘，特别是校园招聘和互联网"大厂"的招聘中，求职者通常要经历简历筛选、多轮笔试、面试来竞争。AI 面试就是出现在简历筛选后、笔试面试前的一道新"关卡"。

［应对策略］比起人对人的面试，AI 面试可以说是一道相对较低的门槛，求职者面对的问题几乎是一模一样的，只要稍微上点心就可以顺利通过。目前的 AI 面试逻辑是通过语言识别技术，将求职者的语音回答转换成文本并保存在库中，再与对应的题目答案比对，对回答进行正负向判断，再与岗位要求配对，最终判断求职者是否符合要求。

①全面了解企业和岗位。AI 面试和人类面试第一本质并无不同，没有捷径，都需要求职者对公司岗位进行深入全面的了解，求职者可以从企业文化特质、岗位能力要求这两个维度进行准备，找到那些高频关键词，比如一家企业文化和岗位职责特别强调创新，AI 就可能问："如果让你设计一个能够激励员工的创新项目，你会选择什么样的方式？"

②重视回答的逻辑性。AI 非常重视求职者的逻辑性，所以要遵循 MECE 原则——即"mutually、exclusive、collectively、exhaustive"，中文意思是"相互独立，完全穷尽"。用"首先""其次""再次""最后"或者"第一""第二""第三"这样的逻辑性的表述会更好，有助于加分。

③重视肢体语言。目前 AI 虽然不见得会精准识别人类的肢体语言，但是 AI 面试普遍有一个防作弊机制，求职者的一些下意识动作，比如经常眼睛往下看，或者有伴随摸头发、摸下巴出现的手部动作，可能会造成 AI 的误判。所以应尽可能给 AI 一个静态画面，尽量静坐着，头部不要动太多，手势也不要太多。

④语速适中。语速不能太快或太慢，求职者不是在和人交流，要避免使用带有情绪的语气词，然后清晰匀速地把事情说清楚。有些 AI 面试官还会判断求职者回答问题的时候会不会停顿太久，所以在听完问题后，求职者可以通过说"这是一个很好的问题"，或者"我听清楚这个问题了"等回复方式，为自己创造几秒钟的思考时间。

⑤纠正口头禅。如果求职者在回答问题上有高频的"这个""那个""那么"等词，AI 可能会认为求职者很紧张或表达不够流利，因此，最好的方法是自己录一段自己回答问题的视频，去发现自己的口头禅并刻意纠正。

⑥多多练习 AI 面试：可以找一些带有 AI 面试工具的网站，它们一般都会提供一些样板用作练习测试。

（3）一对多面试。

这是指一位求职者面对多位面试官的形式，也是目前高校毕业生面试中最常见的面试形式之一。相比一对一面试，面试官数量的增加会使最终评分更加合理，减少了面试官个人好恶因素对求职者最终成绩的影响。

［应对策略］一对多的面试形式可能会因面试官人数较多给求职者带来心理压力，面试过程中求职者也容易被非提问考官的一些动作，如喝水、咳嗽等分散注意力。因此在一对多面试过程中有以下几个小技巧。

①分配眼神和注意力。在一对多的面试中，即便求职者在回答某位面试官的问题，也需注意眼神分配与注意力控制。如采用"洒水式技巧"，即目光首先接触提问题的人，然后在回答问题的时候，目光移向其他的面试官，最后结束问题回答的时候，目光再次回到提问者这里，体现对每个人的尊重。

②注意回答问题的顺序。有时候聊得开心了，有些面试官会插话向你提问，这个时候可以选择先继续回答前面的那个问题，对插话的面试官说："老师，你的问题很有意思，我先把我刚才的话讲完，然后回答您。"也可以先回答插话的问题："老师，我

刚才那个问题还有一段没有讲完，不过我先回应一下您的问题。"

③集中精神放松心态。尽管一对多面试强调交流与沟通，但求职者需要尽量不受或少受面试官反应的干扰。例如，在一对多面试中，很有可能遇到至少一位严肃的面试官，在这种情况下，求职者需要注意不要因面试官严肃或看起来漫不经心而不敢继续表达，要提高自己的抗压能力。

（4）结构化面试。

结构化面试又称标准化面试，是指对面试所涉及的内容、评分标准、评分方法等一系列问题进行系统的结构化设计的面试。它虽然也是通过面试官与求职者的谈话方式进行的，但从形式到内容，都突出了系统性的特点，以确保这种面试方法更为公平和科学。这种面试要求对报名相同职位的求职者测试相同的题目，面试时以抽签的方式确定求职者面试顺序，每次面试一人，由面试官向求职者提问，根据求职者答题情况在评分表上打分，最后汇总成绩。结构化面试要注意防止求职者之间的交流，以免后面的人知道题目后加以准备。

［应对策略］结构化面试测评要素的确定应依据对面试的具体要求（如面试达到的目的、职位的具体要求等）而定。一般有以下三大类：一般能力，包括逻辑思维能力、语言表达能力；领导能力，包括计划能力、决策能力、组织协调能力、人际沟通能力、应变能力；个性特征，即在面试中表现出来的气质风度、情绪稳定性、自我认知等个性特征。

（5）无领导小组讨论。

这是面试官采用情景模拟的方式对求职者进行集体面试。它是面试中常用的一种测评形式，采用情景模拟的方式对求职者进行集体面试。无领导小组讨论将一定数量的求职者组成一组（一般 5—8 人），围绕一个与工作相关的问题，让求职者做简短的准备，然后在一定时间内开展讨论。此时，面试官或者不给求职者指定特别的角色（不定角色的无领导小组讨论），或者只给每个求职者指定一个彼此平等的角色（指定角色的无领导小组讨论），讨论开始后让求职者自行组织实施，各自阐述自己对这一问题的观点，最后由一位成员受大家委托做出总结陈述，以检测求职者的口头表达能力、辩论能力、情绪稳定性、处理人际关系的技巧、非语言沟通能力等多方面的能力和素质。

［应对策略］在无领导小组讨论的情况下，面试官通过组织求职者进行活动并观察他们的表现来对求职者进行评估，这也是无领导小组讨论名称的由来。在这种讨论中，面试官的评分标准主要侧重于求职者有效发言的频率，是否能够提出独到见解，是否能够支持或认同他人的观点，是否擅长说服他人，以及是否能够引导小组达成共识。同时，还会考察求职者的语言表达、分析判断、归纳总结等能力。无领导小组讨论是一种有效评估求职者的综合素养和能力的方式。它主要用来测试求职者的辩论技巧，这包括对法律、法规、政策的理解和运用能力，以及对讨论主题的理解、发言提纲的撰写、逻辑思维、语言说服、应变、组织协调等多方面的能力。

（6）情景模拟面试。

情景模拟面试是一种通过设定特定的模拟场景，让被测试者扮演特定角色并融入该角色情境中，模拟解决各种事务性和矛盾问题的面试形式。评审官通过观察和记录考生在模拟情境中的行为表现来评分，以此来评估其素质、潜力或判断其是否适合或能够胜任相关工作。与其他考试方式相比，情景模拟测试的特点主要体现在其针对性、真实性和开放性上。针对性指的是测试内容是根据目标职位对求职者素质的具体需求来设计的。真实性体现在考生在测试中的言行举止与目标职位的业务紧密相关，其工作状态清晰可见。开放性则表现为测试内容的多变性，以及考生在回答问题时享有较高的自由度。

［应对策略］

①理解模拟情景的背景和要求。在回答情景模拟问题前，要仔细理解情景的背景、环境和人物关系等，以便更好地把握问题的关键点。

②分析问题并制订计划。在理解情景后，要分析问题的本质和目标，确定需要解决的核心问题。同时，还要考虑各种可能的因素和结果，制定相应的应对策略。

③形成思路并模拟操作。在分析问题后，要进行情景模拟操作。可以结合自己的实际经验和相关业务知识，设想具体的操作步骤和应对措施，让面试官更好地了解自己的思路和做法。

④表达清晰并注重语言生动。在情景模拟中，求职者的表达非常重要，要尽量做到清晰、简洁、有条理。同时，还要注意表达的方式和语气，注重语言的形象性和生动性。

⑤作答内容中要突出重点。在情景模拟中，要注意突出重点，强调关键点。可以针对不同的情景和问题，选择不同的应对策略和措施，让面试官更好地了解自己的应变能力和实际操作能力。

⑥应对突发情况并保持冷静。在情景模拟中，可能会遇到突发情况，这时需要保持冷静、自信、从容应对。要根据实际情况和自己的经验，采取合适的应对措施。

⑦总结反思并改进不足。在情景模拟题大量多次练习的基础上，要及时总结自己的表现和经验，找出自己的不足之处并加以改进，不断提高自己的情景模拟题作答水平。

（三）学生问题答疑

最后留一些时间给大家，进行问题解答，也可以利用这个时间，跟同学们多一点互动，加强交流，建立感情基础。以下是几个有关本次主题班会的提问，可供参考：

1. 如何提高求职应聘技巧，在笔试中应注意什么问题？

2. 为什么要学习求职礼仪，在面试时应注意什么问题？

3. 面试的基本程序是什么？

4. 面试被问到不懂的东西，是直接说不懂还是坚持狡辩一下？

5. 在简历和面试中，自我介绍怎么设计得简短大气？

6. 面试被问"你有什么要问的吗"怎么办？

7. 为什么我不敢去面试？如果我想反驳面试官该怎么办？

8. 怎么为笔试做准备？

9. 笔试题目由谁出？遇到综合类试卷怎么办？

10. 不同性质的单位在招聘时笔试都考什么？

七、班会小结

主题班会过程中辅导员引用的求职案例需要精挑细选。为了让案例与学生心理产生共鸣和代入感，辅导员应尽量结合学校实际与办学特色优势、学生专业与个体实际、学生就业去向和当地行业发展动态等去加强指导，案例的选择要与班级的专业背景相同或相近，同时还要注重真实性、针对性和适应性。在用案例讲授求职技巧的过程中，要注重引导学生主动探究问题，引发自我认知的思考，使学生提高求职技能。

八、案例分享

掌握面试经典六问，让你游刃有余①

明天准备面试一家公司，如何对答更好呢？

那我们就需要了解常见的面试官"经典六问"了，所谓知己知彼才能百战百胜！

引入式问题：渐入佳境

引入式问题，就是面试官会问一些求职者熟悉、简单的问题，以此切入话题目的是建立良好的面试气氛，令求职者放松，而面试人则可获取求职者的初步信息以供后续挖掘。

[举例参考] 与个人信息有关的问题；与公司信息有关的问题；与行业/专业有关的问题；与招聘广告有关的问题。

[对策] 这一类的问题是最容易对答的，你只需要放松、自然，做到不紧张就好了，让自己尽快进入面试状态。

[小技巧] 面试官想跟你寒暄，那你就保持微笑，跟他好好寒暄一番就好，注意话不要太多，一问一答就行。

行为式问题：穷追猛打

行为式问题，就是面试官通过对求职者实际工作事例或参与活动的询问和挖掘，了解你的行为特征、能力水平及素质状况。目的是通过对过去的行为表现，判断是否具备相应的工作经验和能力。

[举例参考] 在过去 3 年的文秘工作中，你觉得自己做得最出色的一件事是什么？

提问关键词：过去、最、特别、非常、好、差、一次、一个、一件事。

[对策] 面对面试官的穷追猛打，首先要镇定，能够自圆其说，当然，还需要清晰

---

① 该案例来源于百家号《掌握面试经典六问，让你游刃有余》一文，作者：职场云充电，发布时间：2021年3月17日。

的思路和严谨的逻辑等，这些都是基于真才实干的素质。

[小技巧] 你可以通过在面谈中，观察面试官在这方面的专业性，并以此来考虑如何回答问题。

应变式问题：暗藏玄机

应变式问题，就是面试官提出一些有难度的问题让求职者来回答并分析，问题可能跟工作职责直接相关，也可能与工作职责无关。目的是判断求职者的逻辑思维能力，分析问题的能力以及是否具有透过现象看本质的能力，往往，求职者回答的准确性不是面试官的唯一关注点，因为，该类问题本身是没有唯一答案的。

[举例参考] 下水道的井盖为什么是圆的？

[对策] 此类问题不是游戏类的"脑筋急转弯"，在问题背后一定有面试官隐藏着的觉察要素，一般考察的不是对与错，而是面对问题的冷静程度和逻辑思路，想必你知道该怎么做了。

[小技巧] 如果你想要这份工作，那就不要浮躁，不要觉得面试官的问题有毛病，要心平气和。

动机式问题：意欲何为

动机式问题，就是面试官了解求职者为什么要变换工作，工作中着重什么，以及求职者在价值观、职业发展规划方面的想法。目的是了解求职者的真实动因，以及价值观、职业发展观与该公司人才招揽的匹配程度。

[举例参考] 你为什么离开上一家公司？你为什么选择我们公司？

[对策] 企业都想招"长工"，双方的价值观和目标一致是企业最想要的，不过也不要违背自己意愿而一味迎合，时间久了会误人更误己。

[小技巧] 适当地迎合别人的口味是需要的，千万不要在面试时就把自己是什么样的人全盘倒出来，面试通过了再考虑去还是不去的问题。

情境式问题：身临其境

情境式问题是面试官提出招聘岗位实际工作中必定或可能会发生的具体工作的难题，请求职者提出解决方案。目的是判断求职者分析与解决问题的能力，看求职者是否有足够的方法和技巧以及处理方式是否符合企业的现实。

[举例参考] 如果你跟上级意见不合，你会怎么做？你会如何解决员工流失率高的问题？竞争对手突然通过降价抢夺公司客户该如何应对？

[对策] 在面试前针对以往工作，做好总结准备，能流程化的流程化，能结构化的结构化，便于记忆和对答时的流畅。

[小技巧] 工作中养成善于总结的习惯本身就是良好职业素养的体现。

压迫式问题：兵不厌诈

压迫式问题是面试官询问一些让求职者感到有心理压力或不好回答的问题。目的是测试求职者的心理素质，或者面临强势压力时，看求职者如何应对。

[举例参考] 第一，请你举一个具体的例子，说明你是如何设定一个目标然后达到

它。第二，请举例说明你在一个项目团队活动中如何采取主动性，并且起到领导者的作用，最终获得你所希望的结果。第三，请你举一个例子说明你是怎样通过事实来履行你对他人的承诺的。第四，请你举一个例子，说明在完成一项重要任务时，你是怎样和他人进行合作的。

［对策］当你被问得满头大汗，第一反应应该是：正确回答问题是次要的，HR 在考验我的心理素质，所以还是放松点，心里不慌、思路不乱。

［小技巧］现在的面试，企业很少采用压力面试了，大多都会慎用，毕竟求职是双向的，企业用压迫式面试会让求职者对这个企业的印象减分。

以上，就是面试的"经典六问"了，知己知彼，百战百胜！

第 29 次　大四下 • 3 月
——大美大爱在乡村，无限青春在基层

一、主题班会名称

大美大爱在乡村，无限青春在基层

二、策划主办

辅导员、学校学生处、学校团委

三、活动对象

全体同学

四、活动形式

主题宣讲（线上和线下）、经验分享

五、活动目的

聚焦基层就业主题班会的召开，可以帮助大学生们树立正确的就业观，更好地了解基层工作的内容和特点。基层工作涉及社会管理的方方面面，包括经济建设、社会事业、民生保障等。本次主题班会的开展可以帮助他们做好职业规划，选择适合自己的工作岗位。作为一名大学生，不仅要具备专业知识和技能，更要具备社会责任感和历史使命感。大学生们还可以与基层工作的工作人员进行面对面的交流，了解他们的亲身经历和感受，从而更加客观地评价自己是否适合从事基层工作。

六、主要内容

（一）基础内容介绍

基层是成长成才的沃土，是施展才干的舞台。作为一名高校毕业生，毕业时究竟该何去何从，又有哪些选择呢？基层一线是高校毕业生就业的重要渠道，越来越多高校毕业生正积极响应国家号召奔赴基层干事创业，那么基层就业是什么？

基层就业就是到城乡基层工作。国家近几年出台了一系列优惠政策鼓励高校毕业生积极参加社会主义新农村建设、城市社区建设和应征入伍。一般来讲，"基层"既包

括广大农村，也包括城市街道社区；既涵盖县级以下党政机关、企事业单位，也包括社会团体、非公有制组织和中小企业；既包括自主创业、自谋职业，也包括艰苦行业和艰苦岗位。

主要的基层就业项目有哪些呢？近年来，中央各有关部门主要组织实施了引导高校毕业生到基层就业的专门项目，包括：

1. 大学生志愿服务西部计划

该计划由共青团中央牵头，教育部、财政部、人力资源社会保障部共同组织实施，旨在引导高校毕业生到西部地区服务。西部计划自 2003 年实施以来，已累计招募了超过 50 万名高校毕业生和在读研究生，到 2 000 多个县（市、区、旗）基层服务，在全社会尤其是青年中唱响了到西部去、到基层去、到祖国和人民最需要的地方去建功立业的时代旋律。西部计划的服务内容分为：乡村教育、服务乡村建设、健康乡村、基层青年工作、乡村社会治理、卫国戍边、服务新疆、服务西藏 8 个专项，志愿者服务期为 1 至 3 年，服务协议一年一签。

大学生志愿服务西部计划志愿者按照中共中央办公厅、国务院办公厅以及人力资源和社会保障部等单位发布的有关文件规定，给予以下政策支持：

（1）服务 2 年以上且考核合格的，服务期满后 3 年内报考硕士研究生的，初试总分加 10 分，同等条件下优先录取。

（2）参加西部计划项目前无工作经历的志愿者，在服务期满且考核合格后 2 年内（研究生支教团志愿者自研究生毕业时开始计算），在参加机关事业单位考录（招聘）、各类企业吸纳就业、自主创业、落户、升学等方面须同等享受应届高校毕业生的相关政策。

（3）按规定符合相应条件的志愿者，可享受相应的学费补偿和助学贷款代偿政策。

（4）服务期满 1 年且考核合格后，可按规定参加职称评定。

（5）已被录取为研究生的应届高校毕业生参加西部计划，学校为其保留入学资格。

（6）服务期满考核合格的，依实际服务年限计算服务期及工龄（参加工作时间按其到基层报到之日起算），并在服务证书和服务鉴定表中体现。

2. "三支一扶"计划

"三支一扶"计划即支教、支农、支医和帮扶乡村振兴的服务项目，由人力资源和社会保障部会同有关部门组织实施，自 2006 年起正式实施。"三支一扶"人员在基层从事 2—3 年，在岗期间可享受工作生活补贴、社会保险、一次性安家费等待遇；服务期满后可享受公务员定向考录、事业单位专项招聘、考研加分等优惠政策。"三支一扶"计划已经成为高校毕业生服务基层的重要品牌，为基层输送了大批急需人才，为广大青年人才在基层一线锻炼成长提供了重要平台。

服务期满且考核合格的"三支一扶"人员，可享受以下优待政策：

（1）报考定向考录公务员。各省根据实际情况，全年面向"三支一扶"计划等服务基层项目人员的定向招录计划不低于总计划的 10%，其中乡镇机关面向"三支一扶"

计划等服务基层项目人员的定向招录计划不低于乡镇机关总计划的 30%。

（2）推荐报考选调生。担任过建制村（社区）"两委"常职干部或在服务期间获得过县（市、区）及以上党委政府及部门表彰的人员，可报名参加面向基层的选调生招录考试。

（3）聘用为事业单位工作人员。结合服务所在县（市、区）乡镇事业单位岗位空缺情况和岗位聘用条件，通过考核方式直接聘用为乡镇事业单位工作人员。"三支一扶"人员进入事业单位工作，不再约定试用期。

（4）报考事业单位工作人员加分。报考事业单位工作人员时，在乡镇及以下（含社区）每服务满 1 周年，笔试总成绩（公共科目笔试与专业知识笔试按比例折合后的笔试成绩）加 2 分，最高不超过 6 分。

（5）享受应届毕业生相关政策。参加"三支一扶"计划前无工作经历的人员期满且考核合格的，两年内参加机关和企事业单位考录（招聘）、自主创业、落户、升学等方面可同等享受应届毕业生相关政策。

（6）报考硕士研究生加分。服务期满后 3 年内参加全国硕士研究生招生考试的，初试总分加 10 分，同等条件下优先录取。

（7）免试入学和保留学籍。高职（高专）毕业生可免试入读成人高等学历教育专科起点本科。已被录取为研究生的应届高校毕业生参加"三支一扶"计划，学校为其保留学籍。

（8）助学贷款代偿。按照国家和省教育部门有关规定，符合相应条件的，可享受相应的学费和助学贷款代偿政策。

（9）服务年限计算工龄。"三支一扶"人员在基层服务年限计算为工龄，其参加工作时间按其到基层报到之日起算。

（10）费用减免。符合条件的困难家庭（脱贫户、零就业家庭）"三支一扶"人员报考公务员、事业单位工作人员时，免缴笔试报名费。

（11）职称评定优先。依据国家和省有关规定参加职称评定或专业技术资格考试，年度考核均为合格以上，可提前 1 年申报高一级职称（支医人员可提前 1 年参加相应专业的中级卫生专业技术资格考试）。评定专业技术职务由县级人力资源社会保障部门所属的人才服务机构代为申报。在乡镇卫生院的服务时间，计算为执业医师晋升副高级职称前，到基层累计服务时间。

3. 农村义务教育阶段学校教师特设岗位计划

农村义务教育阶段学校教师特设岗位计划简称"特岗教师"，是中央实施的一项对中西部地区农村义务教育的特殊政策。我国通过公开招聘高校毕业生到中西部地区"两基"攻坚县、县以下农村学校任教，引导和鼓励高校毕业生从事农村义务教育工作，创新农村学校教师的补充机制，逐步解决农村学校师资总量不足和结构不合理等问题，提高农村教师队伍的整体素质，促进城乡教育均衡发展。

参加农村义务教育阶段学校教师特设岗位计划人员享受以下保障政策：

（1）特岗教师享受《关于组织开展高校毕业生到农村基层从事支教、支农、支医和扶贫工作的通知》等文件规定的各项优惠政策。

（2）特岗计划的实施与"农村学校教育硕士师资培养计划"相结合。符合相应条件的优秀特岗教师，可按规定推荐免试攻读教育硕士。

（3）特岗教师在三年聘任期内，没有试用期，在工资津贴、各类补贴补助、社会保障、公积金缴存、职称评聘、评先评优、年度考核、参加培训等各方面享受当地公办教师同等待遇。

（4）实施特岗计划的县，县政府要采取切实措施确保三年服务期满、考核合格且愿意留任的特岗教师全部入编，落实工作岗位，做好人事、工资关系等接转工作。同时，要按照国家有关规定落实服务期满特岗教师报考党政机关公务员、硕士研究生等优惠政策。

（5）对于服务期满考核合格愿意重新择业的特岗教师，省、市、县有关部门应在辖区内为其重新选择工作岗位和办理户口迁移提供便利的条件和必要的帮助。被党政机关或企事业单位正式录用（聘用）的，其服务期按我省规定应计算为工龄、社会保险缴费年限。

4. 选聘高校毕业生到村任职工作

2008 年，中组部、教育部、财政部、人力资源和社会保障部出台了《关于印发〈关于选聘高校毕业生到村任职工作的意见（试行）〉的通知》，计划用 5 年时间选聘 10 万名高校毕业生到农村担任村党支部书记助理、村委会主任助理或团支部书记、副书记等职务。从 2010 年开始，扩大选聘规模，逐步实现"一村一名大学生村干部"的目标。选聘的高校毕业生在村工作期限一般为 2—3 年。

选聘高校毕业生到村任职工作的人员享受以下优惠政策：

（1）任职期间，享受村干部补贴（研究生 2 600 元/月、本科生 2 200 元/月，民族地区分别增加 200 元/月。年底考核合格的增发 1 个月补贴）。

（2）经选举担任村党组织书记和村民委员会主任的，保留大学生村干部补贴，同时可享受同级村干部补贴。

（3）养老保险、医疗保险参照当地乡镇事业单位干部标准执行。

（4）任职期满，服务期间考核合格，报考硕士研究生的，3 年内享受"初试总分加 10 分，同等条件下优先录取"的优惠政策。

（5）可报名参加服务基层项目人员定向考录，考录为机关公务员和事业单位工作人员的，其聘任期计算工龄。

5. 农业技术推广服务特设岗位计划

农业技术推广服务特设岗位计划由农业农村部牵头，人力资源和社会保障部、教育部和科技部共同组织实施。从 2013 年开始，每年招募一批普通高等学校应届毕业生，到乡镇或区域性农业技术推广机构从事为期 2—3 年的农业技术推广、动植物疫病防控、农产品质量安全服务等工作。

对于符合相关政策规定条件的特岗农技人员，可以享受国家助学贷款代偿和学费补偿政策。要创新基层公益性农业技术推广队伍人员补充机制，县、乡农业技术推广机构岗位空缺时，应优先录用特岗农技人员。鼓励特岗农技人员继续学习深造，对符合相关条件需要继续攻读农业推广硕士专业学位的优秀特岗农技人员，相关部门和农业高等院校及其他相关招生单位要制定优惠政策，在同等条件下优先录取。加大农技推广特岗计划表彰宣传力度。各有关部门积极创造条件支持特岗农技人员申报有关科研成果、荣誉称号和专业技术职称，在同等条件下给予优先评定。在农牧渔业丰收奖的评审中，确定一定的比例用于奖励特岗农技人员。

这些项目为高校毕业生提供了到城乡基层工作的机会，包括但不限于广大农村、城市街道社区、县级以下党政机关、企事业单位、社会团体、非公有制组织和中小企业等。参与这些项目的毕业生可以享受学费补偿、助学贷款代偿、高定工资档次、放宽职称评审条件等优惠政策，服务期满后还可享受考研加分、公务员定向招录、事业单位专项招聘等政策。

（二）班会主题引领

基层一线是吸纳高校毕业生就业的重要渠道。以习近平同志为核心的党中央一直高度重视并积极引导、鼓励大学毕业生前往基层就业。教育部等相关部门推出了"特岗计划"、"三支一扶"计划、"西部计划"等一系列旨在促进基层就业的项目，这些项目吸引了众多大学毕业生前往基层工作，将他们的青春力量融入建设伟大祖国的征程。

近年来，为引导鼓励高校毕业生到基层就业，国家出台了学费补偿、国家助学贷款代偿等一系列优惠政策。2023年，教育部颁发首届"全国高校毕业生基层就业卓越奖"，评选出了398名优秀高校毕业生，紧扣"为什么要去基层"并做出解答，感召高校毕业生投身基层、奉献基层、扎根基层。教育部会同国家卫生健康委、中央编办等部门首次启动实施"大学生乡村医生专项计划"，拓宽基层就业新空间。作为辅导员，要从以下几个角度来引导学生做好到基层就业的准备。

1. 从思想政治教育的角度引导大学生树立服务基层的观念

《中共中央 国务院关于进一步加强和改进大学生思想政治教育的意见》提出，要帮助大学生树立正确的就业观念，引导毕业生到基层、到西部、到祖国最需要的地方建功立业。要贯彻落实好中央精神，就必须在做好大学生就业工作的同时，切实做好思想政治教育工作，更好地引导和帮助大学生健康成长与成才。辅导员应通过宣传基层优秀工作者的事迹和经验，让大学生了解到基层工作的价值和意义，激发他们服务基层的热情。同时，鼓励大学生向优秀典型学习，将优秀的品质和精神传承下去，主动到基层艰苦环境中、到祖国和人民最需要的地方去，经历风雨、砥砺品格、磨炼意志、提升境界，让无悔青春在艰苦奋斗中绽放光彩，让人生价值在改革发展中不断升华。

2. 从大学生基层就业优势的角度引导大学生树立服务基层的观念

第一，大学生扎根基层，可以更好地获得施展个人才能的舞台。东部和中部地区高校分布密集，各种专业院系齐全，聚合效应的影响使招生规模扩张速度较快，每年都为本地区培养出大量的毕业生，人力资源的配置呈现明显的供大于求的态势，人才需求已经接近饱和。目前西部地区的经济、科技和社会的发展，突出问题表现在人才总量不足，分布失衡；人才队伍的知识、技能结构不尽合理；科技人才和经营管理人才特别是高层次的人才严重缺乏。随着经济社会的发展，不仅西部地区对各类人才的需求会大量增加，而且对于不同的专业和不同类型的人才的需求也呈现出明显的选拔层次性。而目前在西部高校的人才供给上尚有较大缺口，东中部地区的毕业生在此更容易找到适合自己的工作。第二，大学生扎根基层，可以更快地找到个人成长路径。现在的大学生就业，在考虑经济利益的同时，更侧重于追求事业上的成功和自我价值的体现。换而言之，工资、待遇只是个人就业追求的一部分，能否在自己的工作岗位上快速成长、拥有自己的工作定位，并获得成就感和收获个人价值，也是毕业生们认真考虑的问题。大学生到西部，只要能找准自身发展的定位，其教育优势和视野优势就会很快显现出来，只要坚持度过两到三年的困难期就能跃上一个新的台阶，获得更顺畅的成长路径。

3. 从典型的就业错误认知进行纠正，引导大学生深入基层就业

从实际就业情况来看，仍有些学生坚持不去基层。针对这种情况，辅导员要对典型的错误认知进行纠正，引导学生走出认知误区。

误区一：去基层就是吃苦。现在的大学毕业生都是"00后""10后"，他们是独生子女的一代，从小没有吃过什么苦、受过什么累，所以很怕去基层怕吃苦。而对于不同境况的同学，拒绝基层的原因也各不相同。对于农村的孩子，他们想通过上大学这条捷径，改变父辈的生活状态，不想再回到原来的穷乡僻壤，所以虽然他们有扎根基层的优势，但是有些人仍不愿意回到基层。而城市的孩子们，他们早已经熟悉了城市的生活，到基层、到农村不能融入其中，生活中会有许多不方便、不适应。

［点拨］去基层就业，得到的是更多的锻炼和提高的机会，广大基层为刚刚毕业的大学生提供了广阔的舞台去施展才能。基层的工作经历和工作经验是大学生全面发展的坚实基础，在基层工作中要发扬不怕苦、不怕累的精神，切实领会党中央选派优秀大学毕业生到基层服务的文件精神，扎根基层、建功立业，让自己的青春在基层绽放出夺目光彩。

误区二：想去就能去。有些大学生认为基层工作岗位条件差、待遇低，大家都不喜欢去，因此，仅仅把去基层就业作为就业的"低保"，认为在大城市找不到工作时再去基层就业也不迟。抱有这种想法的学生影响了大学生对基层就业的选择，一方面，他们占用了一些基层的就业指标，使其他真正想去基层建功立业的大学生没有岗位；另一方面，他们仅仅把基层作为一个就业的"缓冲区"，一旦有机会便会"跳槽"，这大大降低了大学生基层服务的连贯性和稳定性，从而产生了不良影响。

［点拨］基层就业不是大学生就业的"救命稻草"，不负责任的心态和做法必然会影响大学生走向社会之后的全面发展，社会认可的是有责任心、有事业心的青年才俊，大学生选择服务基层就要端正态度、摆正心态，在基层充分实现自身的价值，为基层地区的发展做出自己应有的贡献。

（三）学生问题答疑

最后留一些时间给大家，进行问题解答，也可以利用这个时间，跟同学们多一点互动，加强交流，建立感情基础。以下是几个有关本次主题班会的提问，可供参考：

1. 什么是"三支一扶"计划？

2. 哪些人可以参加"三支一扶"？

3. 怎么样选拔招募"三支一扶"人员？

4. 在服务期的"三支一扶"人员党团关系如何管理？

5. 服务期间"三支一扶"人员岗位可以调整吗？

6. 服务期间可参加考试吗？

7. 服务期间"三支一扶"人员有哪些补贴？

8. 什么是基层就业？为什么选择基层就业？

9. 基层就业带来哪些挑战和机会？基层就业对个人发展有何影响？

10. 如何在基层就业中获得成功？基层就业能否为未来的职业发展提供帮助？

七、班会小结

大学生基层就业主题班会不仅仅局限于向大学生们宣传基层就业的政策和机会，更重要的是，它是一个沟通的桥梁，让大学生们更深入地了解基层工作的实际情况，让他们认识到基层工作的重要性和价值，同时也让他们了解到基层工作所面临的挑战和困难。本次主题班会不仅可以引导大学生们树立正确的就业观，提高他们的社会责任感和使命感，还可以帮助他们更好地了解基层工作的内容和特点，促进大学生与基层工作的互动交流。希望这次基层就业主题班会，能为大学生们的就业和发展提供更多的支持和帮助。

八、案例分享

大学生基层就业：如何下得去、留得住、干得好[①]

这是西安交通大学博士毕业生林舒进在广西博白县那卜镇工作的第五个年头。从初来时听不懂村民方言的尴尬，到如今能用所学推动当地经济社会发展的喜悦，他在基层工作的磨炼中迅速成长。

过去，名校博士生、硕士生去基层就业，往往会引发社会对于高素质人才是否

[①]　该案例来源于光明网《大学生基层就业：如何下得去、留得住、干得好》一文，作者：唐芊尔、王夏雯，发布时间：2024 年 4 月 9 日。

"大材小用"的讨论。而近些年，人们渐渐达成共识——基层，是大学生实现人生理想、增强个人本领的一方沃土。

回顾过去二十多年，我国先后实施多项鼓励和引导高校毕业生面向基层就业的政策举措，"特岗计划"."三支一扶""西部计划"等项目不断完善成熟。当前，大学生基层就业有何新趋势？还存在哪些堵点？未来应如何引导、鼓励更多大学生去基层就业？

基层就业成为越来越多毕业生首选

2022 年，兰州文理学院学前教育专业毕业生苏冰报考了"特岗计划"，选择到甘肃天水一所离家一小时车程的乡村小学任教。尽管生活条件较为艰苦，但苏冰仍乐在其中："看着课堂上孩子们充满求知欲的眼神和纯真的笑脸，我就觉得自己的选择很有意义。"

杭州师范大学马克思主义学院副教授余慧菊长期关注高校毕业生就业问题。她表示，近年来，像苏冰一样主动报名赴基层就业的大学生越来越多。这是一个新趋势。过去，对于基层岗位，老师们要针对性地做动员，现在许多学生都积极主动报名。他们有比较清晰的职业规划，想趁年轻到基层锻炼自己。

高校毕业生赴基层就业意愿的提升，与国家、地方一系列政策支持密不可分。西安交通大学学生就业创业指导服务中心主任郑旭红指出，近年来，国家和地方除继续开展"三支一扶""西部计划"等基层就业项目之外，还大力拓展"城乡社区专项计划""大学生乡村医生专项计划"等基层岗位。在政策保障方面，对到中西部地区、艰苦边远地区、老工业基地县以下基层单位就业的中央部属高校应届毕业生，国家按规定给予学费补偿和助学贷款代偿。此外，在招聘流程优化方面，相关部门也加大力度，统筹协调政府招录进程，使选调生、公务员、事业编等考录进度和高校毕业生的毕业、就业节奏尽可能同步。各地各高校也积极出台并落实相关配套政策，确保大学生顺利赴基层就业。

扎根基层，仍有堵点待疏通

两年前，上海外国语大学毕业生杨华通过"三支一扶"入职华北某省基层支农岗位。她坦陈，在大学期间，自己并不了解基层就业政策，当时大家关注的求职热点大多集中在互联网等高薪行业。直到毕业求职时，她从同学口中得知"三支一扶"政策，才尝试报考并成功地找到了工作岗位。

调研发现，对基层就业不了解甚至有误解的学生不在少数。有专家分析称，受社会和教育环境等因素影响，一些大学生形成了"在大城市或知名企业工作才体面"的就业观念，认为去基层就业"没面子"。此外，一些大学生对基层工作的重要性和发展潜力了解不足，认为基层就业环境艰苦、待遇低、缺少发展空间，从而弱化了扎根基层发展事业的动力。因此，应打通对基层的认知信息堵点，让大学生更加客观地了解基层，认识到基层对于自身锤炼的重要意义。

而对那些愿意下基层的学生来说，还面临着能否"待得住"并且"干得好"的现实考题。

"去基层工作，我遇到的第一个困难是适应生活环境。"苏冰告诉记者，她任教的学校在山脚下，冬天漫长寒冷，教室和宿舍没有暖气，靠煤炉子生火取暖。由于从未生过火，她连点炉子都要学半天。"基层地区基础设施相对落后，不同地区的文化和习惯也存在差异，给初来乍到的大学生带来了不小挑战，需要他们花费更多时间和精力去适应环境。"某985高校就业中心教师刘文表示，"当克服了这些困难后，他们会更有信心直面未来的任何挑战。"

对杨华来说，"本领恐慌"是她接触基层工作后最深的感触："大学学的专业知识很难直接用得上，工作中涉及的农村农业知识和公文写作等，都需要在实干中摸索。"余慧菊认为，实践千差万别，所有的专业知识必须和实践结合，才能真正体现所学的价值，这也是成才的必要过程。当然，目前的教育模式偏重理论与应试，对学生实践能力、动手能力、解决实际问题的能力等培养不足，成为制约大学生在基层顺利发展的重要原因。各高校需进一步强化实习实践课程，让知识到能力的转化更加顺畅。

刘文提到，一些地方相关政策落实不到位，导致大学生在基层晋升空间较小，职业发展前景不确定，影响了他们对基层工作的信心。"比如，近几年各省大范围招录选调生，毕业生作为高素质人才被引进基层。然而，一些乡镇因招录人员过多，在编选调生甚至达到10余人，'选而不调'的现状让准备加入其中的毕业生有些忐忑。"

激发投身基层热情，提供坚实有力支撑

鼓励并帮助大学生基层就业，哪些工作须加强？

引导大学生转变就业观，坚定"到祖国最需要的地方去"的理想信念，是一个重要的切入点。中国人民大学教育学院教授崔盛建议，高校应构建系统化的理想信念培育体系，发挥课程对大学生专业能力培养的激励和协调作用，并引导大学生树立积极的生活态度、拓宽人际交往、提高信息识别能力。同时，引导大学生在职业选择中正确处理个人利益与国家利益的关系，鼓励他们在扎根基层中实现人生价值。

为引导、鼓励更多大学生赴基层就业，近年来，西安交通大学打出了一套"组合拳"。郑旭红介绍，学校通过新生入学教育、职业规划课程、毕业生就业动员大会等活动，有计划地引导学生树立正确择业观，鼓励他们将"小我融入大我，青春献给祖国"。每年面向全校遴选培养一批主动作为、有志于为人民服务的学生纳入"人民公仆"养成行动，组织政府见习、志愿服务、扶贫支教等社会实践。建设学生社团"基层就业服务协会"，举办职业咨询、指导讲座等各类活动，助力学生职业发展。同时，学校还通过媒体报道、先进事迹报告会等形式，做好基层就业典型案例的宣传工作，营造"到祖国需要的地方建功立业"的浓厚氛围。

为帮助毕业生更好地融入基层环境，郑旭红建议，政府应加大对基层地区基础设施建设的投入力度，改善基层工作条件和生活环境。同时，通过举办文化活动、建立文化交流平台等方式，推动基层文化建设，增强大学生的文化认同感和归属感。

"应进一步加强对大学生基层就业职业发展通道的政策设计。"余慧菊说，"比如，进一步提高大学生志愿服务岗位与其专业所学、能力经历等方面的适配度，使他们'学有所用''才尽其用'。完善大学生基层志愿服务期间的管理、培训、考核与退出等机制，使大学生志愿者'适合者留用'。健全服务期满后的职业发展通道和晋升提拔机制，使他们'留得下''有盼头'。"

第 30 次　大四下 ● 4 月
——青春热血踏军旅，壮怀入伍卫中华

一、主题班会名称

青春热血踏军旅，壮怀入伍卫中华

二、策划主办

辅导员、学校学生处

三、活动对象

全体同学

四、活动形式

主题宣讲（线上和线下）、经验分享

五、活动目的

辅导员通过召开征兵主题班会，向大学生普及征兵政策，让他们了解征兵的条件、流程和相关政策，从而提高大学生对征兵工作的认知度和参与度。辅导员可以提供一个沟通交流的平台，让已经服役的大学生分享他们的部队经历和成长历程。这些亲身体验的故事和经验具有很大的吸引力和说服力，不仅能够激发他们的参军热情，还能够帮助大学生解决对于征兵的疑问和担忧。通过与征兵工作人员和退役大学生的面对面交流，大学生可以更直接地了解部队的生活、训练和职业发展等方面的情况，从而更好地权衡自己的选择和决定。

六、主要内容

（一）基础内容介绍

手握钢枪，青春绽放光芒；脚踏热土，步履沉淀担当；心向远方，军营成就梦想。

征兵报名工作已经开始，你准备好加入我们了吗？看看参军攻略吧！

1. 在哪里报名呢？

参军入伍，请认准全国应征报名唯一官方网站——

全国征兵网 https://www.gfbzb.gov.cn/

2. 应征入伍的报名时间?

上半年应征报名时间一般为本年 12 月 1 日至次年 2 月 10 日 18 时;

下半年应征报名时间一般为本年 12 月 1 日至次年 8 月 10 日 18 时。

3. 征集对象和年龄

男兵:普通高等学校在校生,年满 18 至 22 周岁;本专科毕业生,年满 18 至 24 周岁。

女兵:普通高等学校全日制应届毕业生及在校生,年满 18 至 22 周岁。

4. 应征入伍有哪些基本条件?

(1) 视力。

任何一眼裸眼视力低于 4.5,不合格。任何一眼裸眼视力低于 4.8,需进行矫正视力检查,任何一眼矫正视力低于 4.8 或矫正度数超过 600 度,不合格。

屈光不正经准分子激光手术(不含有晶体眼人工晶体植入术等其他术式)后半年以上,无并发症,任何一眼裸眼视力达到 4.8,眼底检查正常,除条件兵外合格。条件兵视力合格条件按有关标准执行。

(2) 体重。

①男性:$17.5 \leqslant BMI < 30$,其中,$17.5 \leqslant$ 男性身体条件兵 $BMI < 27$。

②女性:$17 \leqslant BMI < 24$。

$BMI \geqslant 28$ 须加查血液化血红蛋白检查项目,糖化血红蛋白百分比 $< 6.5\%$,合格。

注:BMI = 体重(千克)除以身高(米)的平方

(3) 身高。

男性身高 160 厘米以上,女性身高 158 厘米以上。条件兵身高条件按有关标准执行。

(4) 文身和瘢痕。

①瘢痕体质:面颈部长径超过 3 厘米或者影响功能的瘢痕,其他部位影响功能的瘢痕,不合格。

②文身:面颈部文身,着军队制式体能训练服其他裸露部位长径超过 3 厘米的文身,其他部位长径超过 10 厘米的文身,男性文眉、文眼线、文唇,女性文唇,不合格。

③其他:手指、足趾残缺或畸形,足底弓完全消失的扁平足,重度靸裂症,不合格。

详细体检标准请登录全国征兵网查阅。

5. 应征流程是什么?

①男兵应征流程:

登记报名➡初审初检➡体格检查➡政治考核➡役前教育➡审批定兵➡张榜公示➡批准入伍➡新兵起运

②女兵应征流程：

登记报名➡系统初选➡初审初检➡体格检查➡政治考核➡综合素质考评及审批定兵➡张榜公示➡批准入伍➡新兵起运

6. 应征体检前有什么注意事项？

①注意用眼。防止假性近视的出现。

②控制体重。提前通过控制饮食、加强锻炼进行增重或者减肥。

③注意饮食。体检前三天注意忌酒、少食高脂高蛋白食物。

④慎用药物。包括镇痛药、止咳药等，避免使用对肝肾功能有影响的药物。

⑤保证睡眠。体检前一天晚上不要熬夜，晚上 10 点以后禁水禁食。

7. 应征体检检查哪些项目？

应征青年需要接受外科、内科、耳鼻咽喉科、眼科、口腔科、妇科（女生）等项目检查，详情可以登录全国征兵网查看《应征公民体格检查标准》摘要。

（二）班会主题引领

《中华人民共和国宪法》规定："依照法律服兵役和参加民兵组织是中华人民共和国公民的光荣义务。"部队是青年学生成长成才的大学校，是砥砺品格、增强意志的好课堂，是施展才华、成就事业的大舞台。国防和军队现代化建设，迫切需要一大批有责任、敢担当的有志青年携笔从戎、报效祖国。下面带大家了解大学生入伍都有哪些优惠政策？

1. 优先征集政策

（1）大学生入伍"四优先"：优先报名应征、优先体检政审、优先审批定兵、优先安排使用。大学毕业生参加体检开辟绿色通道。

（2）高校新生应当在户籍所在地参加应征；高校应届毕业生和在校生可在学校所在地参加应征，也可在入学前户籍所在地参加应征。

2. 学费资助及优待政策

（1）学费补偿、国家助学贷款代偿、学费减免，本专科生每人每年最高不超过 16 000 元，研究生每人每年最高不超过 20 000 元。

（2）入伍大学生按规定享受优待政策，义务兵家庭优待金由批准入伍地发放，其家庭享受军属待遇。

3. 升学优惠政策

（1）设立"退役大学生士兵"专项硕士研究生招生计划，每年专门面向退役大学生士兵招生约 8 000 人，并向"双一流"建设高校倾斜。

（2）在部队荣立二等功及以上，免试（指初试）攻读硕士研究生。

（3）在完成本科学业后 3 年内参加全国硕士研究生招生考试，初试总分加 10 分，同等条件下优先录取。

（4）高职（专科）学生应征入伍，退役后在完成高职（专科）学业的前提下，可免试入读普通本科，或根据意愿入读成人本科，自 2022 年专升本招生起执行。

4. 复学政策

（1）高校学生（含高校新生）服役期间按国家有关规定保留学籍或入学资格，退役后 2 年内允许复学或入学。

（2）经学校同意，大学生士兵退役后复学可转入本校其他专业学习。

（3）退役复学后免修军事技能等课程，可直接获得学分。

5. 在部队选拔培养政策

（1）符合条件的取得全日制本科学历和学士学位的毕业生（含毕业学年入伍，服役期间取得的），入伍 1 年半以上，可选拔为提干对象。

（2）参加全军统一考试，录取到有关军队院校学习。

（3）优先选取军士。

（4）参加保送入学对象选拔，同等条件下优先推荐。

6. 退役后技能培训政策

面向自主就业退役士兵开展职业技能培训，实施学历证书+若干职业技能等级证书制度，建立学习成果认定、积累和转换机制，按规定享受培训资助。

7. 退役后就业服务政策

（1）退役后一年内，凭用人单位录（聘）用手续，可办理就业报到手续，户档随迁。

（2）退役高校毕业生士兵可参加户籍所在地省级毕业生就业指导机构、原毕业高校就业招聘会，享受就业信息、重点推荐、就业指导等就业服务。

（3）乡镇补充干部、基层专职武装干部配备时，注重从退役大学生士兵中招录；在军队服役 5 年（含）以上的高校毕业生士兵可以报考面向服务基层项目人员定向考录的职位。

（4）教育部在"24365 校园招聘服务"活动中开辟退役大学生士兵岗位专区，畅通求职就业渠道。

把青春留在橄榄绿的军营，把热血洒在橄榄绿的操场，少年无所畏惧，军营是你一生的心之所向！作为退役大学生士兵有什么就业保障呢？

1. 事业单位招聘条件宽松

具有本科学历学士学位退役大学生士兵参加粤东西北乡镇事业单位专项公开招聘的，可报考免笔试岗位，不受岗位职称、执业资格、工作年限、户籍等条件的限制，同等条件下优先聘用。

2. 公务员专项招录

将全省退役大学生士兵招录公务员工作纳入公务员录用"四级联考"全省至少安排 400 名指标，与大学生村干部、"三支一扶"等服务基层项目统筹安排职位，重点向基层一线单位倾斜，职位设置指标由省级公务员主管部门根据各地区退役大学生士兵数量按比例分配下达。

3．就业服务

教育部在"24365"校园招聘服务活动中开辟退役大学生士兵岗位专区，畅通求职就业渠道。

4．免费职业技能培训

自主就业的退役士兵，在退出现役 1 年内由县级以上人民政府退役士兵安置工作，主管部门免费组织职业教育和技能培训。教育培育期限一般为 2 年，最短不少于 3 个月。

5．税费减免

（1）退役士兵从事个体经营的。除国家限制行业外，自在工商行政管理部门首次注册登记之日起，免收 3 年内行政事业性收费。营业税、城市维护建设税、教育费附加、个人所得税限额减免，限额标准为每户每年 8 000 元，最高上浮 20%。

（2）商贸企业和服务型、加工型企业接收安置退役士兵的。3 年内按实际新接收安置人数定额，依次扣除营业税、城市维护建设税、教育费附加、企业所得税，定额标准为每人每年 4 000 元，最高上浮 50%。

（3）落户政策。在广东省入伍的全日制在校大学生退役继续完成学业后和在广东省入伍的全日制大学毕业生退役后一年内被入伍地接收的，可在当地办理落户。

（4）保留入伍前福利待遇。入伍前是国家机关、社会团体、企业事业单位工作人员或者职工的，退出现役后可以选择复职复工，其工资、福利和其他待遇。不得低于本单位同等条件人员的平均水平。

青春风华正茂，参军无上光荣。踊跃报名应征，接受祖国挑选！适龄青年参军都有哪些经济待遇呢？

1．津贴费

在部队发放，2 年共 2 万多元，艰苦地区和特殊单位另有提高。

2．退役金

退役时由部队核实发放。

3．家庭优待金

国家建立义务兵家庭优待金制度。义务兵家庭优待金标准由地方人民政府制定，中央财政给予定额补助。具体补助办法由国务院退役军人工作主管部门、财政部门会同中央军事委员会机关有关部门制定。

对到新疆、西藏等军队确定的高原、边远艰苦地区服役的义务兵，其家庭优待金按照不低于普通义务兵家庭优待金当年发放标准的 2 倍发放。

4．大学毕业生入伍补助

大学生参军入伍，两年可享经济待遇 24 万元以上。

（1）国家学费资助。

本科：1.6 万元/年×4 年＝6.4 万元

专科：1.6 万元/年×3 年＝4.8 万元

硕士研究生：2 万元/年×3 年＝6 万元

（2）部队津贴、退役金、保险、职业年金等（约 10 万元）。

（3）义务兵家庭优待金：2.28 万元/年×2 年＝4.56 万元（济南长清区 2022 年平均标准）。

（4）一次性退役补助：6.9 万—10 万元（2022 年标准）。

此外，对到新疆、西藏等军队确定的高原、边远、艰苦地区服役的义务兵，其家庭优待金、部队津贴等还有额外补助。

（三）学生问题答疑

最后留一些时间给大家，进行问题解答，也可以利用这个时间，跟同学们多一点互动，加强交流，建立感情基础。以下是几个有关本次主题班会的提问，可供参考：

1. 国家鼓励高校应届毕业生应征入伍服义务兵役，这里的"高校毕业生"如何界定？

2. 公民应征入伍需要满足哪些政治条件？

3. 公民应征入伍要满足哪些基本身体条件？

4. 对应征入伍服义务兵役的高校毕业生年龄条件有何要求？

5. 面向今年的高校毕业生的征兵预征工作何时开始？何时结束？

6. 现在确定为预征对象后，什么时候正式入伍？

7. 高校毕业生应征入伍服义务兵役要经过哪些程序？

8. 毕业生预征工作在高校由哪个部门负责？毕业生预征的政审工作由哪个部门负责？

9. 毕业生应征入伍服义务兵役享受哪些优惠政策？具有高等教育学历的士兵退役后，享受哪些就学就业优先政策？

10. 高校毕业生应征入伍都可以享受学费补偿或助学贷款代偿政策吗？

七、班会小结

大学生征兵主题班会旨在提高大学生对征兵工作的认知度和参与度，激发他们的参军热情，解决他们的疑问和担忧，并加强他们的国防教育和爱国主义教育。召开本次主题班会有助于加强大学生的国防教育和爱国主义教育。通过主题宣讲，大学生可以更深入地了解国家安全和国防的重要性，增强爱国情怀和社会责任感。此次主题班会对培养高素质的国防人才和建设强大的国防力量具有重要意义，有助于选拔优秀的人才加入军队，同时也为大学生个人的成长和发展提供了更多的机会和选择。

八、案例分享

让青春在高原战位上熠熠闪光①

近日，西藏山南军分区战士康厚宏和战友在哨所执勤。

---

① 该案例来源于中国青年网《让青春在高原战位上熠熠闪光》一文，作者：李国涛、刘大辉、李学文，发布时间：2024 年 5 月 30 日。

初夏时节，西藏山南军分区肖哨所，战士康厚宏手握钢枪，警惕地值守在哨位上，仔细地观察着边境动向，不漏掉一个盲点。眺望边关，迎着冉冉升起的旭日，皑皑群山与哨所周围凌寒绽放的杜鹃形成一幅壮美的画面。

康厚宏入伍前就读于清华大学新雅书院，怀揣着"好男儿，参军去"的梦想，来到高原边防线上。据了解，在西藏军区山南军分区，大学生士兵在义务兵群体中占比已经超过七成。

"很庆幸，我们的青春是迷彩色。"和康厚宏一样，这些来自五湖四海的"00后"大学生，携笔从戎来到西藏山南军分区的边防连队，他们扎根雪域高原，用坚守身影诠释初心信仰，让青春在边关战位上熠熠闪光。

巡逻

费叶胜是康厚宏的同学兼战友，入伍前，他就读于清华大学社会科学学院。刚来到边防连队时，由于寒冷缺氧，费叶胜夜里经常失眠，体能训练也时常掉队。

为了克服高原反应，他常常在战友休息时间背着沙袋练长跑，晚上睡觉前，加练俯卧撑和仰卧起坐。经过 1 个多月的不懈努力，他的体能成绩有了很大进步。

下连两个月后的一天，费叶胜获得了参加连队巡逻任务的机会。那时，山间仍有积雪，巡逻队伍要征战的是位于海拔 5 000 多米的某山口。

连队老兵提醒他，巡逻路上山高坡陡，要学会"手脚并用"攀爬；一路上嶙峋的山石遍布，要提高警惕，"赤手空拳"容易被尖石划伤；不要盯着被阳光照耀的白雪，否则眼睛会被灼伤。于是，费叶胜戴上了防眩光护目镜和手套跟随巡逻队伍踏上边防线。

一路上，湛蓝的天空和澄澈的湖水相映成趣，风景美不胜收，但累得气喘吁吁的费叶胜已经无心欣赏风景。"咔嚓！"巡逻途中，参巡官兵察觉脚下的坡路有所松动，由于积雪渐渐消融，在"冰崖雪坡"上行进需要十分谨慎，他们迅速改为匍匐前行，顺利通过这段雪坡。

费叶胜和战友们克服重重困难，终于成功到达位于海拔 5 300 多米的山顶点位，他和战友们整齐列队、庄严宣誓："我站立的地方是中国，边防有我在，请祖国和人民放心！"

几乎同时，康厚宏写下了上哨申请，成为同年兵中第一个上哨所的"佼佼者"。来到哨所后，作为守哨官兵中最年轻的一员，他不懂就问、不会就学。经过短暂的适应期，康厚宏很快便掌握了基本的观察技巧，上哨执勤的经历也让他深切地感受到"执勤一分钟，警惕六十秒"的职责使命。

二次入伍的蒋金希下连后来到了位于海拔 4 500 多米的无名湖边防连，入伍前他就读于成都工业学院。

"无名湖，无名却有名，无湖而叫湖。"在蒋金希的想象里，连队似乎应该建在一个漂亮的湖边。但来到边防线上后他才发现，这不过是一个美丽的误会。

"无名湖这个诗意的名字背后，是官兵对美好生活的向往，更是对矢志戍边的追求。"在无名湖边防连坚守了 17 年的老兵黄天文说，一茬茬无名湖官兵戍守在这荒芜之地、生命禁区，就像无数水滴汇聚于此。

守卫无名湖两年来，蒋金希执勤眺望过群山连绵的边境线、攀登过遍地嶙峋碎石的巡逻路、蹚过齐腰深的积雪……然而，最让他难忘的，还是他作为哨所升旗手，在新年第一天和连队官兵一起举行的隆重的升旗仪式。

当时，寒风凛冽、雪花纷飞，看着五星红旗在山巅哨所前冉冉升起，蒋金希感到热血沸腾、无比自豪。"卫国戍边，无上荣光，这就是青春的意义！"蒋金希激动地说。

比费叶胜、康厚宏早一年来到高原边防的上等兵刘广傲，是河北北方学院的毕业生。他读书期间学习的是体育教育专业，还取得了跆拳道项目国家职业资格证书。来到边防一线后，在一次次体能考核中，他的成绩非常拔尖，破格被选拔为连队的"兵教头"。

连队驻地位于海拔4 000多米的雪山之巅，官兵在3 000米长跑训练时常常出现岔气、呼吸急促、抽筋等情况，刘广傲结合自己大学期间所学专业知识，给官兵们讲解跑步训练过程中调节呼吸的技巧和长跑前热身训练的方法。

此外，他还经常给官兵们传授搏击格斗招法，为官兵们解答训练中的"疑难困惑"。列兵芦嘉兴3 000米长跑成绩一直在"及格"边缘徘徊，刘广傲得知情况后主动和他"结对"，常常带着他加练长跑。经过1个多月的强化训练，芦嘉兴的3 000米成绩"突飞猛进"，成功突破了"及格线"。

选择

"边关青春最动人。"列兵康厚宏把这句话当作自己的座右铭。20岁刚出头的他，入伍前是清华大学新雅书院的高才生，就在家人们帮着规划他的成长路线时，康厚宏却主动提出想参军入伍。

康厚宏有着深厚的军旅情结，他的爷爷康纪芝曾经参加过进军西藏、解放西藏的任务，从小他心中就埋下了投笔从戎的种子。去年，学长张美瀚从西藏军区退伍返校，登台给清华师生汇报从军经历，他的故事也深深打动了康厚宏。家人们在听他讲述了参军报国的想法后，当即一起摁下"赞成键"。

2023年9月，康厚宏选择前往条件艰苦的西藏山南军分区服役，如愿成为被授予"卫国戍边模范连"荣誉称号的肖乡边防连的一员。

参军入伍也是大学生士兵任亚豪的梦想。2019年，任亚豪以优异成绩考入北京科技大学。那年，他作为学生代表参加了庆祝中华人民共和国成立70周年群众游行。"国是我的国，家是我的家，有国才有家，正是有了军人的守护，才有了和平安定，繁荣富强的祖国。"这次经历，让他更加坚定了从军的信念。

他很快向学校武装部提交了入伍申请书，但很遗憾体检时视力没有达到标准。为了实现军旅梦，他做了视力矫正手术，为下一次参军报名做准备。

第二年，由于他长期熬夜学习，身体过于疲劳，征兵体检结果再次让他"大失所望"。2022年，任亚豪第三次递交入伍申请书，但仍因身体原因未能如愿。

"三次申请参军，三次愿望落空。"任亚豪并没有因此气馁，他开始制订体能升级计划，早睡早起调节生物钟，通过运动健身提升身体素质。

念念不忘，必有回响。2023 年，他再一次报名参军，这次终于等来了入伍通知书。不久后，清华大学硕士研究生录取通知书也送到了家中。站在人生的"十字路口"，任亚豪果断选择了先前往高原边关服役。

列兵陈鸿宇的入伍经历和任亚豪有点相似。他入伍前就读于中国政法大学，从小他就对绿色军营充满向往，但体重超标一度让他对报名参军"望而却步"。

大四那年，学校组织他们参观中国人民革命军事博物馆，展厅中一件件先进的武器装备令他欢欣鼓舞。尤其是当他走到那座祁发宝团长张开双臂阻拦外军的雕像前时，参军入伍的愿望愈发强烈。

"以前我们钢少气多，如今我们钢多气更足了，我也想成为一个将敌人挡在身前、将祖国护在身后的军人。"当时，他已经为参加研究生考试准备了大半年，但还是毅然报名参军，并且主动申请到边远地区服役。为了加强体能基础，实现"瘦身目标"，他每天坚持跑步、锻炼，两个月里减重 15 千克，最终如愿通过征兵体检。

2023 年 7 月 15 日，他拿到了硕士研究生的录取通知书，看着手里的入伍通知书和研究生录取通知书，他曾经当过兵的舅舅对他说："书什么时候都可以读，当兵一定要趁年轻啊！"陈鸿宇果断选择了前往边关军营。

对话

"六一"儿童节前夕，费叶胜来到驻地色乡小学开展国防教育。他为五年级某班的同学讲解国防知识，分享巡逻执勤经历和戍边感悟，激励孩子们刻苦学习、立志报国，让爱国拥军的种子在学生们的心中生根发芽。

"当时，校园里很多地方张贴着这样一幅宣传标语——不是清华的学生要来当兵，而是想当兵的人考上了清华。它说出了我的心声，青春因奋斗而精彩，因穿上这身军装而光荣。"费叶胜的国防教育课赢得了台下学生经久不息的掌声。

今年五四青年节，康厚宏通过视频连线与远在清华校园的同学们开展对话。同学们兴奋地注视着康厚宏，眼神中充满了好奇和期待。

"在哨所上冷不冷？""戍守在云端哨所，有什么感受……"同学们满怀好奇地问。

"在哨所除了观察执勤外，我和战友们周末还常常一起包饺子。这里海拔 4 000 多米，虽然很快就立夏了，但这里依然非常寒冷，时不时还有大雪、冰雹。但这里有着非常美丽的夜空星景，哨所旁还绽放着绚烂的杜鹃花……在哨所的生活，每一天都很难忘。"

同学陈泰宇对花卉有研究，他接着问："哨所环境那么艰苦，杜鹃花能养活吗？"

康厚宏回答说："杜鹃花能够在这样的环境中生长，是因为它们有着极强的生命力和适应力。就像杜鹃花一样，我们也要在这片高原上扎根、生长，在艰苦恶劣的环境中训练、学习，履行好卫国戍边的职责使命。"

康厚宏的发言赢得了同学们热烈的掌声。在视频对话的最后，康厚宏说："我一定坚定戍边信念，守好祖国大好河山，以实际行动回报同学们的关心厚爱。"

"五一"期间，上等兵刘广傲电话联系了一同来到山南军分区服役的两位同学。他们三人在大学期间学的都是体育专业，大学毕业后一起选择来到军营，在各自的连队利用专业知识为官兵们服务，受到了战友们的好评。

"青春有限期，奋斗无止境。不管在什么地方，在什么岗位上，我们都要立足岗位奋斗进取、埋头苦干，用忠诚奋斗托举强军梦，有一分热发一分光，这便是青春最美的模样。"刘广傲说。

第 31 次　大四下 • 5 月
——精准施策助学子，就业权益放心上

一、主题班会名称

精准施策助学子，就业权益放心上

二、策划主办

辅导员、学校学生处

三、活动对象

全体同学

四、活动形式

主题宣讲（线上和线下）、集体讨论、经验分享

五、活动目的

高校毕业生是国家宝贵的人才资源，其就业创业事关民生福祉、经济发展和国家未来，党中央、国务院始终非常重视大学生就业。近几年大学生毕业数量较为庞大，因此大学生就业也面临一定的压力。为抓好大学生群体就业，强化就业优先政策，落实落细稳就业举措，辅导员组织班级同学召开主题班会，让大学生拓宽视野，了解我国高校毕业生就业制度的历史沿革，掌握必要的就业政策，依据就业政策理性就业，避免就业的盲目性，明晰就业过程中的权利和义务，更好地维护自身就业权益。

六、主要内容

（一）基础内容介绍

1. 掌握就业政策

作为高素质的人力资源，大学生的就业情况直接影响到经济发展和社会主义建设的进程。在就业之前，大学生需要熟悉国家针对毕业生的就业指导方针、政策以及就业体系。大学生就业体系通常涵盖国家公务员制度、劳动合同制度、就业准入制度和

人事代理制度等方面。而大学生就业政策则包括国家层面的就业政策以及各地区具体的就业政策。大学生就业由教育部归口管理，采取在国家宏观调控下分级负责、协调管理的办法。

国家公务员制度是公务员报考、审核、录用的一系列规范，包括公务员考试报考条件、考试报考内容与时间及相关录用政策、录用程序等。劳动合同制度是大学生与企事业单位、科研院所等建立劳动合同关系的一系列规范，其中规定的试用期、培训、费用支付规定、违约规定等在大学生求职就业时具有重要参考价值，大学生要重点关注。就业准入制度是依据《中华人民共和国劳动法》《中华人民共和国职业教育法》的有关规定，对从事技术职业工作所要求取得相应职业资格证书方可就业上岗的一系列规范。人事代理制度是各地政府人事行政部门所属的人才流动服务机构依据国家有关人事政策法规，接受用人单位或个人委托，对其人事业务实行集中、规范、统一的社会化管理和系列服务的管理方式和相关规范。

国家和地方就业政策是国家及各地方行政主管部门针对大学生就业提出的各项鼓励政策与管理规定，主要包括以下方面：鼓励和引导高校毕业生到城乡基层；鼓励高校毕业生到中小企业和非公有制企业就业；鼓励骨干企业和科研项目单位积极吸纳高校毕业生；鼓励和支持高校毕业生自主创业；强化高校毕业生就业服务和就业指导；强化对困难高校毕业生的就业援助。学校就业管理制度指根据国家统一的就业方针与政策，针对毕业生签约中的具体问题出台的相关管理规定，内容比较具体，针对性强。例如，毕业生、定向生就业政策，升学、出国就业政策，部队就业政策，鼓励去西部去基层就业的政策，患病毕业生就业政策，违约毕业生就业政策等。

高校是做好本校毕业生就业工作的责任主体，主要负责同志是第一责任人，分管负责同志是直接责任人。高校要加强学校党委组织领导，把就业工作列入学校党委常委会重要议题定期研究推进，按照"秋季校园招聘月""寒假暖心行动""春季攻坚行动""百日冲刺行动"的部署，结合工作实际，统筹做好本校工作安排，落实落细各项工作要求，确保毕业生就业局势总体稳定；建立健全"校—院（系）"两级就业工作领导小组，分别制订就业工作方案，分级落实工作责任；加强部门工作协同，完善激励考评机制，调动全校力量形成全员促就业工作合力。

2. 公务员、事业单位、国企、私企

现阶段公务员、事业单位、国企、私企在性质、使用政策、收入水平和职业发展路径等方面主要的区别见表 31-1。

表 31-1　公务员、事业单位、国企和私企的主要区别

分类	公务员	事业单位	国企	私企
性质	为国家工作，执行政府职能，属于行政系统	主要从事教育、科研、文化、卫生等公益性服务	以营利为目的，同时承担一定社会责任	私营经济组织，追求经济效益最大化

表31-1(续)

分类	公务员	事业单位	国企	私企
政策	严格遵循国家法律法规和政策指导，接受政府人事管理	执行国家教育、科技、文化等相关部门的政策	执行国家发展和改革政策，体现国家经济意志	遵循国家市场经济政策，享受相应税收和市场政策
收入	由国家财政统一发放，稳定且按制度增长	由国家财政和单位收入共同保障，稳定性较高	有市场竞争因素，收入水平视企业效益而定	根据市场和企业状况，有较大的波动和竞争力
发展	晋升路径相对固定，侧重于行政和专业两条线	侧重于专业技能提升，有特定的职称评定体系	职业晋升与市场和企业业绩紧密相关，更加灵活	职业晋升路径多元，与个人能力和企业需求紧密相关

(二) 班会主题引领

1. 了解毕业生基本就业权益

毕业生的基本就业权益是他们在求职和职业发展过程中应当享有的合法权利，这些权益对于他们的未来发展至关重要。以下列举了一些重要的就业权益，以及它们对毕业生职业发展的重要性：

(1) 就业保障权益。

就业保障权益是毕业生进入职场的基本要求，它确保了毕业生在求职过程中得到公平公正的待遇，同时保护了他们的个人隐私和休息时间，为长期的职业生涯奠定了坚实的基础。

①平等就业权：毕业生在求职就业过程中应享有不受性别、种族、宗教、残疾等歧视的平等就业机会，享有及时全面了解就业信息、择优推荐的权利，享有与用人单位自主洽谈协商、就业待遇公平公正的权利，享有自愿与用人单位签订就业协议的权利。

②隐私安全权：毕业生在求职就业过程中应享有个人求职资料得到保密，不得随意泄露给第三方的权利。

③自主择业权：在国家就业方针、政策指导下，毕业生可以"双向选择、自主择业"，可以按照自己的意愿、能力去选择自己所要从事的职业。任何单位不得干涉，不得将个人意愿强加于毕业生。

④休息与休假权：毕业生工作后应享有法定的休息时间和节假日。

(2) 职业发展权益。

良好的职业发展权益可以帮助毕业生更好地规划自己的职业生涯，获得必要的工作信息，提升个人能力，并确保他们在职场中有公平的晋升机会，从而实现个人职业目标。

①职业规划权：毕业生有权获得职业发展指导，包括职业规划、技能提升等。

②信息知情权：毕业生享有全面、真实了解用人单位用人意图、工作环境、薪酬

待遇、发展前景等信息的权利，用人单位有义务向毕业生和学校如实介绍本单位的真实情况，并提供相应的资料。

③晋升机会权：在职场中，毕业生应有机会根据个人能力和表现获得晋升。

（3）继续教育权益。

在快速变化的职场环境中，继续教育是毕业生提升自我、适应新技术和市场需求的关键途径。通过不断学习，他们可以保持竞争力，拓宽职业道路。

①终身学习权：毕业生应有权在职继续学习和参加职业培训。

②教育资源获取权：毕业生应有权获取各种教育资源，如在线课程、职业培训等。

（4）创业支持权益。

创业支持权益为有创业意向的毕业生提供了必要的资源和帮助，使他们能够更好地实现创业梦想，同时也促进了就业和经济发展。

①创业指导权：毕业生应有权获得创业指导和政策咨询。

②融资支持权：毕业生应有权申请创业贷款、补贴等支持。

（5）心理健康权益。

心理健康是职业发展中容易被忽视但极其关键的方面。良好的心理健康权益可以保障毕业生的身心健康，提高工作效率和生活质量。

①心理健康支持权：毕业生应有权获得职业心理健康支持，包括心理咨询和疗程。

②工作环境权：毕业生应有权在一个安全、健康的工作环境中工作。

（6）违约求偿权益。

毕业生就业协议一经签订，毕业生、用人单位和学校三方都应严格履行。任何一方提出变更或解除协议，均须得到另外两方的同意，并应承担违约责任。对于用人单位无故要求解除就业协议的，毕业生有权要求对方严格履行协议。

但需要注意的是，《三方就业协议书》并非劳动合同，由此产生的纠纷不属于劳动争议，没有具体的法律适用条款，只能适用"民法"或者"合同法"的有关条例。《三方就业协议书》规定了学校、用人单位、毕业生的三方权利和义务的关系，如一方不遵守协议，须承担违约责任。但容易引起争议的是，违约金到底支付多少。如果毕业生不同意支付用人单位提出的违约金，就需要进行协调或通过仲裁委员会仲裁，这会对毕业生的就业造成较大影响。所以，在此提醒毕业生要慎重签约，签约前了解相关就业政策，知晓就业的相关合法权益，约定具体的违约责任和违约金额。

2. 增强就业权益保障意识

毕业生维护就业权益需要树立权益保护意识。

①毕业生要有法律意识。要了解《中华人民共和国就业促进法》《中华人民共和国劳动法》和《中华人民共和国劳动合同法》等法律法规，熟悉国家关于鼓励毕业生就业的各项政策及学校关于毕业生就业的各项管理规定，培养自己懂法、守法、用法的意识。

②毕业生要有契约意识。就业协议书是明确用人单位和毕业生、学校三方权利义务关系的重要契约，劳动合同是明确用人单位和毕业生双方权利、义务关系的契约，

毕业生应谨慎签约、积极履约。大学生一方面通过契约维护自己的合法权益;另一方面要遵守契约的各项条款。

③毕业生要有维权意识。当自己的合法权益受到侵害时,毕业生应懂得运用法律手段或者其他有效方法来维护自己的合法权益,让对方履行相关契约条款。毕业生可以请求学校出面调解,或向劳动监察部门申诉、举报,向劳动仲裁机构申请仲裁,或向人民法院提起诉讼。

3. 如何维护自己的合法权益

一是忌急心、糊涂心和贪心:毕业生面对激烈的就业市场竞争,不能过于急切,急于签约和试用,也不可稀里糊涂、盲目求职,要主动、细心,要保持客观冷静的心态,求职时认真了解用人单位的相关情况、招聘需求,应聘成功后了解合同条款、试用期和薪酬约定等,仔细检查核对,以免自己的合法权利受到侵犯。

二是学会"望、闻、问、切":"望"指招聘时不可只听招聘单位一家之言,有机会可到招聘单位实地细致观察,了解企业的人员情况、办公环境人员基本构成与素质情况;"闻"指通过上网等多种渠道查找关于用人单位的各种资料、宣传介绍;"问"指咨询家人、学校老师、专业人士及好友等,了解有关用人单位的情况介绍或相关建议,为求职就业提供参考;"切"指直接与用人单位接触,在面试时或者签约时直接提出问题,观察用人单位人员的各种表现。

三是学会多向学校就业工作部门咨询。学校在保护毕业生权益方面发挥着最为直接的作用。学校通过出台各种措施来规范毕业生的就业指导和推荐流程,对于用人单位在招聘毕业生时出现的不公平或不公正行为,学校有责任进行抵制,确保毕业生的平等就业权得到保障。对于用人单位与毕业生签订的违反相关规定的就业协议,学校有权不予认可,并将其排除在就业方案编制的依据之外。

(三)学生问题答疑

最后留一些时间给大家,进行问题解答,也可以利用这个时间,跟同学们多一点互动,加强交流,建立感情基础。以下是几个有关本次主题班会的提问,可供参考:

1. 国家和地方重大科技项目包括哪些?科研项目承担单位与被吸纳高校毕业生签订的服务协议应包含哪些内容?

2. 服务协议的期限如何约定?服务协议履行期间可以解除协议吗?

3. 哪些高校毕业生可以被吸纳为研究助理或辅助人员?科研项目吸纳的高校毕业生是否为在编职工?

4. 高校毕业生如何处理劳动人事纠纷?

5. 目前国家对用人单位及其职工和参保个人缴纳社会保险费的费率是如何规定的?

6. 高校毕业生如何与用人单位订立劳动合同?

7. 什么是社会保险?我国建立了哪些社会保险制度?

8. 高校毕业生从企业到机关事业单位就业后工龄如何计算?

9. 企业招收就业困难高校毕业生享受什么优惠政策？

10. 国家对鼓励中小企业吸纳高校毕业生有哪些政策措施？

七、班会小结

就业一头连着国家社会，一头连着千家万户，各地各高校在这一时期多措并举为高校毕业生就业优化服务、搭建平台。教育部组织也会组织开展政策宣传活动，相关活动覆盖国家级、省级、地市级三个层次。辅导员如果能帮助并引导毕业生用好指导帮扶政策，用足用好国家和各地出台的促就业政策措施，就能更好地帮助高校毕业生尽早就业、顺利就业。

八、案例分享

毕业生求职应聘要避开这十大典型"陷阱"①

又到一年毕业季，毕业生即将走出校门迈向社会，在大家努力收获录用通知（offer）的同时，要小心"求职陷阱"，避开套路和骗局。

求职不易，还需警惕，求职过程中常见的"坑"主要有哪些呢？

一、境外高薪诱骗陷阱

现在很多骗子把违法犯罪活动包装成境外"高薪"工作，成功引诱求职者上钩后，可能会将其拐骗到境外从事电信诈骗、网络赌博等违法犯罪活动，拒绝工作或"业绩"不达标者，可能遭遇非法拘禁、虐待等人身伤害。

防范提示：看到这种境外高薪诱惑一定要查一下经营公司是否具备对外劳务合作经营资格，这个行业的平均薪资水平，如果高出很多就要考虑是否有陷阱。毕业生应选择公共就业人才服务机构和正规市场中介机构，对市场中介机构应了解其经营范围是否包含境外职业介绍服务。

二、传销陷阱

传销是指组织者或经营者通过发展人员，要求其缴纳费用或者以购买商品等方式，取得加入或发展他人的资格，牟取非法利益的行为。一般以亲友极力推荐的途径传播，基本以轻松赚大钱、无须面试直接上岗为噱头。传销面试或工作地点都比较偏僻且转换频繁，公司业务不能清晰说明。

防范提示：高校毕业生务必清楚传销属于违法行为，在求职中要了解传销的基本特征，对发展下线的宣传，要保持头脑高度清醒，防止陷入传销设计的圈套中。如果不慎进入传销，应在确保人身安全的前提下，第一时间脱身报警。

---

① 该案例来源于央视新闻客户端《毕业生求职应聘要避开这十大典型"陷阱"》一文，作者：李欣、郑春宇，发布时间：2024 年 5 月 28 日。

三、黑中介陷阱

一些非法职业介绍机构以介绍工作为名，向求职者变相收取各种名目的费用。它们的典型特征是没有人力资源服务许可等相关资质，以冒充或伪造相关资质骗取求职毕业生信息。这些机构往往以高校毕业生报名费、服装费、体检费、培训费、押金、岗位稳定金、资料审核费等为理由收费。等毕业生入职时，不法用人单位就编造各种理由拒绝毕业生上岗或中途辞退。这些非法职介机构即便提供了岗位信息，往往也是与高校毕业生需求不匹配甚至虚假的就业岗位。

防范提示：高校毕业生求职时，应当优先选择公共就业人才服务机构和正规市场中介机构，对市场中介机构应了解其经营范围是否包含职业介绍业务，是否具备《人力资源服务许可证》。与市场中介机构签订协议时，不要轻信其口头承诺，一定要看清签约的内容，不要盲目签字。要谨记，应聘工作本身并不需要任何费用，对于将先交费作为条件的招聘面试实习等都需要谨慎对待，核实有无收费的法律依据。如遇到需要先交费的，就一定要求其出具正规发票并加盖单位公章，为可能发生的纠纷维权保留证据。

四、"刷单诈骗"陷阱

一些诈骗分子打着高薪兼职、点击鼠标就赚钱、刷单返现、抖音快手点赞员等幌子进行诈骗。其特点是门槛较低，号称轻松兼职、薪酬丰厚。

防范提示：毕业生不要轻信既轻松又赚钱的好差事，应了解当前岗位的市场薪资水平，明白天上不会掉馅饼，掉下的往往是陷阱。同时，注意个人信息安全，不要轻易泄露银行卡、网银、支付宝等密码信息，不要随意打开陌生网址链接。

五、"内推"陷阱

个别中介机构或个人以帮助求职者推荐进知名企业、国企央企，优先录取等名义收取高额费用。有的求职者因本身符合相关岗位要求而被录用，这类机构就归功于己；如果求职者没被录用，这类机构就会以种种理由搪塞，拒绝退还求职者相关费用。

防范提示：收费"内推"、保 offer 等多属虚假宣传，涉嫌违法违规，求职者千万不可抱着"走捷径""靠关系"等心态轻信骗子的话术，应通过正规网络招聘服务平台等人力资源服务机构或用人企业官网求职。

六、"培训贷"陷阱

个别中介机构或用人单位以高薪就业作为诱饵，向高校毕业生承诺培训后包就业，但须向指定借贷机构贷款支付培训费用或直接收取培训费用。培训结束后，相关机构或用人单位往往难以兑现承诺，或推荐的工作与原先承诺相差甚远，毕业生可能会面临身负高额借贷或投入高价培训费用，又没有实现就业的不利局面。

防范提示：毕业生要增强辨别意识，看中介机构或企业是否合规合法且经营正常，看其经营范围是否包含培训内容，看承诺薪资是否与社会同等岗位大体一致，还要慎重签署贷款协议或含有贷款内容的培训协议，并注意保留相关材料。一旦发现被骗，立即向有关部门报案。确有需求参加职业培训的，请到当地人力资源社会保障部门官方网站查询公布的正规培训机构。

七、"猫腻合同"陷阱

在合同签订过程中，个别用人单位为降低用人成本、规避用工责任而侵犯高校毕业生合法权益。有的仅签订《就业协议书》，或以谈话、电话等口头形式约定工作相关事项，没有签订书面劳动合同。有的合同内容十分简单，缺少工作岗位、工作地点、工资、劳动条件、合同期限等具体内容。有的以少缴税款为由，同时准备两份不同薪资的"阴阳合同"。有的包含"霸王条款"，要求几年内不得结婚、无条件服从加班、试用期离职不结算工资等。

防范提示：法律规定，建立劳动关系双方应当订立书面劳动合同。毕业生在签订劳动合同前，应与用人单位认真协商、慎重对待，不可草率签订。要注意劳动合同是否具备《中华人民共和国劳动合同法》规定的必备条款（用人单位基本情况、合同期限、工作内容和地点、工作时间和休息休假、劳动报酬、社会保险、劳动条件等），特别要高度警惕其中于法无据、明显不合理的条款，防止掉入陷阱，维权困难。

八、"假试用"陷阱

有的用人单位超过法定上限约定长时间试用期，或者重复约定试用期。有的用人单位以试用期为由，支付工资低于当地政府规定的最低工资标准，或者不缴纳社会保险。还有的用人单位为了降低用人成本，大量招聘应届高校毕业生，试用期约定较低的工资，等试用期结束后，便以各种理由解聘，"假试用，真使用"。

防范提示：任何违反法律规定的试用期约定都是无效的。根据劳动合同期限的不同，试用期有不同的时限限制，但最长不超过 6 个月，同一用人单位与同一劳动者只能约定一次试用期；以完成一定工作任务为期限的劳动合同或者劳动合同期限不满 3 个月的，不得约定试用期；劳动合同仅约定试用期的，试用期不成立，该期限为劳动合同期限。试用期期间，应正常缴纳社保，工资水平不低于单位相同岗位最低档工资的 80%或者不低于劳动合同约定工资的 80%，并不低于当地最低工资标准。用人单位在试用期提出解除劳动合同的，可以要求用人单位说明理由。

九、"扣证件"陷阱

有些用人单位或中介机构借保管或经办社会保险、申办工资卡等业务名义，扣押求职者身份证、毕业证、学位证等个人证件原件。这种情况非常危险，因为它们可能会用你的居民身份证做不法行为或者开银行卡等。

防范提示：任何组织和个人都不得扣留他人居民身份证，求职者不要将证件原件交付他人，如有需要，仅向有关人员出示即可。需要提供证件复印或者影印件的，要在合适位置注明具体用途。

十、虚假信息陷阱

有的用人单位为了增加对高校毕业生的吸引力，往往故意夸大单位规模、业绩、发展前景、工资和福利等。有的用人单位玩弄文字游戏，对招聘职位的工作内容做模糊化处理，将销售员、业务员等职位美化成"市场部经理""事业部总监"等有诱惑力的名称。

防范提示：高校毕业生可通过企业官网、媒体报道、工商登记注册信息等查询用人单位基本情况，仔细甄别各类招聘信息，不要盲目轻信。求职时要详细询问岗位信息、工作内容，不能只看表面，避免入职后发现实际工作与预期有出入，浪费求职时间和精力。同时，可以通过多种途径了解公司背景，对长时间大量招聘、离职率高的公司，要提高警惕。

综合上述案例，提醒广大求职者：

一是毕业生求职时，要通过合法的、正当的、信誉好的信息渠道来掌握和了解招聘信息，可以到各地公共就业人才服务机构、公共招聘网站，以及人力资源社会保障部门推荐认定的诚信人力资源服务机构网站求职。

二是毕业生应聘时，要保护好个人信息，填写简历家庭住址等部分个人信息不要过于具体，应该把重点放在工作和学习经历上。接到招聘邀约后，尽量多和有一定社会阅历的亲朋好友沟通情况，冷静听取他们的意见建议。及时上网核实相关信息，特别是要到市场监管部门的官方网站查询该用人单位注册或者备案情况，若查不到相关信息就说明该单位可能不存在。

三是一旦遭遇上述求职陷阱，或遭遇恶意解约等情况，请立即拨打12333电话或前往人力资源社会保障部门投诉举报。如果人身安全受到威胁或伤害，请立即向公安机关报警。

第 32 次 大四下·6月
——大鹏一日同风起，扶摇直上九万里

一、主题班会名称

大鹏一日同风起，扶摇直上九万里

二、策划主办

辅导员、学校学生处

三、活动对象

全体同学

四、活动形式

主题宣讲（线上和线下）、文艺表演

五、活动目的

毕业季，标志着大学生活的结束，大学生们即将步入社会。不论同学们未来走向何方，在这段时间，离别、怀念、期待、迷茫等复杂情感都是交织在一起的。本次班会活动分"回顾过去""展望未来""感恩相伴"和"团结合作"等板块，旨在加强班级凝聚力，增进同学之间的友谊和合作，让同学们更加珍惜在一起的最后的时光，激发同学们的集体荣誉感和责任感，共同为班级和学校发展贡献力量。

六、主要内容

（一）基础内容介绍

1. 回顾过去

回顾大学四年的学习、生活和社交等方面内容；分享难忘的瞬间，包括参加的社团活动、参加的比赛、获得的荣誉等；也可分享与同学、朋友、恋人之间的故事，表达友情与爱情；还可分享个人成长、能力提升、收获友谊等方面的体会，分享成长经历和收获。

2. 展望未来

展望未来的职业规划和人生目标，表达对未来的期待和信心。祝福同学们在未来

的道路上一帆风顺，前程似锦。鼓励同学们勇敢面对挑战，不断追求卓越。提醒同学们珍惜友谊，保持联系。祝愿同学们在未来的日子里，为实现自己的梦想而努力奋斗。

3. 感恩相伴

对母校的培养和教育表示感谢，对老师和同学的陪伴和支持表示感谢，对同学们的未来生活和事业表示祝福。

4. 团结合作

强调团结合作的重要性，增进同学之间的了解和友谊，培养团队合作精神和互助意识，提高班级凝聚力和集体荣誉感，促进学生全面发展和健康成长，鼓励大家在未来的道路上继续携手前行。

5. 即将进入社会，作为辅导员可以提供以下建议：

首先，实现经济独立。没有经济独立，就没有其他独立。经济独立的方式有很多种，不要受行业的限制，想办法赚到现阶段人生中能让你独立生活的报酬。但是要记得，步入社会和在大学读书是不一样的，在社会上赚钱没那么容易，刚步入职场，我们是可以被替代的，但是随着你工作年限的增加，你的脑力、体力不断地消耗，你的能力和不可替代性也会逐渐提高。

其次，规避社会陷阱。以商业活动为例，它在现代社会起着举足轻重的作用，然而，商业活动在社会上也存在一些陷阱和对人性弱点的各种利用。下面是几个典型的例子：

□欲望陷阱：通过各种渠道向你推广的信息会倾向于强调物质消费的重要性，使你陷入无休止地追求物质财富和享受的循环中。这种陷阱让人们过度依赖物质满足，忽视了其他更有意义的价值和满足方式。

□技术陷阱：社会的技术发展带来了许多便利与效率，但也带来了信息超载和数字依赖等问题。商家利用我们对新科技的热情，推出各种新产品和服务，使人们沉迷于科技产品的购买与使用中。

□心理陷阱：商家利用心理学原理和行为经济学的知识，设计各种销售策略和营销手段，如限时折扣、套餐销售、滥用品牌影响力等，诱使人们做出冲动性购买和不理智的消费决策。

□虚假需求陷阱：商业广告和营销手段常常创造虚假的需求，塑造人们对某些产品或服务的错误认知。这种陷阱让人们不自觉地购买并消费那些实际上并不满足真正需求的商品，浪费了金钱和资源。

□竞争陷阱：竞争是人们为了资源和利益而进行的争夺和比拼，社会中的竞争压力可能导致人们过度追求成功和胜利，忽视了个人的健康和幸福。这种陷阱让人们过度工作、过度竞争，可能造成身心俱疲、人际关系疏离等问题。

□债务陷阱：社会中存在着大量的信贷和借贷机制，使人们易于陷入债务陷阱。过度依赖借贷导致人们负债累累，陷入金钱困境，并可能受到高利息和催债的困扰。

□欺诈陷阱：社会中存在着各种欺诈行为，如虚假宣传、不诚信的销售手段等。

这些欺诈陷阱让人们容易上当受骗，造成经济损失和信任危机。

□社交媒体陷阱：社交媒体可能使人们过度追求关注度和被认可，忽视了真实的人际关系和生活体验。这种陷阱让人们过度沉迷于虚拟世界，可能对心理健康和社交能力产生负面影响。

最后，练就生存本领。

一是区分事实和观点的能力。事实是那些可以被证实为真或假的陈述。而观点则是对某种信念、感觉或看法的表达，它不能被证明为真或假。以一个简单的例子来说，假设我们面前有一支冰激凌，一个人说："冰激凌是乳制品。"另一个人说："冰激凌很美味。"这里的"冰激凌很美味"是一种主观的感受，有些人可能认为它美味，而有些人可能不这么认为。显然，第一个人陈述的是一个事实，而第二个人表达的是一个观点。为什么要区分事实和观点呢？因为这是批判性思维的起点。批判性思维要求我们对接收到的信息不是盲目接受，而是要经过自己的独立思考，勇于质疑。

二是利用有限资源创造社会价值的能力。我们通常认为，拥有越多的资源，成功的概率也就越大。尤其在追逐人脉和关系的今天，想成大事，你就必须有大资源。然而，真实的情况却恰恰相反，"有限的资源"往往才具备更大的价值。正如达·芬奇所说："限制产生力量，自由导向死亡。"尤其在信息爆炸的今天，我们可选择的东西太多了，而选择的过程往往只会带来迷惑、犹豫、怀疑和退缩。所以限制不是束缚，而是为了更好地创造，一个选择越少的人，有时候越容易孤注一掷，在繁杂的竞争中撕开一条裂缝，从而杀出一片天地。

三是发现信息差和实践信息差的能力。信息差指的是信息不对称，你知道的信息，总会有人不知道，反之亦然，即便现在网络这么发达，依然有信息差存在。信息差可分为三种类型：

①资源差——你有别人没有的资源，把你有的资源卖给他来赚钱。资源主要体现在人脉资源上，比如你和某个数码店的老板是好朋友，那你可以低价获取货源。即使每个人都知道这件商品的价格，也不会改变什么。

②能力差——你会别人不会的技能，把你的本事教给别人来赚钱。你会写公众号、会拍短视频、会做私域流量，这些都是你掌握的技能。真功夫是需要时间和实践积累的，有的人即使是看了，在具体的实操中还是学不会，随着个人技能的提高，在获得新信息时，实践的效率会更高。

③认知差——你懂别人不懂的信息，把你懂的信息告诉别人收取费用。即使是相同的信息、项目，不同的人了解到的反馈也不一样。例如，你和我都接触到了公众号、短视频，网上也有许许多多的教学技巧，有些人动手尝试，但有些人看过就忘，这就是认知上的差异导致具体行为上的差异。

（二）班会主题引领

1. 文明离校

凤凰花开，毕业在即。校园里又到了离别的季节，领毕业证、拍毕业照、注销饭卡账号、散伙聚餐等，都是毕业季的主要内容，辅导员该如何引导毕业生文明离校，为大学的最后时光画上圆满的句号呢？

第一，留一份"安心"。毕业季的空气中都弥漫着"我长大了"的自由感，这个时候辅导员一定要记得引导学生守好纪律底线，把握释放尺度，告诉学生：散伙聚餐可以有，酗酒闹事要不得；离别情绪可以有，悲伤过度不值得。让踏实安心成为毕业季的主打色，让和谐美丽成为校园的主旋律。

第二，存一份"爱心"。昔日的成长离不开师长的谆谆教诲，同窗的殷殷情谊，无论走到哪里，都应铭记师恩，珍惜友谊。在最后相聚的时光中，建议学生向老师道一句感恩，向同学道一声珍重，向曾经帮助过我们的图书馆、后勤等部门的工作人员说一声感谢。拍一张有爱的毕业照，与他们来一次定格。正确把握和处理好人际关系，保持友情与信任，互敬互爱、互勉互利、共迎挑战、携手成长。

第三，留一份"暖心"。最熟悉的桌子，最温暖的床，带不走的旧书桌和小物件，谁会成为他们的下一任主人？学弟学妹们的同款迷茫，谁会为他们答疑解惑呢？临别之际，辅导员可以鼓励毕业生积极地组织和参与文明离校活动。比如捐赠旧书旧物、清扫寝室卫生、分享求职经验、赠言学弟学妹等，也可以帮助同学完成毕业相关事宜，向学校的职能部门建言献策，让温暖在彼此间流淌。

第四，存一份"决心"。廉洁自律，诚实守信，勇敢坚韧，乐观自信，既是学生在校期间的培养目标，也是踏上社会之后的应有之义。辅导员在学生离校之际，可以开展廉政教育，鼓励学生诚信做人，从主动清缴学费，按时还清助学贷款，妥善地归还所借图书等事情做起，高效有序地完成毕业手续的办理。

2. 交流发言

以"同行路上"为主题，每位同学轮流上台进行交流发言，时间最好控制在 5 分钟，主要分享大学生活、学习经验、未来规划等，发言结束后，其他同学可以提问或发表自己的感想。

3. 文艺表演

辅导员可让班级同学提前准备一些节目，丰富主题班会的内容。节目可包括下列内容：

①歌曲演唱——展现同学们的音乐才华和团队精神。

②舞蹈表演——展示同学们的舞蹈技巧和活力。

③戏剧表演——展现同学们的表演能力和创新思维。

④诗歌朗诵——表达同学们的情感和思想。

4. 集体合影

又是一年毕业季，拍毕业照作为毕业季必不可少的活动之一，你是否也想别出心裁，做朋友圈毕业照的"另类"呢？一组富有创意的毕业照，既能留住青春，又能装载回忆，何乐而不为？

①学位服集体照。在学校的标志性建筑前，身穿学位服将帽子抛向空中，仪式感十足。

②组合光影。目出或目落时，利用阳光留下的身影，摆出姿势。

③把操场当画板。飞起无人机，把操场当作你的画板。

④拍摄背影。来一组背影，胜过万语千言。

⑤仰角拍摄。白墙当成画面分割线，进行远距离仰角拍摄。

⑥拍摄局部近景。手挨手围成一个圆或星星形状，秒变"大片"。

⑦模拟特效。通过图片连拍或视觉错位，会产生意想不到的特技效果。

⑧借助道具。借助鲜花、乐器、运动器材、课桌椅子、气球等道具，还可以拍出有班级特色的片子。

⑨趣味搞怪。发挥大学生们爱玩爱闹的特点，让他们自由发挥，摆出自己觉得好玩奇怪的造型。

5. 赠言祝福

①希望你依旧砥砺前行，追逐属于自己的星光，坚守梦想——毕业快乐。

②××毕业快乐……没有人生而无畏，没有人一生无忧，与焦虑共存，努力前行的每一步，愿你能坚定自己的梦想，加油！

③那就祝你被鲜花簇拥，看大海漫漫，热烈且自由，赤诚又勇敢。

④未来的路，我们都会有自己的轨迹。愿一路繁花，前程似锦！愿乘风破浪，满载而归！

⑤四年就像一场匆匆的旅行，不知不觉就到了终点。往后的路，愿你前进的步伐坚定，一帆风顺。

⑥人生相遇又别离，三年如梦，将是我们滚烫青春里华丽的一章。愿你新的开始，所遇皆良善，所行是坦途。

⑦下个秋天，这间教室自然会坐满了人，只是再也不可能是你们啦！那就好好道个别吧，和课桌、黑板、操场、食堂，和吹过教室走廊的最后那一阵风和过去的四年时光。

⑧希望你继续兴致盎然地与世界交手，一直走在开满鲜花的路上。

⑨愿你们在彼此看不到的岁月里，各自闪闪发光，熠熠生辉。

⑩温柔半两，从容一生，万事胜意，来日可期。

⑪凡是过往，皆是序章，庆幸相遇，无憾别离。

⑫请保持那一份热爱，奔赴下一场山海，希望下一次见面可以鲜活又闪亮。

（三）学生问题答疑

最后留一些时间给大家，进行问题解答，也可以利用这个时间，跟同学们多一点互动，加强交流，建立感情基础。以下是几个有关本次主题班会的提问，可供参考：

1. 什么是报到证？如果一直不去办理报到手续将会有怎样的后果？

2. 毕业时我都会领到什么证件？这些证件什么时候发？

3. 我的单位不接收我的档案户口关系，我该怎么办？

4. 我签约的单位发给我的接收户口档案及党组织关系的详细地址，这些资料该交给谁？

5. 我签约的单位在某地，但是单位没有接受档案户口管理权，我该怎么办？

6. 我的户口没有迁到学校，现在签单位了，我该怎么办？

7. 报到证、户口、档案、组织关系必须一致吗？

8. 如果我现在正在考公务员，毕业以后才能决定是否被录用，我该怎么办？

9. 我的协议书最晚什么时候交给学校？

10. 离校前我应该注意些什么？离校以后我该做些什么？

七、班会小结

毕业前的最后一次班会，给大学毕业画上了一个美丽的波浪号，师生情不会结束，同窗情没有终点，学校的大门也会永远为大家敞开。这所大学是同学们拼搏奋进的起点，是走向璀璨未来的出发点，是全体毕业同学永远的家，也是同学们坚强的后盾。辅导员要向全体毕业生详细讲解离校日程安排，包括离校手续、毕业典礼、党团组织关系转接以及毕业证、学位证发放等事宜，叮嘱同学们合理安排时间，严格落实学校学院的各项要求，为校园生活画上圆满的句号。风来潮起，自当扬帆破浪；任重道远，更需策马加鞭。祝福所有的毕业生，愿有前程可奔赴，亦有岁月可回首！毕业快乐！同学们，期待重逢！

八、案例分享

星辰为引　博雅知行
——在北京大学 2023 年本科生毕业典礼暨学位授予仪式上的讲话①

亲爱的同学们、老师们、朋友们：

大家上午好！

今天，2023 届的同学们顺利完成了学业，即将踏上新的人生旅程。首先，我代表全校师生员工，向同学们表示最热烈的祝贺！向你们的家人和老师致以衷心的感谢！

由于疫情原因，前几年一些同学在毕业之际未能参加线下的典礼，当时学校承诺会给大家参与的机会。今天，就有部分毕业生回到母校参加典礼，欢迎你们！

大学时光是最美好的青春年华，同学们的北大生涯更是镌刻了不平凡的青春印记。在北大，你们与这个伟大的时代同行，在新中国成立 70 周年之际，再次喊响了"团结起来、振兴中华"的时代强音，在党的百年华诞时发出了"请党放心、强国有我"的铿锵誓言，在北京冬奥的志愿服务中展现了"冰新一代"的昂扬风貌，在世界大运会火炬的首站传递中跑出了青春风采。北大"爱国、进步、民主、科学"的精神薪火在

---

① 该案例来源于北京大学校长龚旗煌院士在北京大学 2023 年本科生毕业典礼暨学位授予仪式上的讲话，发布时间：2023 年 7 月 4 日。

你们手中接力传承，你们以蓬勃的朝气不断为北大注入新的活力。

这段时间，我看到大家穿着学位服在校园里"打卡"，你们的相册里记录着在北大的点点滴滴，更有对母校的依依不舍。今年是北大建校 125 周年，在国家天文台的支持和帮助下，国际天文学联合会将一颗小行星命名为"博雅星"，这是对北大校庆的隆重贺礼。学校专门制作了"博雅星"的主题纪念品，作为毕业礼物送给大家，这是专属于 2023 届毕业生的年度定制款。

未名湖畔、博雅塔下，承载着大家美好的青春记忆；今后，浩瀚宇宙中的博雅星光，也将为大家提供前行的闪亮坐标。

希望同学们今后无论走到哪里，都要发扬北大人博大雅正的精神气质，写好人生新的篇章。在这里，我想给同学们提四点期望：

一、博大雅正，要立大志、做栋梁

习近平总书记在北大指出："青年是标志时代的最灵敏的晴雨表，时代的责任赋予青年，时代的光荣属于青年。"同学们即将开启的新征程，正是中华民族圆梦复兴的新阶段。未来二十多年，全面建成社会主义现代化强国的答卷，将由你们来书写，大家生逢其时、重任在肩。

"大学以教授高深学术、养成硕学闳材、应国家需要为宗旨。"这是我们的老校长蔡元培先生的重要办学理念。一代代北大人正是在报效国家的历程中，成长为祖国建设的骨干和栋梁。中国科学院院士陆大道先生是北大地质地理系 1958 级校友，他在多年研究国土开发、区域发展的工作中，手写了 300 多万字的调研资料，提出了"点-轴"理论和"T"字形空间战略，被写入国家国土总体规划，产生了巨大的社会经济效益。他曾说，"讲出一两重的话，我的资料至少一斤重""我的价值观就是对国家负责。"这正是北大人的情怀和担当。

125 年前，在民族危亡之际，北大因兴学图强而创办，北大人的人生总是与国家民族的命运紧紧相连。当前，民族复兴的伟大进程提出了实现高水平科技自立自强、建设中华民族现代文明等许多新的重大使命，希望大家志存高远、勇担重任，积极投身基础研究，着力解决"卡脖子"难题，坚定文化自信，促进中华文化传承发展，为推进中国式现代化贡献青春的能动力和创造力。我相信，同学们一定大有可为，也必将大有作为。

二、博大雅正，要能吃苦、肯奋斗

志向决定人生的高度，而是否能吃苦则决定你能否到达应有的高度。"向上攀登的路，比站在顶峰更令人心潮澎湃。"你们的学长、第一位来自中国的"世界棋王"丁立人校友的这句感言，就是对披荆斩棘、苦尽甘来的深刻注解。

2015 年，北大第一批"组团式"援藏医疗队奔赴雪域高原。在迄今长达八年的"援藏接力"中，面对远离家人的孤独和环境的艰苦，一批批北大医学人没有退缩，而是知难而进，用医者仁心为"老西藏精神"注入全新的时代内涵。北大第一医院肾内科的许戎医生说道："这是一份不可替代的感情，也是一段不能忘却的经历，它加深了我对医学、疾病、患者的理解，西藏是我的第二故乡。"

惟其艰难，方显勇毅，在雪域高原与环境和病魔抗击的每一个日夜，都见证了北大人吃苦耐劳、战天斗地的奋斗足迹。在新的征程上，同学们要发扬青春的斗志，保持奋斗的激情，经风雨、见世面、壮筋骨、长才干。希望大家不仅锻炼过硬的本领，更注重培养硬核的精神，迎难而上，迈向新的人生高度，用实际行动续写北大人的奋斗华章。

三、博大雅正，要知世界、进文明

当今世界正处于百年未有之大变局，建设一个什么样的世界、怎样建设这个世界，是全人类共同关心的重大问题。今年是北大的"国际战略年"，学校提出"以开放促一流，与世界共发展"。如今，北大的国际交往日渐频繁，海外"朋友圈"不断扩大，我们既深刻感受到不同文明的魅力，也更加体会到文明之间唯有尊重与包容、携手与互助，世界才能有更美好的前景。

青年是文明交流的使者，很多同学都在北大多元文化交融交汇的浓厚氛围中，读懂中国、连通世界。你们当中的法国籍同学钱美利，在主修国际政治专业的同时，辅修了文物与博物馆学专业。她带着对世界和中华文明的热爱，投入美丽中国支教项目、北京大运河遗产监测公众参与活动，以及中国-乌兹别克斯坦"旅游促进减贫、就业与女性发展"等合作项目，让"沟通人文，理解世界"的人生梦想一步步变为现实。我们也欣喜地看到，有越来越多的北大学子到联合国教科文组织、联合国儿童基金会、联合国难民署、世界卫生组织等国际组织实习或任职，为增进人类的共同福祉注入青春力量。

"为世界进文明，为人类造幸福"是北大人的崇高理想。希望大家以拥抱世界的格局，秉持"美美与共、天下大同"的理念，与各国人民真诚交流，在互学互鉴中建好"连心桥"，为促进文明的和谐与共同繁荣做出新贡献。

四、博大雅正，要懂感恩、有大爱

疫情期间，你们的家长、老师，还有学校的许多工作人员都全力以赴，为大家提供温暖和守护，做好坚强的后盾。同学们也克服困难、友爱互助，高质量完成学业，积极参与志愿服务，每个人都不容易，每个人都了不起。

今年5月4日，樊锦诗先生回到母校，把毕生积蓄和奖金1 000万元捐出，在北大设立樊锦诗教育基金。樊先生说："我是北京大学的学生，得益于母校'勤奋、严谨、求实、创新'的优良学风的熏陶和许多前辈师长们的谆谆教导、悉心培养，才使我有能力为敦煌石窟做了一些贡献。今天我捐赠给北京大学教育基金会这点捐款，是我应该给母校做的奉献。"大家被樊先生质朴而又饱含深情的话感动得热泪盈眶，现场一次次响起热烈掌声，向她的大爱致敬。

"参天之木，必有其根；怀山之水，必有其源"。希望大家始终带着饮水思源的感恩之心，铭记家人和师长的关爱，铭记那些无私奉献、默默付出的人们，永远热爱祖国和人民，在人生的正道上行稳致远。

同学们，星辰为引，博雅知行。时间之河川流不息，每一代青年都有自己的际遇和机缘。你们这代人的青春足迹将与实现第二个百年奋斗目标的伟大征程同向同行，国家和民族的需要就是你们的人生坐标。我希望，大家永葆北大人的赤子情怀和实干精神，德才兼备、体魄健全，在广阔的舞台施展才干，在壮丽的山河建功立业，在奋进的时代奏响你们这代北大人的胜利凯歌！

同学们，母校永远祝福你们、牵挂你们、支持你们，无论你们毕业多久，无论你们身在何方，北大是你们永远的家！期待不断听到大家的好消息，也欢迎大家常回家看看！

结 语

我志愿成为一名高校辅导员，

拥护党的领导，献身教育事业，

恪守职业规范，提升专业素养，

情系学生成长，做好良师益友。

为培养社会主义合格建设者和可靠接班人而努力奋斗！